Isabelle Nazare-Aga

Dies ist mein Leben

Isabelle Nazare-Aga

Dies ist *mein* Leben

So befreien
Sie sich
vom Einfluss
manipulativer
Eltern

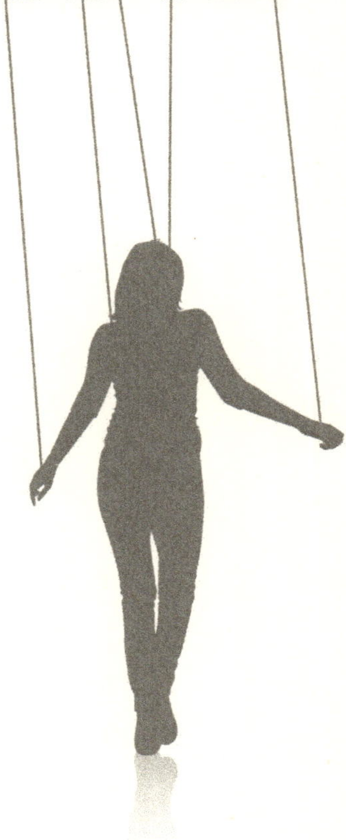

Aus dem Französischen
von Felix Mayer

Kösel

MIX
Papier aus verantwortungsvollen Quellen
FSC® C083411
FSC www.fsc.org

Verlagsgruppe Random House FSC® N001967

Deutsche Erstausgabe

Die Originalausgabe erschien unter dem Titel *Les parents manipulateurs* bei Les Éditions de L'Homme, Montréal, Kanada

Umschlag: Weiss Werkstatt, München
Umschlagmotiv: shutterstock/aarrows
Satz: Fotosatz Amann, Memmingen
Druck und Bindung: CPI books GmbH, Leck
Printed in Germany
ISBN 978-3-466-34660-8
www.koesel.de

Dieses Buch ist auch als E-Book erhältlich.

Inhalt

Einleitung

Im Lauf meiner beruflichen Tätigkeit habe ich bereits zwei Bücher über manipulative Persönlichkeiten veröffentlicht, die sich beide an ein breiteres Publikum richteten. Jedes Mal ist das Thema auf sehr großes Interesse gestoßen. Hunderttausende Leser haben sich auf Anhieb in den beschriebenen Beziehungsmustern wiedererkannt, die eine so zerstörerische und vergiftende Wirkung haben und sowohl in Liebesbeziehungen auftreten können wie auch innerhalb der Familie, in Freundschaften oder im beruflichen Umfeld. Seit etwa 20 Jahren untersuche ich die verschiedenen Ursachen, wegen derer so viele Menschen sich nicht aus einer Beziehung mit einer krankhaften Persönlichkeit lösen, obwohl sie dauerhaft darunter leiden. Dabei suche ich vor allem Antworten auf folgende Fragen: Weshalb ertragen wir die Beziehung mit einem manipulativen Menschen? Und wie ist es möglich, dass wir uns dessen so lange nicht bewusst sind, obwohl wir das krankhafte Verhalten des anderen Tag für Tag erleben?

Ein Manipulierer, egal ob Mann oder Frau, zeichnet sich dadurch aus, dass er sein wahres Gesicht verbirgt, solange er in Gesellschaft ist. Sein Ehepartner und seine Kinder dagegen werden täglich, oft über viele Jahre hinweg, im Stillen durch sein Verhalten traumatisiert. Die meisten von ihnen zeigen körperliche und seelische Symptome sowie Verhaltensauffälligkeiten, die anfangs nicht zu erklären sind. Darüber hinaus neigen die Betroffenen dazu, sich selbst infrage zu stellen, obwohl die Ursachen ihrer Probleme beim anderen liegen.

Alle manipulativen Persönlichkeiten vereint, dass sie mindestens 14 der 30 Merkmale aufweisen, die ich in meinem ersten Buch von 1997 definiert habe. Ihre Verhaltensweisen, Äußerungen und Haltungen fallen jedoch ganz unterschiedlich aus, je nachdem, in welchem Umfeld sie ihre Macht ausüben. In meinem Buch aus dem Jahr 2000 habe ich ihr Verhalten in Paarbeziehungen beschrieben, sei es in einer Ehe oder einer Lebensgemeinschaft, sei es mit Kindern oder ohne. Doch auch manipulative Eltern legen gegenüber ihren Kindern bestimmte wiederkehrende Verhaltensmuster an den Tag. Damit beschäftigt sich das vorliegende Buch.

Was möchte ich damit erreichen? Indem ich zahlreiche Erfahrungsberichte wiedergebe, möchte ich zum einen das Bewusstsein der Betroffenen schärfen – also von Kindern manipulativer Eltern –, damit sie endlich in der Lage sind, ihr Leiden in Worte zu fassen. Zum anderen scheint es mir wichtig, die unterschiedlichen Profile manipulativer Persönlichkeiten aus klinischer Sicht zu beschreiben. Ich glaube, dies kann vor allem für Beschäftigte im Gesundheits-, Sozial- und Rechtswesen von Bedeutung sein.

Als ich Erfahrungsberichte über Manipulierer in Familien gesammelt habe, musste ich überrascht feststellen, dass Mütter fünfmal häufiger als manipulativ beschrieben werden als andere Familienmitglieder. Daraus zu schließen, es gäbe mehr manipulative Mütter als Väter, wäre jedoch übereilt (abgesehen von den »charakterlich Perversen«[1], die zu 90 Prozent Männer sind). Hier ist Vorsicht geboten: Umfrageergebnisse dürfen nicht auf das tatsächliche Vorkommen übertragen werden. Wenn Befragte verstärkt von bestimmten Ereignissen oder krankhaften Persönlichkeiten berichten, bedeutet das nicht automatisch, dass diese auch in der gesamten Gesellschaft vorherrschend sind.

Doch wie erklären sich die vielen Berichte über manipulative Mütter? Offenbar sind Traumagedächtnis und emotionales Erinnerungsvermögen besonders dann aktiv, wenn eine Mutter ihrem Kind nicht die bedingungslose Liebe schenkt, die es braucht. Einer manipulativen Mutter fehlt das, was man gemeinhin als mütterlichen Instinkt bezeichnet. In Fachkreisen spricht man hier von einer *narzisstischen Persönlichkeit*. Auch heute noch ist es schmerzvoll und schwierig, derlei Feststellungen zu treffen. Mangelnde Liebe aufseiten der Eltern oder gar seelischer Missbrauch sind in unserer Gesellschaft noch immer Tabuthemen. Ständig hören wir, dass alle Eltern ihre Kinder lieben, dass alle Eltern nur das Beste für ihre Kinder wollen und dergleichen mehr. Doch ob dem wirklich so ist, hängt von der Persönlichkeit der Eltern ab.

Auf den folgenden Seiten werden die Kinder solcher Väter und Mütter viele Verhaltensweisen, Äußerungen und Einstellungen beschreiben, die sie bei ihren Eltern erlebt haben, ohne zu wissen, dass sich darin eine krankhafte Persönlichkeit ausdrückt. Wenn Sie diese Erfahrungen nicht teilen, wird Sie die Darstellung derart vergifteter Beziehungen in all ihren Facetten möglicherweise irritieren.

Einige der erwachsenen Betroffenen haben darum gebeten, dass ihre Berichte entgegen den Gepflogenheiten unter ihren echten Vornamen angeführt werden. Sie erhoffen sich davon, dass die Menschen in ihrem Umfeld ihr Leiden erkennen, das so lange unausgesprochen geblieben ist. Außerdem wollen sie einen Beitrag dazu leisten, dass die Gesellschaft für das Schicksal ungeliebter Kinder, die Opfer krankhafter oder kranker Eltern sind, sensibilisiert wird. Manche haben es als Erleichterung empfunden, ihre Erlebnisse in Worte zu fassen, andere haben ihre Berichte mit einem flauen Gefühl im Magen geschrieben.

Diese Erfahrungsberichte, auf die ich meine Überlegungen stütze, weisen allesamt eine erstaunliche Genauigkeit auf, obwohl manche Ereignisse schon über 40 Jahre zurückliegen.

Das »politisch korrekte« Denken verlangt, krankhaftes Verhalten in sämtlichen gesellschaftlichen Schichten gleichermaßen zu verorten. Doch der Blick auf die Wirklichkeit zeigt, dass extrem narzisstische Persönlichkeiten, die unbedingte Macht über ihre Mitmenschen ausüben wollen, sich nicht in jedem beliebigen Milieu herausbilden. Diesen Menschen ist vor allem ihr Image wichtig – und Geld. Ihre Kinder stehen bei ihnen nicht an erster Stelle. Vielmehr benutzen sie sie, um ihr narzisstisches Selbstwertgefühl zu steigern und sich im Glauben an sich selbst zu bestärken. Wie gehen sie dabei vor? Und vor allem: Woran erkennt man sie?

Dieses Buch deckt die typischen und häufig auftretenden Anzeichen von Störungen im Familiengefüge auf, die durch den Einfluss manipulativer Eltern verursacht werden. Die elterliche Manipulation zeigt sich etwa in der wiederkehrenden Anspannung, die bei jeder Familienfeier herrscht, in der fehlenden Anteilnahme der Eltern am Glück und an der Freude ihrer Kinder sowie in ihren Bemühungen, die Kinder von Menschen fernzuhalten, die ihnen mit Liebe begegnen. Dabei halten sich diese Eltern mit herabsetzenden Äußerungen – die sie in der Öffentlichkeit nur selten von sich geben – im Familienkreis nicht zurück.

Manipulative Eltern beeinflussen gezielt das Selbstwertgefühl eines oder mehrerer ihrer Kinder. Zu diesem Zweck räumen sie ihnen Sonderrechte ein oder lassen sie im Gegenteil ihre Zurückweisung auf je unterschiedliche Weise spüren. Die Berichte, die die folgenden Analysen begleiten, stammen sowohl von jungen als auch von erwachsenen Menschen. Letzteren wird oft erst durch den zeitlichen Abstand bewusst, dass und wie sehr sie etwa unter übertriebener Knauserigkeit oder einer abstrusen Kleinkariertheit gelitten haben, die bei manchen zum Beispiel dazu geführt haben, dass die Fortsetzung ihres Studiums gefährdet war.

Dass manipulative Eltern für ihre Kinder kein Mitgefühl aufbringen, ist oftmals unverständlich, da sie doch für andere Leute sehr wohl etwas zu empfinden scheinen. Menschen mit einer solchen Persönlichkeitsstruktur können in der Öffentlichkeit bestimmte Seiten ihrer selbst verbergen, während sie im privaten Kreis alle Masken fallen lassen. Ihr Umfeld erkennt weder, wie verächtlich, konfus und irrational ihre Äußerungen bisweilen sind, noch wie widersprüchlich ihr Verhalten oft ist. Einer der Gründe dafür ist, dass manipulative Menschen sehr gut lügen und Geheimniskrämerei betreiben können oder Dinge mit solcher Überzeugung behaupten, dass niemand auf die Idee kommt, Zweifel anzumelden. Typisch für manipulative Eltern ist außerdem, dass sie auf eine schwere Erkrankung ihres Kindes gleichgültig reagieren oder diese sogar anzweifeln. Im Gegenzug neigen manipulative Eltern – vor allem Mütter – dazu, bei sich selbst jedes kleine Wehwehchen zu dramatisieren und andauernd über Erschöpfung zu klagen.

Im Folgenden werde ich auch die verschiedenen Strategien vorstellen, die manipulative Eltern nutzen, um mithilfe ihrer Kinder ihre überzogenen narzisstischen Bedürfnisse zu befriedigen. Besonders schwerwiegend sind die Fälle, in denen ein Elternteil nicht nur manipulativ ist, sondern darüber hinaus auch seelischen Missbrauch betreibt. Dies kommt nicht so oft, aber immer noch häufig genug vor. Ich werde einige verstörende Berichte wiedergeben, die veranschaulichen, welche Schreckensherrschaft solche Eltern über ihre Kinder ausüben.

Schließlich werde ich den Blick auf die Opfer lenken. Welche Langzeitfolgen hat das Zusammenleben mit manipulativen Eltern? Wie können die Wunden geheilt und die Nachwirkungen gemildert werden, und wie kann man sich gegen künftige Angriffe schützen? Es gibt verschiedene Wege, sich dem Zugriff manipulativer Eltern zu entziehen oder zumindest ihren Einfluss einzudämmen oder zu neutralisieren.

Um jedoch den Aussagen und dem Verhalten solcher Eltern entgegentreten zu können, muss man die Merkmale manipulativer Persönlichkeiten kennen und ihre innere Struktur verstehen. In diesem Buch möchte ich Methoden aufzeigen, um manipulative Eltern zu identifizieren und das persönliche Leiden zu beenden, das schon viel zu lange dauert.

Woran erkennt man manipulative Eltern?

Ist eine Mutter, die ihren Kindern vorwirft, dass sie sich nicht um sie kümmern, manipulativ? Ist ein Vater, der seinen Sohn beleidigt oder vor den Augen anderer erniedrigt, manipulativ? Nicht unbedingt. Wer Vorwürfe äußert, lügt, Tatsachen verschleiert, unaufrichtig ist, kurz gesagt, wer andere Menschen gezielt beeinflusst, ist nicht zwangsläufig eine manipulative Persönlichkeit.

Eltern, die ihre Kinder nicht nur beeinflussen, sondern manipulativ auf sie einwirken, zeichnen sich dadurch aus, dass sie ihre Kinder überdurchschnittlich häufig und mit den verschiedensten Methoden manipulieren, be- und ausnutzen und sie dabei offenkundig oder implizit herabsetzen. Manipulative Eltern üben Einfluss auf ihre Kinder aus, indem sie deren Selbstwertgefühl schwächen oder von ihnen ein Maß an Selbstständigkeit fordern, das ihrem Alter noch nicht entspricht. In allen Fällen jedoch erfahren die Kinder zu wenig emotionale Zuwendung. Des Weiteren löst das Verhalten von Eltern, die auf ihre Überlegenheit und ihr Recht pochen, bei den Kindern Verwirrung und Schuldgefühle aus. Solche Eltern herrschen wie Könige über ihr Gefolge. Ihre Stimmungen prägen unausweichlich die Atmosphäre im innersten Kreis der Familie. Dabei kann das daraus erwachsende Gefühl der Verunsicherung, selbst wenn es alles und jeden fest im Griff hat, gänzlich unbemerkt bleiben.

Einen manipulativen Vater oder eine manipulative Mutter zu haben, ist etwas völlig anderes, als mit einem manipulativen Menschen in einer Liebesbeziehung, im Freundeskreis oder im beruflichen Umfeld konfrontiert zu sein. Für ein Kind gibt es keine Zeit »vor« oder »nach« dem manipulativen Elternteil. In Kindheit und Jugend ist das Kind Situationen ausgesetzt, in die weder Kollegen noch Nachbarn oder Freunde, ja nicht einmal Mitglieder des erweiterten Familienkreises der manipulativen Person jemals geraten. Die Beziehung zu einem manipulativen Elternteil entwickelt sich über einen langen Zeitraum hinweg und wird dabei zu einem wesentlichen Bestandteil der Identität des Opfers.

Aber natürlich sind nicht alle Menschen manipulativ. Nur jemand, der eine gewisse Anzahl bestimmter Persönlichkeitsmerkmale und Verhaltensweisen zeigt, kann als manipulative Persönlichkeit gelten.

Die 30 Merkmale der manipulativen Persönlichkeit[2]

Mit einer manipulativen Persönlichkeit haben wir es zu tun, wenn die entsprechende Person – sei es ein Elternteil, jemand aus unserem Bekanntenkreis oder der Partner in einer Liebesbeziehung – mindestens 14 der 30 Merkmale aufweist, die ich 1997 in meinem ersten Buch beschrieben habe. Diese Merkmale sind typisch für alle manipulativen Persönlichkeiten, unabhängig von Alter und Geschlecht. Bei den meisten dieser Menschen finden sich über 20 der 30 Merkmale. Um zu veranschaulichen, wie sich diese Charakteristika bei manipulativen

Eltern konkret äußern können, nenne ich jeweils ein Beispiel aus den Erfahrungsberichten von Söhnen beziehungsweise Töchtern manipulativer Mütter beziehungsweise Väter.

1. Ein Manipulierer gibt häufig anderen die Schuld, mit Verweis auf den Zusammenhalt in der Familie, auf die Freundschaft, die Liebe, berufliches Engagement usw.
   In meiner Jugend war ich sehr rebellisch. Ich habe viel mit meiner Mutter diskutiert und gestritten, aber jedes Mal klein beigegeben, sobald sie bei mir Schuldgefühle ausgelöst hat, etwa durch Aussagen wie: »Einverstanden, ich gebe nach, du darfst ausgehen, aber du musst dir darüber im Klaren sein, dass ich die ganze Nacht nicht schlafen werde und es deine Schuld ist, wenn ich morgen müde bin.«

2. Er schiebt anderen die Verantwortung zu oder entzieht sich seiner Verantwortung.
   Meine Mutter hat mir für vieles die Schuld zugeschoben. Folgende Geschichte etwa hat mich sehr geprägt: Meine Mutter besaß ein Haus auf dem Land, das sie von ihren Eltern geerbt hatte. Als Kind war ich gerne dort und habe im Garten geholfen. Aber irgendwann wollte ich mehr Zeit mit meinen Freundinnen verbringen oder in den Ferien verreisen. Mein Bruder war so gut wie nie in dem Haus. Als mein Vater auf die 70 zuging, meinte meine Mutter, dass die Gartenarbeit zu mühsam für ihn wäre, obwohl er noch immer große Freude daran hatte. Daraufhin erpresste sie mich: »Wenn du uns nicht öfter hilfst, muss ich das Haus verkaufen.« Indem sie mir die Verantwortung für die Pflege ihres Gartens zuschob, appellierte sie an mein Schuldgefühl, denn ich wusste, dass die Aussicht auf einen Verkauf meinen Vater unglücklich machen würde.

3. **Er bringt seine Forderungen, Bedürfnisse, Gefühle und Meinungen nicht deutlich zum Ausdruck.**
»Seltsam, dass er ihr keinen Heiratsantrag macht, wo sie doch schon so lange zusammen sind, nicht wahr? Man fragt sich, ob er sie überhaupt liebt ...«

4. **Er antwortet meist ausweichend.**
Wenn ich meine Mutter anrufe und ihr vorschlage, sie zu besuchen, antwortet sie: »Wegen mir brauchst du nicht zu kommen. Aber mach ganz, wie du willst.«

5. **Er ändert seine Meinungen, sein Verhalten und seine Gefühle, je nachdem, in wessen Gesellschaft und in welcher Situation er sich befindet.**
Meine Mutter hat mir oft ihre Ansichten dargelegt, und wenn ich sie später darauf angesprochen habe, hat sie alles abgestritten: »Das habe ich nie gesagt! Das ist doch Unsinn!«

6. **Er verbirgt seine Forderungen hinter rationalen Argumenten.**
Meine Mutter bittet mich ständig um einen Gefallen. Zum Beispiel so: »Wenn du mich mit in dein Ferienhäuschen nehmen würdest, könnte ich mich weiter darum kümmern, den Efeu von der Hauswand zu entfernen; du weißt schon, an der Stelle, wo deine Pflanzen wachsen. Sonst siehst du sie eines Tages nicht mehr ... Aber nur, wenn es dir keine Umstände macht. Ich kann ja genauso gut in den Park gehen und mit den Nachbarn ein Schwätzchen halten.«

7. **Er bringt die anderen dazu, zu glauben, sie müssten perfekt sein, dürften niemals ihre Meinung ändern, müssten alles wissen und auf Forderungen und Nachfragen unverzüglich reagieren.**

Selbst als ich noch ein Kind war, hat meine Mutter mich schon häufig zu sich zitiert. Ich musste auf der Stelle zu ihr kommen und mit ihr sprechen. Ich musste auf ihre Fragen antworten und Erklärungen abgeben. Noch heute verlangt sie oft von mir, dass ich etwas sage, auch wenn ich noch nicht so weit bin. Ich schaffe es nicht, mich ihr gegenüber so klar auszudrücken, dass sie mich richtig versteht.

8. Er stellt die Stärken und Fähigkeiten der anderen sowie ihre ganze Person infrage. Er kritisiert auf unterschwellige Weise, wertet ab und urteilt.
»Wenn du nicht endlich einsiehst, wie anstrengend du bist, wie intolerant und launisch, dann wird der Graben zwischen uns immer tiefer werden. Dann können wir nicht zusammen alt werden.«

9. Er benutzt andere Menschen als Boten, sagt Dinge am Telefon statt im persönlichen Gespräch oder hinterlässt schriftliche Nachrichten.
»Sag deinem Bruder, wenn er zum Essen kommt, braucht er seine neue Freundin gar nicht erst mitzubringen!«

10. Er sät Zwietracht, schafft ein Klima des Misstrauens, teilt, um zu herrschen, und kann erreichen, dass ein Paar sich trennt.
Wenn wir mit ihm im Urlaub waren, haben mein Mann und ich uns jedes Mal gestritten, manchmal sogar ziemlich heftig. Dabei haben wir die wahre Ursache nie erkannt: Es war der allgegenwärtige schädliche Einfluss seines manipulativen Charakters.

11. Er stellt sich als Opfer dar, um bemitleidet zu werden (er klagt über eine Krankheit, die ihm sehr zu schaffen macht, »Probleme« mit Menschen in seinem Umfeld, Arbeitsüberlastung usw.).
»Ich muss mich schützen. Meine Gesundheit steht auf dem Spiel. Im Moment ist das für mich das Wichtigste. Ich bin allein. Ganz einfach. Ich habe meinen Freund verloren und jetzt ist niemand mehr da, der mir Beistand leistet.«

12. Er ignoriert die Bitten seiner Mitmenschen (auch wenn er behauptet, sich darum zu kümmern).
Ich habe meine Mutter gebeten, mir meine Scheidungsurkunde zu schicken, die ich ihr anvertraut hatte. Sie war inzwischen nach England gezogen und konnte die Urkunde wie durch einen dummen Zufall nicht mehr finden. Also musste ich mir von meiner Anwältin ein Ersatzdokument ausstellen lassen, was mich 50 Euro gekostet hat. Herzlichen Dank, Mutter! Sie hatte die Urkunde überhaupt nicht gesucht und hat sie später irgendwann dann doch gefunden …

13. Er beruft sich auf die Moralvorstellungen der anderen, um seine eigenen Bedürfnisse zu befriedigen (Menschlichkeit, Barmherzigkeit, rassistisches Gedankengut, Vorstellungen von der »guten« oder der »bösen« Mutter usw.).
Obwohl mein Vater sich mir gegenüber nie rücksichtsvoll verhält, fordert er von mir immer wieder, dass ich Rücksicht auf ihn nehme. Dadurch bringt er mich dazu, dass ich meine Interessen zurückstelle und mich um ihn kümmere, ihm helfe, ihm Gesellschaft leiste oder dass ich nichts mehr sage, wenn unser Gespräch ihm auf die Nerven geht.

14. **Er spricht verstecke Drohungen aus oder erpresst andere Menschen ganz offen.**
Unsere Mutter ist immer wieder tränenüberströmt aus dem Haus gelaufen und hat dabei verkündet, sie würde sich in den Fluss stürzen. Jedes Mal habe ich die ganze Zeit, die sie weg war, fieberhaft darauf gewartet, dass sie zurückkommt. Ich war die Älteste und fühlte mich verantwortlich für meine jüngeren Geschwister.

15. **Er wechselt im Gespräch abrupt das Thema.**
Sobald ich etwas anspreche, worüber er nicht reden will, schlägt mein Vater einen anderen Ton an und wirft mir Fehler und Schwächen vor, die überhaupt nichts mit dem ursprünglichen Thema zu tun haben. Und das innerhalb von 30 Sekunden!

16. **Er vermeidet Unterhaltungen und Besprechungen oder entzieht sich ihnen.**
Als mein Vater mir sagte, er verstehe nicht, warum meine Mutter ihn verlassen habe, habe ich ihn ganz vorsichtig daran erinnert, dass sie miteinander nicht gut auskamen und er oft den ganzen Tag nicht mit ihr redete, während sie das Gespräch mit ihm suchte. Er bestritt das. Ich war anderer Ansicht und wollte (in aller Ruhe) fortfahren, doch er wischte meine Einwände beiseite und sagte: »Wenn du das anders siehst, brauchen wir gar nicht weiter darüber zu sprechen!«

17. **Er kalkuliert mit der Unwissenheit der anderen und gibt sich überlegen.**
Mein Vater hat immer meine Hausaufgaben kontrolliert. Dabei hat er so getan, als könnte er alle Aufgaben lösen, in Physik, Chemie, Mathematik, Englisch, Deutsch und vielen

anderen Fächern. Später habe ich herausgefunden, dass er von vielen Dingen gar keine Ahnung hatte.

18. **Er lügt.**

Mein Vater lügt sogar bei ganz banalen Dingen, etwa wenn es darum geht, um welche Uhrzeit wir das Schiff nehmen wollten. Dann schreit er mich an und behauptet, ich hätte unrecht, dabei hat er unrecht … Wenn ich nicht nachgebe und bei der Wahrheit bleibe, schreit er noch lauter oder ist beleidigt und schmollt tagelang.

19. **Er streut Unwahrheiten, um die Wahrheit zu erfahren, und verdreht und interpretiert die Wahrheit.**

Meine Mutter, die im selben Haus wie ich wohnt, versucht laufend, etwas über mein Leben zu erfahren: »Hast du dich am Wochenende gut erholt? Verdient hättest du es jedenfalls.« Ich war zwei Tage verreist, ohne es ihr zu sagen. Sie ahnte das und wollte wissen, wo ich gewesen war. Ich war gebräunt zurückgekommen, also hätte sich mich – wäre sie keine Manipuliererin – einfach fragen können, wo ich das Wochenende verbracht hatte.

Eines Vormittags redete meine Mutter auf einmal über etwas, was sie »das Unausgesprochene« nannte. In Wahrheit warf sie mir vor, ich hätte zu meinen Kindern schreckliche Dinge gesagt. Sie gab meine Worte verdreht und völlig sinnentstellt wieder. Dieses Thema ließ ihr keine Ruhe und sie bohrte immer wieder nach.

20. **Er ist egozentrisch.**

Mein Vater führte ein Doppelleben. Ich entdeckte das, als ich 15 war, aber meine Mutter wusste nichts davon (oder wollte nichts davon wissen …). Mein Vater war oft beruflich auf Reisen und gab viel Geld zu seinem eigenen Vergnügen aus: in Restaurants, für Unternehmungen am Abend, Freizeitaktivitäten, Motorräder usw. Meine Eltern hatten getrennte Konten und meine Mutter musste mit dem Geld haushalten, damit die Familie über die Runden kam. Sie waren immer in den Miesen und meine Mutter musste an allen Ecken und Enden sparen.

21. **Er neigt zu Eifersucht und Neid, auch gegenüber Verwandten und dem Ehepartner.**
Mein Vater war neidisch auf das, was meine junge Frau und ich besaßen (Auto, Wohnung usw.). Wir hatten damals unser Studium noch nicht abgeschlossen und waren noch nicht berufstätig. Mein Vater sagte geradeheraus: »Als wir in eurem Alter waren, haben wir schon gearbeitet und noch nicht so viel besessen.«

22. **Er erträgt keine Kritik und leugnet offenkundige Tatsachen.**
Meine Mutter hat von ein Uhr bis etwa halb fünf auf meinen Sohn aufgepasst. Um eins hatte ich ihn gestillt. Ich hatte Getreideflocken und laktosefreie Milch mitgebracht sowie Obst, falls er Durst bekommen würde. Mein Sohn ist laktoseintolerant. Trotzdem hat sie ihm, wie sie mir danach gestanden hat, Vollmilch gegeben (mit 3,25 Prozent Fett). Sie wollte mir auf Teufel komm raus beweisen, dass er darauf nicht allergisch reagiert. Natürlich hat er von halb sieben bis halb zehn Koliken bekommen … Meine Mutter hat das nicht mehr mitgekriegt. Als ich ihr davon erzählt habe, hat sie entgegnet: »Wenn ich es dir nicht gesagt hätte, wüsstest du es gar nicht!« Dann hat sie noch hinzugefügt: »Hör auf, dich schuldig zu fühlen.« Dabei fühle ich mich überhaupt nicht schuld an der Unverträglichkeit meines Sohnes. Sie leugnet die Wirklichkeit einfach und glaubt sogar, sie kann sie ändern!

23. **Er missachtet die Rechte, die Bedürfnisse und die Wünsche der anderen.**
Erst hat meine Mutter mir versichert, dass sie das Geld, das noch auf den gesperrten Festgeldkonten meines verstorbenen Vaters lag und das sie selbst nicht in vollem Umfang brauchte, zu gleichen Teilen unter uns vieren (sie, ich und meine Geschwister) aufteilen würde, sobald sie darüber verfügen könnte. Zwei Tage später sprach sie plötzlich von Renovierungsarbeiten, die »zwar nicht dringend, aber teuer« seien und die sie noch mit unserem Vater geplant habe und so schnell wie möglich in Angriff nehmen müsse. Keine Rede mehr davon, dass sie irgendetwas mit ihren Kindern teilen wollte …

24. **Er wartet sehr oft bis zum letzten Moment, bevor er um etwas bittet, in Auftrag gibt oder jemanden zum Handeln ermutigt.**
Wenn mein Vater mir versprochen hatte, etwas mit mir zu unternehmen, hat er jedes Mal eine glaubwürdige Ausrede gefunden, mit der er sich eine Stunde oder auch eine Minute, bevor wir aufbrechen wollten, entzogen hat.

25. **Seine Äußerungen wirken vernünftig und strukturiert, doch seine Handlungen, sein Verhalten und seine Lebensweise stehen dazu im Widerspruch.**
Die Großmutter erzählt überall herum, wie sehr sie ihre Enkel vermisst, doch wenn sie bei ihr sind (was nur selten vorkommt, denn sie ruft sie niemals an oder besucht sie), beschäftigt sie sich gerade einmal zehn Minuten mit ihnen, überlässt sie dann ihrem Mann oder jemand anderem und verschwindet in der Küche oder fängt an, das Haus zu putzen, ohne sich je wieder um sie zu kümmern.

26. **Er schmeichelt anderen, um ihr Wohlwollen zu gewinnen, macht Geschenke oder erweist auf einmal kleine Gefälligkeiten.**

Bis zu unserer Jugendzeit hat unser Vater sich kaum für uns interessiert, doch seit der Scheidung von unserer Mutter schenkt er uns immer wieder teure elektronische Geräte.

27. **Er löst bei anderen Unwohlsein oder ein Gefühl von Unfreiheit oder Gefangensein aus.**

Als ich mit Anfang 20 meiner Mutter einen kleinen ungefilterten Einblick in meine Gefühlswelt und mein Sexualleben gewährt habe (im Hinblick auf sexuelle Erfahrungen und die enttäuschte Hoffnung auf Liebe), sind ihr die Tränen gekommen. Dabei hatte ich ihr gar nichts Weltbewegendes erzählt … Für mich konnte das nur heißen: Erzähl ihr nie wieder etwas von dir.

28. **Er erreicht die eigenen Ziele oft auf Kosten anderer.**

Ich bin Arzt. Über Jahre hinweg hat meine Mutter mich immer wieder um unterschriebene Blankorezepte gebeten und ich bin dieser Bitte nachgekommen. So hat sie sich selbst die Medikamente verschrieben, die sie wollte (selbstverständlich kennt sie sich in der Medizin überhaupt besser aus als ich und widerspricht mir im Kreis der Familie, wenn es um medizinische Fragen geht). Diese Rezepte haben ihr Macht verliehen, und mit ihrer Hilfe überlistete sie die Apotheker, die sich zwar nicht täuschen ließen, aber in große Verlegenheit gerieten. Denn wenn ein Apotheker auf einem Rezept eine Unregelmäßigkeit feststellt, die Missbrauch vermuten lässt, darf er das entsprechende Medikament nicht aushändigen. Meine Mutter hatte ihre Freude daran, wie die Apotheker sich in ihrem Dilemma zu rechtfertigen versuchten, da sie ja weder ihre Kundin vor den Kopf stoßen noch ihre Pflichten verletzen wollten.

Wie konnte es passieren, dass ich mich zu so etwas habe hinreißen lassen, wo ich doch sonst stets darauf achte, keinesfalls gegen Gesetze oder Vorschriften zu verstoßen? Hätte man mich gefragt, ob ich bereit wäre, Blankorezepte zu unterschreiben, hätte ich entschieden verneint. Aber meine Mutter ist subtiler vorgegangen. Erst hat sie mich um ein Rezept für ein Medikament gebeten, und ich habe es ihr bereitwillig ausgestellt. Dann hat sie mich gefragt: »Ich habe das Aspirin vergessen. Kannst du das noch dazuschreiben?« Als Nächstes hieß es: »Ich will dich nicht jedes Mal belästigen. Kannst du mir nicht ein Blankorezept dalassen? Wenn mir dann im Nachhinein noch etwas einfällt, sind es nicht zwei verschiedene Schriften.« Schließlich waren es jeweils mehrere Blankorezepte, und so hat sie es geschafft, dass ich mit der Zeit immer sorgloser wurde.

29. **Er bringt andere Menschen dazu, Dinge zu tun, die sie aus eigenem Antrieb nicht tun würden.**
Jedes Jahr habe ich mich eine oder zwei Wochen lang erst um meine Eltern und dann um meine Schwiegereltern gekümmert. Es war ein Unterschied wie Tag und Nacht. Meine Eltern mussten bei allem, was wir unternommen haben, dabei sein. Vor fünf Jahren haben wir sogar einen Siebensitzer gekauft, um diese Ausflüge machen zu können!

30. **Die Menschen, die ihn kennen, sprechen andauernd über ihn, auch wenn er nicht anwesend ist.**
Eines Tages stellten meine Schwestern und ich fest, dass wir pausenlos über unsere Eltern sprachen, was manchmal die Stimmung bei unseren ohnehin nur kurzen Treffen komplett vergiftete. Unsere Eltern hatten immer wieder der einen von uns dies erzählt und der anderen das. Nachdem wir das

erkannt hatten, bedurfte es allerdings noch endloser Diskussionen, bis wir verstanden, was sie damit bezweckten.

Wie bereits erwähnt, spricht man von einer *manipulativen Persönlichkeit*, wenn jemand *mindestens 14* dieser Merkmale aufweist.

Diese Liste mit den 30 wichtigsten Merkmalen manipulativer Persönlichkeiten gilt gleichermaßen für Kinder (ja, auch für Kinder) und Erwachsene, für Männer und Frauen. Natürlich ließe sie sich leicht verlängern. Etliche Charakteristika manipulativen Verhaltens treten allerdings nur in bestimmten Zusammenhängen auf. In einer Paarbeziehung etwa kann ein Partner versuchen, den anderen zu isolieren und ihn so von den Menschen fernzuhalten, die er liebt, um den eigenen Einfluss zu stärken. Meiner Einschätzung nach geschieht dies in acht von zehn Beziehungen. In einem anderen sozialen oder beruflichen Kontext hat dieses Verhalten keinen Sinn, auch wenn in der Arbeitswelt manchmal Mitarbeiter auf bedeutungslose Posten abgeschoben werden. In diesen Fällen isoliert man den Betroffenen nicht, um ihn an sich zu binden oder die eigene emotionale Macht über ihn zu stärken, sondern um ihn im Gegenteil loszuwerden. In ähnlicher Weise benutzen manipulative Eltern Geld, um ihre erwachsenen Kinder zu belohnen oder zu bestrafen, je nachdem, welche Gefühle diese ihnen entgegenbringen. In einem anderen Zusammenhang, etwa im Umgang mit den Nachbarn, setzen sie dieses Mittel nicht ein. In jedem Fall aber dürfte klar sein, dass ein Verhalten, das von diesen Merkmalen geprägt ist, weder als normal noch als reif angesehen werden kann und auch nicht für einen ausgeglichenen Charakter spricht.

Die erwähnten typischen Merkmale finden sich bei manipulativen Elternteilen beiderlei Geschlechts. Manchmal wenden manipulative Väter und Mütter unterschiedliche Strategien an, wie im Verlauf dieses Buches noch deutlich werden wird. Bedauerlicherweise hinterlassen die Machenschaften der Eltern schon sehr früh ihre Spuren. Bei den meisten Betroffenen gehen die Erinnerungen bis ins fünfte Lebensjahr zurück.

Ist manipulatives Verhalten pathologisch?

Ist echtes manipulatives Verhalten (das mehr ist als der gelegentliche Versuch, andere zu beeinflussen) als pathologisch anzusehen? Meiner Ansicht nach: ja.

Schon seit Langem kennt die Psychiatrie eine spezifische Bezeichnung für dieses Krankheitsbild. Wie in der Einleitung schon erwähnt, spricht man hier von einer *narzisstischen Persönlichkeit*. Narzissmus ist eine Persönlichkeitsstörung, also etwas grundlegend anderes als eine neurotische Störung wie etwa Angst. Angststörungen oder Sozialphobie können behandelt werden. Die Betroffenen leiden nicht an Bewusstseinsstörungen im engeren Sinn. Meist sind sie unsicher im Umgang mit anderen und leiden unter mangelndem Selbstwertgefühl. Sie sind sich ihrer Probleme bewusst und leugnen sie nicht. Sobald sie erfahren, dass diese Störungen behandelt werden können (etwa durch Verhaltenstherapie oder kognitive Therapie), suchen sie Hilfe, um ihre Schwierigkeiten zu überwinden.

Menschen mit narzisstischer Persönlichkeitsstruktur sind dagegen vollkommen blind für ihre psychische Störung. Auch wenn man ihre Aussagen und ihr Verhalten schriftlich oder mittels Audio- oder Videoaufnahmen dokumentiert, streiten sie alles ab und beschweren sich vielmehr darüber, dass sie beobachtet werden, und zwar *ohne ihre Einwilligung*. Sie erreichen, dass andere, die aufmerksam beobachten und sachlich und überlegt handeln, sich schuldig fühlen. Kritisches Urteilsvermögen ist ihnen ein Dorn im Auge. Wenn man sich der eigenen Wahrnehmung nicht absolut sicher ist oder nicht über ausreichend Selbstvertrauen verfügt, fangen sie sofort an, einen »komplett zu verwirren«. Davon sprechen Betroffene häufig, wenn sie ihre Erfahrungen beschreiben. Ein Narzisst macht die Argumentation seines Gesprächspartners zunichte, um diesen dazu zu bringen, unwahre, abwegige oder widersinnige Äußerungen zu treffen.

Innerhalb des Kreises, den eine narzisstische Person um sich zieht, sind sein pathologisches Denken, die Art, wie er die Wirklichkeit verdreht, seine Äußerungen und seine Entscheidungen tonangebend. Dieser Kreis ist die Familie, doch auch in anderen Bereichen schart er Gruppen um sich: am Arbeitsplatz, im Freundeskreis, in der Freizeit usw. Dabei ist natürlich er derjenige, der die Entscheidungen der Gruppe lenkt, sei es unterschwellig oder ganz offen durch entsprechendes Verhalten.

Im *Diagnostic and statistical manual of mental disorders* (DSM-5), einem Standardwerk zur Klassifikation psychischer Erkrankungen, wird die narzisstische Persönlichkeitsstörung folgendermaßen beschrieben:

> »Ein tief greifendes Muster von Großartigkeit (in Fantasie oder Verhalten), Bedürfnis nach Bewunderung und Mangel an Empathie. Der Beginn liegt im frühen Erwachsenenalter, und das Muster zeigt sich in verschiedenen Situationen. Mindestens fünf der folgenden Kriterien müssen erfüllt sein:
>
> 1. Hat ein grandioses Gefühl der eigenen Wichtigkeit (z. B. übertreibt die eigenen Leistungen und Talente; erwartet, ohne entsprechende Leistungen als überlegen anerkannt zu werden).

2. Ist stark eingenommen von Fantasien grenzenlosen Erfolgs, Macht, Glanz, Schönheit oder idealer Liebe.
3. Glaubt von sich, ›besonders‹ und einzigartig zu sein und nur von anderen besonderen oder angesehenen Personen (oder Institutionen) verstanden zu werden oder nur mit diesen verkehren zu können.
4. Verlangt nach übermäßiger Bewunderung.
5. Legt ein Anspruchsdenken an den Tag (d. h. übertriebene Erwartungen an eine besonders bevorzugte Behandlung oder automatisches Eingehen auf die eigenen Erwartungen).
6. Ist in zwischenmenschlichen Beziehungen ausbeuterisch (d. h. zieht Nutzen aus anderen, um die eigenen Ziele zu erreichen).
7. Zeigt einen Mangel an Empathie: Ist nicht willens, die Gefühle und Bedürfnisse anderer zu erkennen oder sich mit ihnen zu identifizieren.
8. Ist häufig neidisch auf andere oder glaubt, andere seien neidisch auf ihn/sie.
9. Zeigt arrogante, überhebliche Verhaltensweisen oder Haltungen.«

Wenn jemand diese Merkmale aufweist, spricht die Psychiatrie von einer narzisstischen Persönlichkeit. In meinen Augen ist jedoch der Ausdruck »manipulative Persönlichkeit« verständlicher. Er ist ebenfalls weithin anerkannt und bezeichnet dasselbe: Menschen mit pathologischem Verhalten, die in ihrem Umfeld großen Schaden anrichten und sich gleichzeitig als Unschuldslämmer geben.

Der verstellte Blick

Die meisten Opfer manipulativer Persönlichkeiten, die ich durch meine Arbeit kennenlerne, oder andere, die mir schreiben, machen sich Vorwürfe, dass sie ihre Situation nicht schon viel früher erkannt und verstanden haben.

Ob Männer oder Frauen, die meisten dieser Betroffenen haben sich in vielen Lebensbereichen als intelligent, gewissenhaft und willensstark erwiesen. Viele haben einen Hochschulabschluss, üben angesehene Berufe aus oder sind in herausgehobenen Positionen tätig. Dies gilt auch für die Betroffenen, die in diesem Buch zu Wort kommen. Sie alle vereint, dass die Lektüre meiner beiden ersten Bücher ihnen die Augen geöffnet hat, wie es etwa bei Sabrina der Fall war:

> »Ein Freund hatte mir gegenüber einmal zufällig von manipulativen Persönlichkeiten gesprochen, und als ich ein Buch zu diesem Thema suchte, stieß ich auf Ihre Arbeiten. Als ich dort die Beschreibung einer Frau las, in der ich bis ins Detail meine Mutter wiedererkannte, war das wie ein Schock. Mir ging dabei wirklich ein Licht auf. Endlich verstand ich, zumindest in Teilen, was in meiner Familiengeschichte passiert war. Der pathologische Charakter meiner Mutter war der Grund für unsere belastete Beziehung. Diese Erkenntnis hat mich dazu veranlasst, mein Seelenleben durch eine Psychotherapie wieder in Ordnung zu bringen. Das hat mir bei der Heilung meiner Wunden spürbar geholfen. Heute, mit 32 Jahren, lese ich weiterhin Bücher über Psychologie und bemühe mich jeden Tag, mal mehr, mal weniger erfolgreich, die Nachwirkungen meiner Kindheitserlebnisse abzumildern, um nicht wieder dieselben Fehler zu begehen.«

Endlich hatte sie Worte für das gefunden, was in ihr vorging, Worte, die das Unaussprechliche benannten. Ein Schleier hob sich: »Unfassbar! Weshalb ist mir das nie aufgefallen? Nicht ich bin krank, sondern der andere!«

Die Puzzleteile lagen auf dem Tisch und mussten nur noch zusammengefügt werden. Es war doch alles so einfach, so offensichtlich!

Nun, ganz so einfach ist es leider nicht. Wäre es wirklich so offensichtlich und leicht zu erkennen, dass all diese Verhaltensweisen, diese widersprüchlichen, abwegigen und irritierenden Äußerungen, die Schuldzuweisungen und Verschleierungen Einzelteile eines Puzzles sind, dann wüssten wir auch, dass sie im Ganzen ein Bild ergeben müssen – ein klar umrissenes, präzises und stimmiges Bild. Selbst betroffene Ärzte, die von Berufs wegen darin geübt sind, Diagnosen zu stellen, erkennen oft nicht, dass manche Details auf ein größeres Ganzes hinweisen und man somit nach den anderen Einzelteilen suchen muss.

Warum wir manipulative Menschen häufig nicht erkennen

Auf diese Frage gibt es mehrere Antworten. Im Folgenden möchte ich die Gründe nennen, die mir während meiner 20-jährigen beruflichen Tätigkeit am häufigsten begegnet sind.

Wir wissen nichts von ihrer Existenz

Kannten Sie die Beschreibung einer narzisstischen Persönlichkeit, wie sie im DSM-5 steht, die Liste der 30 Merkmale einer manipulativen Persönlichkeit oder eine Charakterisierung der narzisstischen Persönlichkeitsstörung? Oder kannten Sie dieses Phänomen, waren mit ihm vertraut und haben es wieder verdrängt?

Viele meiner Klienten haben beruflich mit psychischen Erkrankungen zu tun: Sie sind Psychologen, Ärzte, Psychiater, Pfleger, Krankenschwestern oder Therapeuten. Doch keiner von ihnen war wirklich gut informiert über narzisstische Persönlichkeiten. Auch ich habe in meiner Ausbildung nichts darüber erfahren. Während des Studiums wurden wir nicht darauf vorbereitet, dass Patienten zu uns kommen würden, deren Leben wesentlich durch den täglichen Kontakt mit einer narzisstischen Person bestimmt wird. Auch heute noch fehlt Ärzten, Psychologen, Therapeuten und Psychiatern das nötige Wissen auf diesem Gebiet. Dieses Thema kommt in ihrer Ausbildung nicht vor.[3] Leider bilden sich nur wenige von ihnen fort und lesen die Bücher und Aufsätze ihrer Kollegen, in denen diese ihre Erkenntnisse und Überlegungen veröffentlichen. Und die Patienten wissen nicht, dass sich nicht alle in Heilberufen Tätige hinsichtlich der jüngsten Forschung immer auf dem Laufenden halten.

Manipulierer wirken völlig normal

Dass wir bei einem Menschen, von dem wir glauben, er liebe uns, pathologisches Verhalten nicht als solches erkennen, liegt oftmals in genau diesem Verhalten begründet. So gibt sich etwa jemand mit einer manipulativen Persönlichkeit oft völlig normal. Ein Betroffener berichtet:

> »Meine Mutter verhält sich nicht immer manipulativ. An manchen Tagen ist sie völlig natürlich und normal, und dann frage ich mich, ob ich mir nicht etwas einbilde. Mein Widerstand erscheint mir auf einmal unangemessen. Wenn ich zu ihr komme, bin ich misstrauisch, und wenn ich wieder gehe, zweifle ich an meinen Empfindungen. Manchmal tut sie mir sogar leid ...«

Intellekt und soziale Kompetenz sind bei Narzissten keineswegs beeinträchtigt. Im Gegenteil, beides machen sie sich sogar zunutze. Manipulierer sind meist durchschnittlich intelligent, ihr Intelligenzquotient weist keine auffälligen Abweichungen auf, auch wenn einige über- und andere etwas unterdurchschnittlich begabt sein können (was in ihrem Umfeld allerdings jahrzehntelang unentdeckt bleiben kann). Sie kennen alle Regeln des sozialen Miteinanders und beachten sie. Eine manipulative Frau kann zum Beispiel wie andere Frauen die Farbe ihres Lippenstifts und ihrer Kleidung aufeinander abstimmen und ein manipulativer Mann kann zum Zeichen seiner Verehrung oder des Danks einer Frau einen Strauß Blumen schenken. Anders gesagt: Narzissten sind zwar pathologische Persönlichkeiten, verhalten sich in der Gesellschaft aber »völlig normal«.

Weshalb also sollten wir Verdacht schöpfen? Wenn manipulative Menschen verhaltensauffällig sind, liegt dies in der Regel an einer anderen seelischen Störung. Dies kann zum Beispiel eine paranoide Persönlichkeitsstörung sein oder ein weniger schwerwiegendes Leiden, wie etwa soziale Phobie oder eine Zwangsstörung. Diese haben jedoch nichts mit unserem Thema zu tun.

Glaubensfragen

Woran wir glauben, spielt eine entscheidende Rolle bei der Frage, weshalb wir manipulative Menschen oft nicht sofort erkennen. Ich meine allerdings keine religiösen Glaubensinhalte, sondern Werte, Überzeugungen und Weltanschauungen. Diese übernehmen wir zum Teil von unseren Eltern, hauptsächlich jedoch von der Gesellschaft, in der wir aufwachsen. Nationale Zugehörigkeit, Kultur, Religion, das sozioökonomische Milieu, die aktuellen Moralvorstellungen, die politischen Ansichten unserer Familie sowie unser Geschlecht haben prägenden Einfluss auf unser persönliches Wertesystem. Aber natürlich bestimmen auch persönliche Erfahrungen unsere Ansichten über den Zustand der Welt und uns selbst sowie unseren Blick in die Zukunft.

All diese Wertvorstellungen, eingefahrenen Gedankengänge, Interpretationen, inneren Monologe und Dialoge sowie Verhaltensroutinen werden als »Kognitionen« bezeichnet. Sie bilden die Gesamtheit dessen, worauf wir – bewusst oder unbewusst – unser Denken und Handeln stützen, unsere Prinzipien und unsere mehr oder weniger unerschütterlichen Grundsätze.

Sehen wir uns das Beispiel von Martine an. Sie hat genau festgehalten, wie eine bestimmte Situation bei ihr nacheinander bestimmte Gefühle und Gedanken auslöst:

> »Ich sehe, dass meine Mutter mir eine Nachricht auf der Mailbox hinterlassen hat, nachdem ich drei oder vier Tage lang nichts von ihr gehört habe. Noch bevor ich die Nachricht abhöre, fühle ich mich verängstigt (Stärke 7 von 10), schuldig (zwischen 8 und 9 von 10), unwohl (7 von 10) und unfrei (9 von 10).
> Diese Gefühle lösen folgende Gedanken aus: ›Bestimmt will sie wissen, wo ich bin. Sie wird etwas sagen, wodurch ich mich schuldig fühle, weil ich sie so selten besuche. Sie wird mich für unhöflich halten. Sie wird sauer auf mich sein. Vielleicht ist sie traurig, und ich bin schuld. Sonntags ist es immer am schlimmsten. Mein Vater hätte sie niemals alleingelassen oder sich nicht um sie gekümmert. Er hat alles für sie getan und war immer voller Mitgefühl. Ich *muss* so sein wie er. Es ist doch selbstverständlich, sich um ältere, hilfsbedürftige Menschen zu kümmern. Ich darf nicht immer zuerst an mein eigenes Wohlergehen denken. Meine Mutter beobachtet mich genau, um herauszufinden, ob ich ihr etwas vorma-

che oder etwas verheimliche. Sie ist misstrauisch. Ich fühle mich wie in einem Käfig.‹«

Manipulierer kennen wie die meisten Menschen die Regeln gesellschaftlich akzeptierten Verhaltens. Sie haben genau im Blick, ob die anderen diese Regeln einhalten. Sie wissen sofort, was in anderen Menschen vorgeht. Sie erkennen deren Moralvorstellungen, die sozialen Normen und persönlichen Werte, an denen sie sich orientieren, ihre Prinzipien, ihre Zweifel und ihre Grenzen. Sie erspüren, ob Menschen ehrlich sind, dazu neigen, sich schuldig zu fühlen, und ob sie Angst haben, anderen zur Last zu fallen, sich in den Vordergrund zu stellen oder eigene Urteile zu fällen. Sie erfassen, ob jemand perfektionistisch ist oder Angst hat, vor anderen schlecht dazustehen, aber auch, ob jemand Leiden bei anderen Menschen erspüren kann, und noch viele weitere Charakterzüge. Typischerweise nutzen alle Narzissten diese Erkenntnisse zum Schaden des anderen und um die eigene Position zu stärken. Ein Narzisst kann gegenüber seinem Gesprächspartner abstruse, ja völlig falsche Dinge behaupten, nur um diesen zu verunsichern. Doch darin liegt nicht seine eigentliche Absicht. Den anderen herabzusetzen, zu verunsichern, wütend, nervös oder ängstlich zu machen oder ihn regelrecht zu brechen, ist nur Mittel zum Zweck. Wenn der Narzisst bei anderen Menschen – etwa im Kreis der Familie – so starke Gefühle auslösen kann, bedeutet das, dass er Macht hat. Indem er also so handelt, kann er seine Macht und seinen Einfluss genießen. Dieses Ziel verfolgt er, und zwar auf Kosten der Ruhe, des Glücks, der gemeinsamen Freude und der Harmonie. Eine narzisstische Persönlichkeit kann all dies mit Wucht zerstören und in ihrem Umfeld innerhalb von Sekunden negative Gefühle auslösen.

Weshalb gehen diese Menschen so vor? Um ihr narzisstisches Ego zu stärken. Einzig und allein, um sich einbilden zu können – wenn auch nur vorübergehend –, dass sie den anderen überlegen sind. Das gilt auch für den Umgang mit Ehepartnern und Kindern.

Manche Überzeugungen, die unsere Gesellschaft herausgebildet hat, etwa dass alle Eltern nur das Beste für ihre Kinder wollen oder sich nichts sehnlicher wünschen, als dass ihre Kinder es einmal besser haben als sie, erweisen sich daher mit Blick auf narzisstische Eltern als fragwürdig.

Viele Menschen haben in Kindheit und Jugend diese vermeintlichen Wahrheiten niemals infrage gestellt, obwohl ein Elternteil es immer wieder an Liebe hat fehlen lassen und so die Zukunftsaussichten seiner Kinder gefährdet hat. Man kann jahrzehntelang darauf warten, die eigene grundlegende Überzeugung bestätigt zu finden (»Eltern sind in erster Linie Eltern. Daher müssen sie das Beste für ihre Kinder wollen«), ohne dass dies je geschieht.

Kognitive Muster gehören ebenfalls zu dieser Art von Glaubenssätzen. Manche sind so strukturiert, dass sie uns regelmäßig zu bestimmten Verhaltensweisen zwingen. Kognitive Muster sind tief in unserem Unbewussten verankert. Auf sie stützen sich andere Überzeugungen sowie Gedankengänge, die automatisch und immer gleich ablaufen.

Zwei dieser kognitiven Muster, die Albert Ellis beschrieben hat und auf die Lucien Auger in seinem hervorragenden Werk *S'aider soi-même*[4] zurückgreift, üben auf manipulative Persönlichkeiten eine besonders starke Anziehung aus.

Das erste Muster lautet: *Ein Erwachsener muss unter allen Umständen geliebt, anerkannt, geschätzt und geachtet werden, und zwar von allen (oder fast allen) Menschen in seinem Umfeld, egal welchen Ranges.*

Wer dieses Muster verinnerlicht hat, achtet in erster Linie darauf, kein Missfallen zu erregen. Die Vorstellung, man müsse, um zu überleben, von so gut wie allen Menschen geliebt werden (also auch von manipulativen), führt dazu, dass man noch weitere Regeln befolgt, wie etwa:

1. Anderen zu gefallen bedeutet, kein Missfallen zu erregen.
2. Wer die eigenen Bedürfnisse äußert, seine Grenzen benennt, eine ablehnende Haltung einnimmt, sich beklagt oder Gegenargumente bringt, erregt Missfallen.
3. Der andere erträgt es nicht, wenn man sein Missfallen erregt.
4. Wenn der andere etwas nicht erträgt, entsteht ein Konflikt.
5. Ein Konflikt hat mit hoher Wahrscheinlichkeit eine Trennung zur Folge.
6. Eine Trennung ist unerträglich.
7. Wenn man also seine Bedürfnisse (Wünsche) äußert, sich weigert, sich beklagt (den anderen kritisiert) oder seine Meinung ausdrückt, ist das für den anderen unerträglich und führt über kurz oder lang zur Trennung.

Was folgt unmittelbar aus diesem Muster? Man wagt nicht (oder lernt es erst gar nicht), sich zu behaupten. Das spielt dem Manipulierer in die Hände: Der Erfüllung seiner Wünsche stellen sich keine Hindernisse in den Weg.

Das zweite kognitive Muster ist geradezu Wasser auf die Mühlen manipulativer Menschen: *Nur wer über weitreichende Kenntnisse und Fähigkeiten verfügt und in der Lage ist, seine Ziele in vollem Umfang zu erreichen, kann für sich in Anspruch nehmen, etwas zu gelten.*

Hier haben wir es mit dem Muster des Perfektionismus zu tun. Echte Perfektionisten sind auf ihrem jeweiligen Gebiet in der Tat äußerst kompetent. Im Beruf gleichen sie häufig die Schwächen ihrer Partner, Kollegen, Mitarbeiter und Vorgesetzten aus. Manipulierer dagegen erwecken den Eindruck, in jeder Hinsicht vollkommen zu sein, ohne in irgendeiner Richtung tatsächlich je etwas Bedeutendes zu leisten. Acht von zehn sind sogar als inkompetent einzustufen, selbst in ihrem Beruf. Zum Glück sind wenigstens einige Manipulierer echte Perfektionisten!

Im Familienleben bedeutet das: Je heftiger ein Manipulierer seinen perfektionistischen Partner angreift, sobald dieser auch nur eine Kleinigkeit vergessen oder einen geringfügigen Fehler begangen hat, desto mehr kann er sich selbst für vollkommen halten und glauben, er sei vor solchen Fehlern gefeit. Der perfektionistische Partner dagegen, der sich ohnehin wegen jedes Missgeschicks schuldig fühlt, zieht sich kleinlaut in sein Schneckenhaus zurück oder protestiert noch stärker, um sich zu rechtfertigen und zu verteidigen.

Diese beiden Muster – »Man muss ausnahmslos von allen geliebt werden« und »Nur wer perfekt ist, ist etwas wert« – bereiten wegen ihrer Auswirkungen auf den Alltag schon für sich genommen Schwierigkeiten. Eltern, die diesen Regeln folgen, übertragen sie automatisch auf ihre Kinder. Diese nehmen sich zum Vorbild, was sie beobachten, und lernen von ihren Eltern oder einem Elternteil. Manipulative Eltern treiben ihre Kinder dazu an, in übertriebener Weise die Anerkennung anderer zu suchen (und missachten dabei die tatsächlichen Bedürfnisse der Kinder). Dadurch halten sich die Eltern für gute Eltern und erreichen, dass die Kinder besser nach ihrem Willen formbar und leichter auszunutzen sind. Das Muster des Perfektionismus hat dieselben Auswirkungen.

Meinen Beobachtungen zufolge unterliegen manipulative Eltern jedoch nicht selbst dem Diktat dieser Muster. Durch verletzende Bemerkungen, betont erstaunte Reaktionen, wenn der andere etwas vergessen hat, und zweifelhafte Beurteilungen finden sie allerdings innerhalb von Sekunden heraus, wo der andere angreifbar ist. Sie machen ihr Umfeld glauben, dass die Regeln dieser Muster Teil ihres Wertesystems sind. Doch dies ist ganz und gar nicht der Fall. Die wenigsten Manipulierer sind selbst echte Perfektionisten, verlangen aber von ihren Kindern, perfekt zu sein. Sie erwecken auf geschickte Weise den Eindruck, hohe Ansprüche zu stellen, doch wenn man sie in ihrem alltäglichen Tun aufmerksam beobachtet, wird deutlich, dass sie an sich selbst überhaupt keine Ansprüche stellen. Ihre Angehörigen wie etwa Ehepartner oder Kinder können dies mit der Zeit nach und nach herausfinden.

Ein Manipulierer kann sehr geschickt wohlklingende allgemeine Aussagen treffen, hochtrabende philanthropische Grundsätze oder Regeln für den respektvollen Umgang mit anderen Menschen und der Umwelt äußern – und sie alle selbst missachten. Das Wichtigste für ihn ist das Bild, das er nach außen abgibt. Daher achtet er darauf, sich in Gesellschaft entsprechend zu verhalten, damit die anderen (Nachbarn, die Eltern von Mitschülern, andere Gäste einer Abendgesellschaft usw.) ihm in der jeweiligen Situation Wertschätzung entgegenbringen. Auch gegenüber entfernteren Verwandten verhält er sich so.

Der Irrglaube, die Liebe könne den anderen retten

Manche Opfer von Manipulierern entwickeln noch ein anderes Denkmuster (das allerdings nicht zu Spannungen führt): »Ich muss immer zur Verfügung stehen und helfen, wenn jemand unglücklich oder in Not ist.« Diese Haltung ist auch als Helfersyndrom bekannt. Sie ist weder kontextabhängig noch pathologisch und immer gleich stark ausgeprägt, unabhängig von den konkreten Umständen. Sie ist von einem Übermaß an Mitleid und Mitgefühl für alle Menschen (und manchmal auch Tiere) gekennzeichnet. Wer am Helfersyndrom leidet, bemerkt gar nicht, dass er sich mit übermäßigem Einsatz um andere kümmert.

Wer eine grundsätzlich einfühlende Haltung einnimmt, ist wie selbstverständlich für alle Menschen da, die ihm bedürftig erscheinen, sei es persönlich, durch finanzielle, emotionale oder andersartige Unterstützung. Er ist für alle Menschen da – auch für Manipulierer. Im Familienkreis kann man sich so etwa für einen manipulativen Elternteil aufreiben. Dieser rückt sich dabei ganz nach Belieben in die Opferrolle, wenn er sich davon Vorteile verspricht. Der Angehörige mit Helfersyndrom kann nicht zwischen wirklicher Bedürftigkeit und dem bloßen Wunsch nach etwas Erleichterung unterscheiden. Er unterstützt, hilft, eilt hin und her, gönnt sich keine Ruhe, hilft mit Geld aus usw. Der manipulative Elternteil missbraucht diese positive Energie, und um den anderen an sich zu binden, beklagt er sich bei Bedarf, verursacht dem anderen Schuldgefühle und behauptet, er werde »im Stich gelassen«.

Diese Taktik ist sehr häufig zu beobachten und es lohnt sich zu fragen, was »im Stich lassen« eigentlich bedeutet. Der gesunde Menschenverstand verbietet es uns, einen Menschen, der nicht in der Lage ist, sich selbstständig um seine körperlichen Bedürfnisse und seine Sicherheit zu kümmern, wissentlich im Stich zu lassen – egal, ob es sich dabei um ein Kind oder einen Erwachsenen handelt. Wir sehen uns verpflichtet zu helfen, wenn jemand in Lebensgefahr geriete, sobald er mehrere Stunden (etwa ein kleines Kind) oder mehrere Tage (etwa ein Erwachsener, der sich nicht bewegen und sich nicht alleine versorgen und zur Toilette gehen kann) ohne Pflege und Zuwendung bliebe.

Wenn also ein Narzisst einem Angehörigen vorwirft, dieser lasse ihn »im Stich«, sollte man sich fragen, ob hier wirklich im engeren Sinn von »im Stich lassen« die Rede sein kann. Dieser Ausdruck ist sehr verräterisch und Narzissten benutzen ihn nicht von ungefähr.

Das Helfersyndrom abzulegen bedeutet, das Recht einzufordern, sich von den anderen abzuwenden und sich um die Dinge und Menschen zu kümmern, die einem selbst am Herzen liegen (der Beruf, der Ehepartner, die eigenen Kinder, der Haushalt, Erholung usw.).

Hoffnung auf bessere Zeiten

Ein manipulativer Mensch kann nach Belieben Wärme und Kälte aussenden. Er kann sich stundenlang irritierend verhalten und sich dann plötzlich zuvorkommend und warmherzig zeigen. Diese Sprunghaftigkeit ist der Kern der Manipulation und der Kern der narzisstischen Pathologie.

Ein Narzisst lebt in ständiger emotionaler Unausgeglichenheit. Im Abstand mehrerer Tage oder auch nur weniger Minuten gibt er widersprüchliche Äußerungen von sich, und eine warmherzige und großzügige Haltung geht unversehens in abweisendes Verhalten über, in völlige Gleichgültigkeit oder unverständliche Zurückweisung.

Erstaunlicherweise fällt den Opfern oft über Jahrzehnte hinweg nicht auf, dass diese Verhaltensumschwünge regelmäßig wiederkehren. Pathologisches Verhalten wird nicht durch Stress ausgelöst, durch das Wetter oder hormonale Schwankungen (jedenfalls gibt es dafür bislang noch keine Belege). Manipulatives Verhalten ist keine vorübergehende Erscheinung. Es ist auch nicht von äußeren Umständen abhängig (auch wenn manipulative Menschen ihr Verhalten und ihre Entscheidungen häufig mit Verweis auf externe Faktoren rechtfertigen). Es besteht immer schon seit langer Zeit (meinen Beobachtungen zufolge schon seit der Kindheit und unabhängig von der Erziehung).

Eine narzisstische Persönlichkeit ändert sich in ihren Grundzügen nicht. Ihr Verhalten ist in einem Moment anerkennenswert und im nächsten abscheulich (oder stellt das Gegenüber infrage). Und: Ein Narzisst kann mit den üblichen psychiatrischen oder anderen medizinischen Mitteln in der Regel nicht geheilt werden. Auch nicht auf religiösem oder spirituellem Weg.

Wer mit einem Narzissten zusammenleben muss, bedarf der Hilfe von außen. Aus einem einfachen Grund: Betroffene klammern sich an die Hoffnung, dass sich der Mensch, der ihnen nahesteht und den sie anfangs so geliebt haben, doch irgendwann ändert. Denn weshalb sollte er sich nicht dauerhaft als ruhig, aufmerksam, zuvorkommend, warmherzig, liebevoll, gesellig und hilfsbereit erweisen, wo er doch bisweilen durchaus so ist?

Die Antwort mag überraschen. Diese Menschen können zwar all diese Eigenschaften annehmen. Sie tun dies jedoch nur, um in einer konkreten Situation ihr narzisstisches Selbstwertgefühl zu steigern. Sie sind nicht ohne Grund freigiebig. Sie können es sein, wenn es ihnen nützlich erscheint, und sie überlegen sich genau, wen sie in ein nobles Restaurant einladen und wen in eine Pizzeria. Manipulierer geben sich niemals großzügig, ohne eine Gegenleistung zu fordern. Dieses Verhalten ist für sie ganz normal (und muss auch nicht mit anderen pathologischen Verhaltensmustern verknüpft sein).

Die Opfer erkennen meist nicht, dass diese Probleme beständig wiederkehren, denn sie versuchen immer nur, die Schwierigkeiten von Mal zu Mal zu lösen, stets in der Hoffnung, dass nach der Eiszeit wieder die Sonne scheint – und genau das geschieht ja auch jedes Mal. Weil sich Licht und Schatten ständig abwechseln, bleiben Opfer mitunter ein Leben lang in diesem Teufelskreis gefangen, ohne die zerstörerischen Folgen zu erkennen.

Narzissten sind oft beeindruckende Menschen

Narzissten besitzen sehr wohl auch bewundernswerte Eigenschaften. Allerdings nutzen sie sie nur selten zu altruistischen Zwecken. Manipulierer üben oft prestigeträchtige und äußerst lukrative Berufe aus, manche sind Intellektuelle, bedeutende Künstler oder außergewöhnliche Persönlichkeiten. Sie sind ausgesprochen kultiviert, intelligent, können sich sehr gut ausdrücken, geben eine stattliche Erscheinung ab, haben eine starke Ausstrahlung, besitzen Organisationstalent, unternehmen beeindruckende Reisen usw. Diese Seiten ihrer Person werden von allen bewundert.

Ohne sich dessen bewusst zu sein, sehen Außenstehende oft jedoch nur diese bewundernswerten Eigenschaften und ignorieren dabei die Kehrseite. Sie sehen nur, was sie sehen wollen.

Der andere Elternteil duldet die vergiftete Beziehung

Wenn ein Elternteil manipulativ ist, bleibt den Betroffenen der Blick auf die pathologisch geprägte Familiensituation verstellt, solange der andere Elternteil nichts unternimmt und nicht zur Sprache bringt, wie schwierig die Persönlichkeit des anderen und damit die ganze Familienstruktur ist. (Oft zögert er, die Situation klar zu benennen, und gibt sich aus mangelndem Selbstwertgefühl selbst die Schuld daran, dass die Paarbeziehung gestört ist.) Darüber hinaus hält ihn der unreife, ja infantile Charakter des manipulativen Partners davon ab, gemeinsam mit den Kindern das Weite zu suchen.

Wenn der gesunde Elternteil die Situation mitträgt, glauben die Kinder, dass im Großen und Ganzen alles in Ordnung ist, dass es in allen Familien (oder bei allen Paaren) so ist oder dass es gar nicht so schlimm ist.

Gilles berichtet dazu:

»Ich habe mich weitaus mehr um die Kinder gekümmert als meine Frau, und sie haben auch mehr mit mir geredet als mit ihr. Das hat meine Frau eifersüchtig gemacht. Meine Frau ist eine manipulative Persönlichkeit, und die Scheidung läuft seit elf Monaten. Seit fast einem Jahr habe ich meine Kinder nicht mehr gesehen; sie hat sie mir weggenommen und beschuldigt mich des sexuellen Missbrauchs. Das ist völlig aus der Luft gegriffen! Ich leide darunter, dass ich meine Kinder nicht sehe. Und ich leide auch immer mehr unter der Erkenntnis, dass sie mich laufend manipuliert hat. Sie ist wirklich ein Scheusal. Sie hat offenbar Freude daran, mich so zu behandeln. Als wir noch zusammen waren, hat sie oft gesagt: ›Eines Tages wirst du für das, was du mir antust, bezahlen müssen.‹ Ich rätsle noch immer, was sie damit gemeint hat. Wofür sollte ich bezahlen? Ich habe mich zum Idioten gemacht und versucht, den Kindern zu erklären, dass ihre Mutter viel Arbeit hat, dass sie müde ist und dass es normal ist, wenn sie am Nachmittag schläft oder nicht mehr mit uns zu Abend isst. Heute schäme ich mich dafür.«

Weil die Opfer tief in Schuldgefühle verstrickt sind, manchmal sogar, ohne es zu wissen, sträuben sie sich anfangs gegen die Einsicht, dass das Verhalten des anderen alles andere als normal oder gar pathologisch ist. Schuldzuweisungen gehören zu den wichtigsten Strategien manipulativer Persönlichkeiten. Sie führen immer und überall zum Erfolg. Mit ihrer Hilfe lässt sich bei anderen Menschen ohne großen Aufwand das gewünschte Verhalten erreichen. Allerdings unter einer Voraussetzung: Der andere muss dazu bereit sein, sich schuldig zu fühlen.

Im Familienverbund hat ein manipulativer Mensch ausreichend Zeit und Spielraum, seine Kinder zu beeinflussen und bei ihnen Schuldgefühle hervorzurufen. Eines Tages, etwa zu Beginn der Pubertät, weisen sich die Kinder dann von selbst die Schuld an allem Möglichen zu. Damit hat der Vater oder die Mutter das Ziel erreicht – außer der andere Elternteil hat diese Strategie erkannt und spricht jedes Mal mit den Kindern, um zu vermeiden, dass diese sich schuldig fühlen. Aber wie viele Väter oder Mütter schaffen es, ihre Kinder auf diese Weise zu beschützen? Die meisten Partner von Narzissten neigen selbst dazu, sich schuldig zu fühlen. Und gelegentlich übertragen sie diese Neigung unbeabsichtigt und unbewusst auf ihre Kinder.

Martine erinnert sich an den Einfluss ihres Vaters:

»Meine Mutter ist keine böswillige manipulative Persönlichkeit, aber ich finde ihr Verhalten schlimmer, als es in Wirklichkeit ist. Mein Vater hat mir immer seine moralischen Grundsätze (die von Herzen kamen) eingeschärft: Höflichkeit, Mitleid, Hilfsbereitschaft gegenüber Schwächeren, Großzügigkeit, Zusammenhalt in der Familie, Mitgefühl, Anteilnahme und was nicht noch alles. Deshalb hat mir die Manipulation, der ich ausgesetzt war, noch mehr zu schaffen gemacht. Mein Vater war die Gutherzigkeit in Person und hat meine Mutter zeitlebens in jeder Hinsicht unterstützt. Dadurch hat sie ein völlig passives Leben geführt. Sie war so abhängig von ihm, dass ich ihn nach seinem Tod zwangsläufig in allen praktischen Familienangelegenheiten ersetzen musste. Meine Mutter hielt das angesichts ihrer Hilflosigkeit für völlig selbstverständlich. Wenn mein Vater sie nicht immer so schonend behandelt und alles für sie getan hätte, sondern ihr etwas abverlangt hätte, dann hätte meine Mutter sich vielleicht entwickelt und die beiden hätten ein ganz anderes elterliches Vorbild abgegeben. Vielleicht hat er es ja versucht und nichts erreicht. Wir werden es nie erfahren.«

Mangel an Urteilskraft oder die Angst, sie zu nutzen

Kinder manipulativer Eltern verlieren irgendwann das Vertrauen in die eigene Urteilskraft (oder entwickeln es erst gar nicht).

In einem Schwimmbad wurde ich einmal Zeugin einer interessanten Szene. Ein elfjähriger Junge wollte seinem Vater erklären, weshalb er sich mit seinem Bruder gestritten hatte. Der Vater ließ ihn jedoch nicht zu Wort kommen und sagte nur immer wieder: »Sei still! Das stimmt nicht! Das stimmt doch alles nicht!« Der Junge gab bald auf und verzog sich weinend auf einen Stuhl. An den beiden Tagen, an denen ich die Familie beobachten konnte, sprach der Vater durchwegs in diesem Ton mit seinem Sohn. Wenn dieser ihm etwas erklären wollte, gab er ihm zu verstehen, dass ihn das nicht interessierte und er nichts dazu hören wollte. Die Mutter griff nicht ein. Möglicherweise wird es dieser Junge eines Tages leid sein, um Aufmerksamkeit zu kämpfen, und grundsätzlich an seiner Wahrnehmung zweifeln. Und vielleicht wird ihn dieser Zweifel sein Leben lang begleiten.

Bei uns allen formt sich die eigene Urteilskraft entsprechend der persönlichen Entwicklung. Vertrauen wir der eigenen Wahrnehmung? Haben wir den Mut, unsere Meinung zu äußern? Trauen wir uns zu sagen: »Das ist nicht normal«? Denn genau darum geht es: ein Urteil zu fällen. Doch möglicherweise haben uns bestimmte gesellschaftliche Kreise, Religionen oder philosophische Strömungen, mit denen wir als Erwachsene in Berührung gekommen sind, zu verstehen gegeben, dass ein eigenes Urteil zu fällen nicht erwünscht ist.

Zu allem Überfluss leben manche manipulative Eltern ihren Kindern zwei gegensätzliche Verhaltensweisen vor: Sie urteilen fortwährend über alles und jeden (und zwar vorschnell, resolut und ohne jede Begründung), setzen sich aber nicht mit den Urteilen der anderen auseinander.

Daher fürchten viele Opfer manipulativer Menschen, sie könnten – egal, in welchem Zusammenhang – falschliegen, wenn sie sagen: »Das ist nicht normal.« Mit diesem Buch möchte ich unter anderem dieses Missverständnis aufklären und die verschiedenen abnormen Strukturen und Verhaltensweisen aufzeigen, die sich in Familien herausbilden können. Die einzige Beschränkung hierbei ist, dass ich nur manipulative Eltern in den Blick nehme (einschließlich Eltern, die ihre Kinder seelisch missbrauchen). Andere Formen des Missbrauchs, mit denen die Sozialbehörden Tag für Tag zu tun haben, lasse ich dabei unberücksichtigt.

Um also einen Menschen mit pathologischer Persönlichkeitsstruktur, der eine Gefahr für die seelische Ausgeglichenheit der Menschen in seiner Umgebung darstellt, zu identifizieren, muss man in zwei Schritten vorgehen: erst beobachten, dann beurteilen.

Um Dinge zu verstehen, die uns verwirren, ist es sicher hilfreich, dass wir uns in Büchern informieren. Doch um Antworten auf die Frage zu finden, weshalb wir so lange nichts erkannt und nichts begriffen haben, ist der Blick in das eigene Innere der erste und wichtigste Schritt. Die oben aufgeführten Gründe, die ich immer wieder bei den vielen Menschen beobachten konnte, die mich in den letzten 20 Jahren wegen dieser Problematik aufgesucht haben, sind sicher auch bei den meisten anderen Leidtragenden zu finden. Trotzdem kann jeder Betroffene durch Selbsterforschung sicher noch weitere stichhaltige Gründe in der eigenen Geschichte finden.

Hier noch einmal zusammenfassend mögliche Antworten auf die Frage, warum wir manipulative Menschen häufig nicht erkennen:

1. Die Betroffenen wissen nicht, dass es Menschen mit manipulativer Persönlichkeit gibt.
2. Manipulierer wirken oft ganz normal.
3. Die Betroffenen legen im menschlichen Miteinander Wert auf Rücksicht, gegenseitige Unterstützung, Engagement, Pflichterfüllung und Hilfeleistung. Sie wollen zeigen, dass sie gute und wertvolle Menschen sind.
4. Sie haben das Bedürfnis, von allen geschätzt zu werden.
5. Sie wollen in jeder Hinsicht perfekt sein.
6. Sie leiden am Helfersyndrom.
7. Sie halten an der Hoffnung fest, dass der andere sich irgendwann ändert.
8. Sie sehen am anderen nur seine bewundernswerten Seiten.
9. Sie fühlen sich in vielerlei Hinsicht schuldig (dazu gehört auch, dass sie sich zu Dank verpflichtet fühlen).
10. Der nicht manipulative Elternteil bleibt im Familienverbund und tut so, als wäre die Situation hinnehmbar.
11. Den Betroffenen fehlt das Vertrauen in die eigene Wahrnehmung.
12. Sie haben Angst davor, etwas als »nicht normal« zu bezeichnen (was auch eine Form der Schuldzuweisung an sich selbst ist).

Meiner Einschätzung nach sind zwei dieser Gründe vorherrschend: die Tatsache, dass die Opfer nichts von dieser Art pathologischen Verhaltens wissen (oder sich einreden, es gäbe ein solches pathologisches Verhalten gar nicht), sowie ihre eigenen Werte und Überzeugungen.

Ob man die unterschiedlichen Formen geistig-seelischer Manipulation erkennt, denen man seitens der Eltern ausgesetzt ist, hat nichts mit der eigenen Intelligenz zu tun. Auch außergewöhnlich kluge Menschen mit hohem Intelligenzquotienten werden häufig Opfer narzisstischer Persönlichkeiten und leiden darunter. Erst wenn man Informationen zu diesem Thema gesammelt hat, kann einem der Verstand zu Hilfe kommen.

Ein Mensch mit manipulativer Persönlichkeit macht sich die anerkannten gesellschaftlichen Normen zunutze. Er handelt und interagiert, indem er Sie auf der Gefühlsebene anspricht. Dabei vertritt er Ansichten, die Sie durch ihre Irrationalität in eine Verwirrung stürzen, aus der Sie nur schwerlich wieder herausfinden. Er verursacht bei Ihnen starke negative Gefühle und schafft es, dass Sie glauben, Sie hätten sie selbst hervorgebracht. Er kann aber auch positive Gefühle auslösen. Das führt dazu, dass Sie an den negativen Folgen seines Verhaltens zweifeln. Je stärker Sie emotional an ihn gebunden sind, desto wahrscheinlicher ist es, dass Sie auf der Gefühlsebene reagieren. Daher kann Ihnen einzig eine ausreichend große Distanz auf der Gefühlsebene helfen, nicht jedoch die bloße Kraft Ihres Verstandes.

Die Kunst, das zu zerstören, was glücklich macht

Alle narzisstischen Eltern vereint eine Gefühlsregung, die ihre psychische Verfassung wesentlich bestimmt: Eifersucht auf das Glück ihrer Kinder. Diese Eifersucht kommt auf überraschende, ungewöhnlich heftige, irrationale oder andere Weise zum Ausdruck. Im Folgenden wollen wir betrachten, wie diese Form der Sabotage das Alltagsleben der Betroffenen und ihres Umfelds beeinflussen kann.

Negative Wellen

Wer unter einer narzisstischen Persönlichkeit leidet, berichtet einhellig von einem Phänomen, das häufig zu beobachten, aber wissenschaftlich noch nicht erklärt ist: negative Wellen. Allein durch die Anwesenheit einer manipulativen Person fühlen sich alle anderen befangen und in ihrer Freiheit eingeschränkt. Manche Menschen bemerken dies früher, andere später. Manche spüren diese Ausstrahlung schon in den ersten Sekunden der Bekanntschaft mit dem anderen, obwohl sie ihm unvoreingenommen begegnen.

Um welche Art »Wellen« handelt es sich? Elektrische Wellen? Magnetische? Wellen aus einer anderen Dimension? Ausdünstungen chemischer Substanzen? Was verschafft uns die Gewissheit, dass wir es hier mit negativen Wellen zu tun haben – so wie wir bei anderen Menschen auf Anhieb erkennen, dass sie mitfühlend oder warmherzig sind? Es bleibt ein Geheimnis, weshalb unbekannte Menschen bei uns solche Empfindungen auslösen können.

Wenn die innere Dynamik einer Familie durch die negativen Wellen eines Familienmitglieds blockiert ist, kann dies auch in der Gesamtheit der Verhaltensweisen und negativen Äußerungen begründet sein. Wiederholt gemachte Erfahrungen und unangenehme Gefühle führen zu konditioniertem Verhalten, dessen wir uns oft nicht bewusst sind.

Will man sich dem Einfluss einer manipulativen Persönlichkeit entziehen, so muss man sich als Erstes unbedingt der eigenen Empfindungen sowie des eigenen Unwohlseins bewusst werden. Empfindungen können sich auch im Körper manifestieren. Ein Gefühl resultiert aus einer inneren Regung und ist das Ergebnis eines Bewusstseinsvorgangs. Indem wir uns einer Situation bewusst werden, wird die innere Regung in ein Gefühl umgewandelt. Der Satz »Ich fühle mich lächerlich« bringt ein Gefühl zum Ausdruck. Er zeugt von einem Bewusstseinsvorgang und gründet auf einer inneren Regung, wie etwa Scham oder einem Schuldgefühl. Ein Kloß im Hals, ein Stechen im Magen oder zusammengebissene Zähne sind Empfindungen.

Bis zum Beginn des Erwachsenenalters haben Kinder Schwierigkeiten, ihre Empfindungen und Gefühle zu benennen. Es fällt ihnen schwer, auf die Frage »Wie geht es dir?« eine präzise Antwort zu geben. Sie antworten gar nicht, äußern sich vage (»schlecht«), sagen das, von dem sie glauben, der Erwachsene erwarte es von ihnen (»gut«), sagen das, was ihnen durch den Kopf geht, was aber meist kein Gefühl ist, sondern eher ein Gedanke (»Mein Vater sagt dauernd, er fasst es nicht, dass sein Sohn so dumm sein kann«), oder sie liefern einen Tatsachenbericht, der frei von allen Gefühlen ist. Als Erwachsene dagegen verfügen sie über das entsprechende Vokabular, um die Gefühle von früher zu beschreiben, auch wenn die damit verbundenen Ereignisse Jahrzehnte zurückliegen. Empfindungen sind von kurzer Dauer (außer bei chronisch gewordenen Symptomen), und als Erwachsener kann man sich nicht immer an alle Erscheinungsformen und die betroffenen Körperstellen erinnern. Doch das Gedächtnis für Gefühle und Ereignisse interessiert uns hier erst in zweiter Linie.

Tatiana berichtet von ihren Gefühlen gegenüber ihrem Vater:

> »Ich habe immer, auch schon als kleines Kind (im Alter von zwei Jahren), eine Distanz zwischen uns verspürt, gepaart mit Angst, als wüsste ich, dass dieser Mensch nicht normal ist.«

Es liegt auf der Hand, dass man sich in Gegenwart eines Elternteils, den man schon so früh als »nicht normal« wahrgenommen hat, kaum unbeschwert fühlen kann.

Anders als in anderen sozialen Gefügen sehen sich die Familienangehörigen eines Manipulierers durch Beobachtung und laufend wiederkehrende Erfahrungen in ihren instinktiven Ahnungen bestätigt.

Tatiana fährt fort:

> »Ich habe bei meinem Vater nie positive Energie gespürt. Wenn er da war, herrschte immer eine gedrückte Atmosphäre. Meine Mutter und ich fühlten uns wie Gefangene: Wir mussten uns ruhig verhalten und uns ihm anpassen. Er hat uns nie gefragt, ob wir auch auf das Lust

hatten, worauf er Lust hatte. Ich habe in seiner Gegenwart immer eine Art Überdruss und eine gewisse Erschöpfung verspürt.
Mit anderen Worten: Ich hatte in seiner Gegenwart nur negative Emotionen. Andauernd mussten wir darauf achten, was wir taten, damit er sich nicht aufregte. Ich fühlte mich unter Druck. Seine Gegenwart zermürbte mich … Ich war erleichtert, wenn er wegging, und fühlte mich wieder wie unter Aufsicht, wenn er zurückkam. Ich war auch oft traurig.«

All dies kann ein Kind empfinden, auch wenn es das in seinem Alter noch nicht in Worte fassen kann.

Familienfeste unter Hochspannung

Mit einem Manipulierer in der Familie wird *Weihnachten* zum Albtraum. Die Atmosphäre ist angespannt. Alle achten auf ihre Worte und ihr Verhalten, um keine negativen Emotionen auszulösen. Diese Selbstkontrolle bringt jedoch nur wenig, denn auf diese Weise fühlt sich niemand bei diesem Fest wohl oder behält es in guter Erinnerung. Und jedes Jahr wird die Angst umso größer, je näher das Fest kommt, sodass manche Kinder, wenn sie erwachsen geworden sind, Strategien entwickeln, um sich gänzlich zu entziehen.

Denis schützt sich inzwischen vor dem, was am Weihnachtsabend geschieht:

»Meine Mutter behauptet, dass sie an Weihnachten gern ihre Familie um sich hat, aber wenn ich am Heiligen Abend bei ihr bin, weint sie jedes Mal (etwa wenn ich sie, ohne ihr Vorwürfe zu machen, daran erinnere, dass ich keine Gänsestopfleber mag). Und jedes Mal habe ich das Gefühl, als sei *ich* oder irgendetwas an meiner Person der Grund für ihre Tränen. Dabei verhält sie sich immer so, unabhängig davon, was ich tue oder sage! Ich vermute, ich erinnere sie an meinen Vater, der Festlichkeiten unerträglich fand und an Weihnachten immer niedergeschlagen war. Sie hat ja auch schon vor seinem Tod jedes Mal an Heiligabend geweint, ohne mein Zutun. Also war wahrscheinlich das Verhalten meines Vaters der Grund dafür, dass sie später immer noch geweint hat.

Weil ich mich schuldig fühle, fahre ich aus weiser Voraussicht seit einigen Jahren an Weihnachten nicht mehr zu meiner Mutter. So gehe ich ihrem tränenreichen Auftritt aus dem Weg.«

Menschen ohne manipulative Eltern wundern sich wahrscheinlich darüber, dass es Familien gibt, in denen sich nicht alle darum bemühen, diesen besonderen Tag zu einem harmonischen Erlebnis zu machen. Die Kinder und der Ehepartner einer manipulativen Person bemühen sich aber sehr wohl. Sie versuchen alles, und das oft über Jahrzehnte hinweg. Dabei müssen sie feststellen, dass sich alle Mühe geben, der Manipulierer jedoch nur einige Stunden lang. Drei Stunden? Vier? Früher oder später wird ein kleiner oder sogar völlig unbedeutender Vorfall bei ihm eine unangemessene Emotion oder eine provozierende Aussage auslösen. Und wenn das um 16 Uhr noch nicht geschehen ist, braucht man nur bis 19 Uhr zu warten …

Kommen wir noch einmal auf das Beispiel von Denis zurück: Seltsamerweise vergessen manipulative Eltern häufig, welche Gerichte ihre Kinder nicht mögen, obwohl sie es doch seit Jahrzehnten wissen müssten. Immerhin sind es die eigenen Kinder!

Dieses Vergessen kann einen der oben erwähnten unbedeutenden Vorfälle darstellen.

Manchmal haben Betroffene auch im Erwachsenenalter, nach 40 und mehr Weihnachtsfesten, noch Schwierigkeiten, die paradoxe Wirklichkeit dieses Festes anzuerkennen, das – unausweichlich, wenn ein Manipulierer in der Familie ist – von Zwist, Leiden, Langeweile, Spannungen, Verlogenheit und Unfrieden geprägt ist. Im Glauben, dem berüchtigten Heiligen Abend den Charakter einer unvermeidlichen Katastrophe zu nehmen, greifen die anderen Familienmitglieder bewusst oder unbewusst jedes Jahr wieder zu Versöhnungsstrategien, um den manipulativen Elternteil nicht zu »provozieren«. Sie bringen ausgesuchte Lebensmittel von bester Qualität mit, sie kommen pünktlich und haben sich schick gemacht, alle sind zu Scherzen aufgelegt und lachen, die Stimmung ist ungezwungen, man vermeidet kritische Themen und die Gespräche bleiben zwar oberflächlich, sind aber durchaus fröhlich. Diese subtilen Strategien verringern die Wahrscheinlichkeit, dass der Vulkan ausbricht, dass Tränen fließen oder ein Donnerwetter niedergeht, und sie sind mehr oder weniger erfolgreich. Die meisten Familienmitglieder wahren so zumindest die Form. Wenn der Tag dann allem Anschein nach gut verläuft, trägt das ausgetüftelte versöhnliche Verhalten sicher seinen Teil dazu bei. Aber kann das nicht auch daran liegen, dass nicht alle den ganzen Tag bleiben? Wie Denis gehen manche so weit, Weihnachten nicht mehr mit der Familie zu feiern.

Françoise, deren Eltern beide manipulativ sind, berichtet dazu:

> »Letztes Jahr habe ich beschlossen, dass es in unserer Familie keine verlogenen Zusammenkünfte mehr geben wird. Die Stimmung zwischen meiner Mutter und mei-

ner Schwester war ohnehin schon zum Zerreißen gespannt. Mein Mann und ich hatten wegen der Kinder entschieden, zu meiner Schwester zu fahren. Aber der Abend war entsetzlich. Wir hatten uns einige Monate lang nicht gesehen, die Atmosphäre war kühl, niemand zeigte Interesse an den anderen. Die Gespräche waren kurz, alle vermieden es, laut zu reden, und bemühten sich, die Diskussion nicht zu hitzig werden zu lassen. Man hätte eine Stecknadel zu Boden fallen gehört. Danach habe ich mir geschworen, so etwas nie wieder mitzumachen und weder meine Kinder noch meinen Mann jemals wieder dazu zu zwingen.«

Manipulative Eltern können auch andere Feste wie zum Beispiel den *Geburtstag* vergiften. Sabrina erinnert sich noch gut an die negative Überraschung an ihrem 16. Geburtstag:

»Meine Eltern erlaubten mir nur selten, meine Freunde zu besuchen. Damals war mir diese Isolation nur zum Teil bewusst. Erst durch die Analyse, die ich später als Erwachsene gemacht habe, habe ich gelernt, dieses Gefühl deutlich zu benennen.
Als ich auf die 16 zuging, kam mir die Idee, dass mir ein Mofa dabei helfen könnte, diese Isolation zu durchbrechen und mir mehr Freiheit zu verschaffen. Ich wusste, dass diese Vorstellung utopisch war – ich kannte ja meine Eltern –, erzählte ihnen aber trotzdem davon. Anfangs waren sie dagegen. Ich ließ nicht locker und brachte immer wieder meine Argumente vor. Zu meiner großen Überraschung willigten sie schließlich ein. Das war für mich ein besonderer Moment; ich hatte das Gefühl, mich endlich weiterentwickeln zu können. Mein Vater und ich

nahmen die Sache gemeinsam in Angriff. Er kaufte mir das Lehrbuch für den Führerschein und ging mit mir zu verschiedenen Händlern, bis wir das Mofa meiner Träume gefunden hatten. Ich war überglücklich.

An meinem 16. Geburtstag verkündeten meine Eltern, sie hätten eine Überraschung für mich. Ich war selig, wie man sich leicht denken kann. Zum ersten Mal waren meine Eltern auf einen meiner Wünsche eingegangen. Aber dann kamen sie mit einem alten Fahrrad an, das sie auf dem Flohmarkt gefunden hatten! Kein neues Mountainbike, wie viele in meinem Alter eines hatten, sondern ein altes, apfelgrünes Modell mit einem Weidenkorb am Lenker, ein richtiges ›Oma-Rad‹. Und dabei sind Äußerlichkeiten für eine Jugendliche doch so wichtig. Wie ich mich für dieses Rad schämte! Entscheidend dabei ist, dass mir meine Eltern nicht aus finanziellen Gründen dieses Fahrrad statt eines Mofas geschenkt haben. Mein Vater verdiente überdurchschnittlich gut und meine Eltern konnten sich alle drei Jahre jeder ein neues Auto der Oberklasse leisten und dreimal im Jahr verreisen. Sie sagten mir, mit dem Fahrrad hätte ich jetzt eine Möglichkeit der Fortbewegung. Ich war dermaßen perplex, dass ich sie in dem Moment nicht einmal fragte, woher dieser plötzliche Sinneswandel kam. Auch später habe ich sie nie danach gefragt.

Um nicht als undankbar zu erscheinen, fuhr ich einmal mit dem Fahrrad zu Besuch zu meiner besten Freundin, die etwa 15 Kilometer entfernt wohnte. Das Fahrrad hatte keine Gänge und war nicht gut in Schuss. Es trat sich schwer, und weil ich nicht besonders sportlich war, wurde die Fahrt zu einer regelrechten Qual. Danach habe ich es in den Schuppen im Garten gestellt und nicht mehr herausgeholt, bis ich von zu Hause ausgezogen bin.«

Geburtstagsfeiern verlaufen in betroffenen Familien ganz und gar nicht heiter. Der narzisstische Elternteil setzt alles daran, die Aufmerksamkeit auf sich zu ziehen oder Unwohlsein, Spannungen oder sogar einen Streit zu verursachen. Das kann innerhalb von Sekunden geschehen, durch eine Bemerkung oder einfach durch ein der Situation unangemessenes Verhalten. Sei es, dass er die Feier nicht ausreichend vorbereitet hat (und etwa vergessen hat, Getränke zu besorgen), den Tisch nicht gedeckt hat, »vergessen« hat, einen Kuchen zu backen, sei es, dass er ein völlig unangemessenes Geschenk macht, zu spät kommt, wenn die Feier nicht bei ihm stattfindet, usw.

Auch Nathalie hat ihren Geburtstag immer im engsten Familienkreis und ohne ihre Freunde gefeiert. An ihrem 21. Geburtstag erlebte sie eine böse Überraschung:

> »Auf den Kuchen hatte meine Mutter geschrieben: ›Jetzt bist du volljährig.‹ Alle anderen waren sprachlos, und als meine Mutter die Bestürzung erkannte, hat sie sich irgendwie herausgeredet. Ich habe sie daran erinnert, dass man schon mit 18 volljährig ist und dass ihr Verhalten absolut lächerlich war.«

Wie der Geburtstag ist auch die *Hochzeit* ihrer Kinder für eine manipulative Mutter ein problematisches Ereignis. An diesem Tag genießt sie nicht mehr die ungeteilte Aufmerksamkeit und steht nicht mehr im Mittelpunkt des Interesses. Ich weiß nicht, ob sich manipulative Mütter der negativen Emotionen bewusst sind, die ihr Inneres beherrschen, aber ich habe oftmals festgestellt, dass sie auch nicht versuchen, sie abzuschwächen. Sich bei solchen Anlässen zurückzuhalten, erscheint ihnen geradezu unerträglich.

Françoise (die vorhin von einer Weihnachtsfeier im Kreis ihrer Familie berichtet hat) glaubte lange Zeit, ihre Eltern hätten sie bei ihrer Hochzeit nach Kräften unterstützt. Doch als sie sich an die Details erinnerte, musste sie erkennen, wie falsch ihr bisheriger Eindruck war:

> »Ich weiß noch, dass ich geweint habe und mir manchmal alles zu viel erschien. Bis jetzt habe ich das immer auf den Stress geschoben, den wir mit den Vorbereitungen hatten. Aber wenn ich genauer darüber nachdenke, wird mir klar, dass ich tief enttäuscht war, weil meine Mutter sich aus allem herausgehalten hat. Meine Eltern hätten für mein Kleid aufkommen sollen, haben es aber dann doch nicht getan. Dafür haben sie alle ihre Freunde eingeladen, darunter auch einige, die ich überhaupt nicht kannte! Um einen Eklat zu vermeiden, habe ich nichts gesagt. Wir waren bei der Organisation ganz auf uns allein gestellt, mit 237 Gästen für die kirchliche Trauung (im August) und etwa 50 für die standesamtliche (im Juni), was beinahe dazu geführt hätte, dass wir vier Monate vor dem großen Tag alles abgesagt hätten.«

Muttertag … Kinder manipulativer Mütter können diesem Tag kaum entkommen, außer sie leben weit weg und »vergessen« ihn. Den Geschenken, den Blumensträußen und den Einladungen ins Restaurant zum Trotz – der Wunsch »Alles Gute zum Muttertag!« wird von Jahr zu Jahr verlogener, wenn das Kind 30, 40 oder 50 Jahre alt ist. Die erwachsenen Kinder erkennen bei ihrer narzisstischen Mutter immer deutlicher die Versäumnisse, die Ichbezogenheit und den Mangel an bedingungsloser Liebe. Was soll es da noch zu feiern geben? Dennoch wünschen die meisten dieser Kinder ihrer Mutter weiterhin alles Gute zum Muttertag. In den Augen der Mütter stellt diese Ehrerweisung einen Liebesbeweis dar, wie sie ihn so dringend brauchen.

Darüber hinaus bringen die Bemühungen der Kinder deren Willen zur Versöhnung zum Ausdruck. Aber dessen sind sich die Mütter nicht bewusst. Die wenigen Worte »Alles Gute zum Muttertag!« können die Stimmung einer narzisstischen Mutter tage- oder auch wochenlang beeinflussen. Die Beziehung zu ihrem Kind erscheint plötzlich in viel angenehmerem Licht.

Doch wehe dem, der den Muttertag vergisst! Auf dieses Vergehen folgt bisweilen unmittelbar der seelische Zusammenbruch der Mutter, ebenso wie bleibender Groll. Diese Reaktionen sind meiner Ansicht nach nicht einmal gespielt, immerhin handelt es sich um eine schwerwiegende narzisstische Kränkung. Wer diesen Festtag vergisst, spricht der Mutter indirekt die Eigenschaft einer Mutter ab. Diese im Vergessen mitschwingende negative Botschaft bezieht die Mutter unreflektiert und ohne Einschränkung auf die eigene Person. Sie wird von ihren Emotionen überflutet und kann sich die »Nicht-Botschaft« nur mit der Botschaft »Ich liebe dich nicht« erklären.

Wenn die Kinder (oder der Ehegatte) den Muttertag oder den Geburtstag einer manipulativen Mutter nicht glanzvoll feiern, reagiert diese mit Strafmaßnahmen auf der emotionalen Ebene oder durch ihr Verhalten. Im Gegenzug sind Feiern für andere Familienmitglieder in ihren Augen weitaus weniger bedeutsam.

Fabienne erzählt folgende Geschichte über ihre undankbare Mutter:

> »Einmal habe ich meiner Mutter zum Muttertag einen riesigen Strauß Rosen geschickt. Sie hat sich nicht dafür bedankt. Irgendwann habe ich sie gefragt: ›Hast du mein Geschenk erhalten?‹ Sie hat geantwortet: ›Welches Geschenk? Nein, ich habe nichts bekommen.‹ Äußerst ungehalten habe ich den Floristen angerufen. Er hat in seinen Unterlagen nachgesehen und mir bestätigt, dass der

Strauß sehr wohl geliefert worden war. Ich wollte ihm nicht glauben: ›Wollen Sie mich zum Narren halten? Meine Mutter hat die Blumen nicht bekommen. Sie lügt mich doch nicht an! Bestimmt haben Sie sie an eine andere Anschrift geliefert.‹ Freundlicherweise hat er angeboten, meiner Mutter noch einmal einen Strauß zu liefern. Als ich bei ihr nachgefragt habe, hat sie bestätigt, dass sie ihn erhalten hatte: »Ach ja, der Strauß. Er war in einer Vase, die umgekippt war. Diesen Floristen brauchst du nicht mehr zu beauftragen. Der taugt nichts.‹ Ich habe nachgehakt:
›Aber es waren 40 Rosen?‹
›Nein, 38! Na, der hat dich aber wirklich übers Ohr gehauen!‹
›Tatsächlich? Aber waren wenigstens die Früchte zur Dekoration dran?‹
›Was? Ach, du meinst diese zwei, drei verfaulten Kirschen?‹
Damit blieb für mich nicht die Spur der Freude, auf die jeder Schenkende hofft. Statt eines einfachen ›Danke‹ bekam ich einen Schwall an Vorwürfen zu hören, dazu jede Menge Ratschläge, welchen Floristen ich künftig beauftragen sollte, und den ungefilterten Ausdruck ihrer Unzufriedenheit.
Dieser Strauß war das letzte Muttertagsgeschenk, das ich meiner Mutter gemacht habe. Seitdem schiebt sie meine Tante vor, ihre loyale Schwester, die zugleich ihr Opfer ist und die mich in äußerst vorwurfsvollem Ton zurechtweist: ›Ich finde dein Verhalten unangemessen. Du hättest deiner Mutter ruhig etwas schenken können! Sie ist deinetwegen sehr traurig. Alle deine Brüder haben ihr etwas geschenkt. Ich weiß, sie behandelt dich nicht immer gut, aber dein Verhalten ist wirklich herzlos.‹«

Der *Vatertag* dagegen ruft in der Regel weder so viele Gefühle hervor, noch weckt er bei manipulativen Vätern eine bestimmte Erwartungshaltung.

Spielverderber

Manipulierer stimmen ihr Verhalten auf ihre Umgebung ab, je nachdem, ob sie sich im Familienkreis befinden oder unter Menschen, die nicht zur Familie gehören. So lassen sie etwa im engeren Familienkreis plötzlich paradoxerweise ihrer schlechten Stimmung freien Lauf, obwohl eines ihrer Kinder eine freudige Nachricht überbringt. David berichtet von einem solchen Ereignis:

> »Als ich neun war, hat meine Mutter mich im Fußballverein angemeldet. Darauf war ich ziemlich stolz. Aber nie werde ich den Blick vergessen, den mein Vater [ein Manipulierer mit 28 der 30 beschriebenen Merkmale] mir zugeworfen hat, nachdem er das erfahren hatte: kalt und voller Verachtung. Ich glaube, meine Neigung, mir freudige Erlebnisse zu versagen, rührt von diesen Erfahrungen her.«

In nur wenigen Sekunden macht der Schock das Gefühl der Freude zunichte. Genau das ist Absicht des Manipulierers. Denn es ist nicht erlaubt, Freude zu empfinden, die nicht er (sie) verursacht hat oder über die nicht er (sie) die Kontrolle hat.

Ein Narzisst fühlt sich unwohl, wenn er, um den Anschein der Aufrichtigkeit bemüht, Glückwünsche oder Ermutigungen ausspricht. Das mag überraschen und auf den ersten Blick verwirrend und unbegreiflich erscheinen.

Ein Manipulierer reagiert auf eine freudige Ankündigung, indem er diese umgehend – und beinahe reflexhaft – negativ und auf unverständliche Weise interpretiert. Diese Neigung zur Interpretation ist bei manipulativen Frauen stärker ausgeprägt als bei manipulativen Männern.

Pauline erinnert sich:

> »Das erste Ereignis, bei dem der manipulative Charakter meiner Mutter zum Vorschein kam und an das ich mich erinnern kann, fällt in mein neuntes Lebensjahr. Ich hatte die Geburtstagsfeier einer Freundin besucht, was sehr selten vorkam, da unsere Familie sich stark nach außen abschottete. Ich wollte erzählen, was ich erlebt hatte, und sagte meiner Mutter, dass die Crêpes, die ich bei der anderen Familie gegessen hatte, ganz köstlich gewesen waren. Daraufhin fuhr sie mich an: ›Was soll das denn heißen? Sind die Crêpes, die *ich* für *dich* mache, etwa nicht gut?‹ Ich war noch ein kleines Mädchen, und diese Worte haben mich sehr geprägt. Meine Mutter teilte meine Freude nicht. Außerdem stellte ich in ihren Augen etwas anderes beziehungsweise jemand anderen über sie, und das machte sie offenkundig traurig.«

Dieses Beispiel zeigt sehr gut, wie Manipulierer dazu neigen, Ereignisse und Aussagen sofort negativ zu interpretieren und Vergleiche anzustellen.

Typisch für Manipulierer ist der Wechsel zwischen übertriebener positiver Selbsteinschätzung und schwerwiegenden Zweifeln am eigenen Wert. Bei beiden Formen der Selbstwahrnehmung spielt der ständige Vergleich mit anderen eine wichtige Rolle. Die erste Form, die unangemessen positive Selbsteinschätzung, ist für das Umfeld unangenehmer und verwirrender. Mangelndes

Selbstwertgefühl ist bei manipulativen Persönlichkeiten dagegen nur sehr schwer zu erkennen, zumindest für den psychologisch ungeschulten Beobachter. Dieser Mangel führt zu einer Abwehrhaltung. Wenn sich solche Menschen unterlegen fühlen, werden sie aggressiv, und das auf eine Weise, die für ihr Umfeld völlig unverständlich ist. Weil sie dringend ihr Selbstwertgefühl steigern müssen, gehen sie zum Angriff über und stürzen sich dabei auf alles und jeden. Natürlich muss so eine Strategie erfolglos bleiben, auch wenn der Narzisst für kurze Zeit den Eindruck hat, wieder die Oberhand zu gewinnen. Um zu innerem Gleichgewicht zu finden, verhalten sich manipulative Menschen aber nicht nur aggressiv. Manchmal nehmen sie auch eine Abwehrhaltung ein oder schmollen vor sich hin.

Wenn es einem Kind sichtlich gut geht, wenn es sich für etwas begeistert oder seine Freude oder sein Glück teilen will, sorgen manipulative Eltern für einen radikalen Stimmungswechsel und für einen ganz anderen Gesprächston.

Laurence war 18, als sie mir von folgendem Vorfall berichtete:

> »Als ich meinem Vater [ein Manipulierer mit 22 charakteristischen Merkmalen] etwas wirklich Tolles erzählt habe, nämlich dass ich ein Praktikum bei einer Filmproduktion in Burkina Faso machen würde, fand er das überhaupt nicht gut. Seit über einem Jahr kommt er immer wieder darauf zurück und kritisiert mein Vorhaben. Dass er mich kein bisschen unterstützt, nimmt mir allen Elan. Manchmal spielt er aber auch den Wohltäter. Zu Weihnachten hat er mir ziemlich viel Geld geschenkt. Er wusste, dass ich es für mein Vorhaben verwenden würde. Wenn ich ihm vorhalte, dass er mich nicht unterstützt, gibt er sich enttäuscht und hält mir Vorträge, in denen er mich egoistisch nennt und mich an das Geschenk er-

innert, das er mir gemacht hat. Er stellt sich als barmherzigen Samariter hin, aber auch als Opfer. Und ich muss dann zu weitschweifigen Entschuldigungen ausholen.«

Wie können Eltern sich nicht freuen, wenn ihre Kinder glücklich sind? Diese Frage dürften sich wohl viele, nicht manipulative Eltern stellen.

Denise berichtet, dass ihre Mutter sich nach gemeinsam verbrachten, angenehmen Stunden oft seltsam verhalten hat:

»Wenn mein Vater und ich sie dazu bringen konnten, mit uns abends schön auszugehen oder einen Ausflug zu unternehmen – was für meine Mutter keine Mühe darstellte, weil sie körperlich überhaupt nicht eingeschränkt war –, hat sie uns das später durch einen Zusammenbruch heimgezahlt. Sie hat sich in ihrem Zimmer eingesperrt und uns vorgeworfen, wir seien schuld an ihrer Erschöpfung.«

In diesem Beispiel löst nicht einmal eine freudige Nachricht die negative Situation aus. Es sind schlicht ein paar gemeinsam verbrachte harmonische, heitere Stunden. Doch ein Manipulierer zerschlägt diese Harmonie, auf welche Weise auch immer. Ich glaube, er ist sich dabei der Vorgänge in seinem Inneren, die solche Reaktionen auslösen, nicht bewusst. Vermutlich ist er sich nicht einmal im Klaren darüber, dass sein Verhalten vollkommen unangemessen ist.

Denis hat die Verwirrung, die solches Verhalten hervorruft, oft erfahren müssen:

»Mein Freund und ich können meine Mutter zu einem Spaziergang bewegen. Während wir unterwegs sind, spreche ich vorsichtig unsere nächste Urlaubsreise an. Seit ich mit meinem Freund zusammen bin, mag sie es nicht mehr, wenn ich ihr so voller Lebensfreude etwas erzähle, auch wenn mir noch nicht klar ist, warum. Aber diesmal will sie überhaupt nichts hören, und schon bald schleppt sich das Gespräch nur noch dahin. Für meine Mutter gibt es nur zwei Themen: Entweder spricht sie über ihre kleinen persönlichen Sorgen, oder sie sagt Dinge, die mich herabsetzen. Sie ist zu dem Spaziergang mitgekommen, aber im Gegenzug redet sie so schlecht über mich, wie es nur geht. Damit sie aufhört, komme ich wieder auf unser nächstes Urlaubsziel zu sprechen. Daraufhin sagt sie: ›Ach ja, ich weiß schon … du fährst ja immer an dieselben Orte.‹ (Dabei reise ich in zahlreiche Regionen Frankreichs, von denen sie die meisten nicht kennt. Als ich von einer zurückliegenden Reise ins Elsass erzähle, reagiert sie genauso und will nichts von meiner Begeisterung hören.) Ich lasse mich aber nicht aus der Fassung bringen und sage ihr ohne Umschweife, dass sie sich nur für ihre kleinen persönlichen Sorgen interessiert.«

Manipulative Eltern leiden definitionsgemäß an einer ausgeprägten Persönlichkeitsstörung und können sich nicht um das Wohlergehen anderer Menschen kümmern, nicht einmal um das der eigenen Kinder. Dies resultiert meiner Ansicht nach aus einer extremen und pathologischen Ichbezogenheit. Diese Menschen wenden all ihre Energie dafür auf, die eigenen inneren Qualen zu überdecken. Sie müssen den narzisstischen Abgrund – den Mangel an Selbstwertgefühl – jeden Tag aufs Neue füllen und können gegen Untergang und Depression nur ankämpfen, indem sie sich Eigenschaften zuschreiben, die sie nicht besitzen. Sie halten sich nicht nur für eine herausragende Mutter oder einen herausragenden Vater, sondern überhaupt für einen in jeder Hinsicht herausragenden Menschen. Ein Narzisst glaubt sich allen anderen überlegen. Daher ist ihm jede Form von Kritik unerträglich. Wenn man ihm von der Freude erzählt, die man mit anderen erlebt hat, interpretiert er das als Vorwurf: »Du bist nicht in der Lage, *mir* solches Wohlbefinden (solche Freude, solches Glück usw.) zu bereiten.« Ist eine solche Reaktion irrational? Verrückt? Dumm? Vielleicht. Aber ist sie nicht in jedem Fall ein Anzeichen für eine gravierende seelische Störung?

Liebende Menschen werden auf Distanz gehalten

Seltsamerweise sehen manipulative Eltern nicht die Menschen, die *wir* lieben, als Bedrohung an, sondern die, die *uns* lieben. Daher verschwinden Erwachsene, die uns in unserer Kindheit liebevoll und warmherzig begegnen, oft plötzlich aus dem familiären Umfeld, manchmal ohne dass wir verstehen, weshalb. Uns bleibt nur die wohltuende Erinnerung an die emotionale Beziehung zu einem Menschen, der uns zugewandt war. Oft dauert es Jahrzehnte, bis wir uns fragen: »Was hat nur dazu geführt, dass dieser Mensch, der mich doch so mochte, plötzlich nicht mehr da war?« Wer eine manipulative Mutter hat, kann sich außerdem fragen: »Wodurch hat meine Mutter diesen Menschen auf Distanz gebracht, ohne dass ich etwas dagegen tun konnte oder es auch nur bemerkt habe?« Die Wahrheit erfährt man dabei nicht von der eigenen Mutter (die sich in Lügen flüchten oder herausreden wird), sondern eher von unbeteiligten Dritten oder natürlich von dem Menschen, um den es geht. Das allerdings dürfte 30 oder 40 Jahre später nicht immer ganz leicht sein …

Françoise ist das gelungen. Sie hat eine Frau wiedergefunden, die ihr als Kind viel Liebe entgegengebracht hat:

»Mein Vater hatte eine Tante, die um die 70 war. Sie war für mich wie eine Großmutter. Meine Mutter hat sie aus der Familie verdrängt, wegen ihres angeblichen Verhaltens meinem Vater gegenüber, wegen ihrer Boshaftigkeit usw. Als Kind habe ich diese Tante oft besucht und mit ihr viele wunderbare Stunden verbracht. Beim Begräbnis meines Onkels habe ich sie wiedergesehen und, unter den misstrauischen Blicken meiner Mutter, sofort wieder dieses Glücksgefühl verspürt.«

Denise hat etwas Ähnliches erlebt:

»Ein bestimmender Charakterzug meiner Mutter ist ihre Eifersucht, wie ich herausgefunden habe. Sie erträgt es einfach nicht, wenn ich mit anderen Menschen glücklich bin. Mit 40 habe ich einen Cousin meines Vaters kennengelernt, der damals 90 war. Meine Mutter hatte meinen Vater all die Jahre daran gehindert, ihn zu sehen. Mir hat es große Freude gemacht, mich mit ihm zu unterhalten. Einmal habe ich ihn sogar gemeinsam mit meinen Eltern eingeladen. Nachdem er gegangen war, sagte meine Mutter zu mir: ›Ich verstehe nicht, was du an ihm findest. Er ist 50 Jahre älter als du!‹«

Argwohn gegenüber Liebesbeziehungen

Manipulative Frauen sind eifersüchtig auf glückliche Paare. Daher sind sie nicht wirklich erfreut, wenn ihre Kinder sich verlieben. Im besten Fall sind sie aufdringlich und neugierig (oftmals *zu* neugierig), wollen nicht wahrhaben, dass ihre Kinder in neue

Gefühlswelten vorstoßen, oder erweisen sich im schlimmsten Fall als überkritisch, missgünstig und boshaft.

Manipulative Männer sind in dieser Hinsicht weniger auffällig. Das Liebesleben ihrer Kinder scheint sie nicht weiter zu interessieren. Deshalb beschreiben die folgenden Beispiele und meine Kommentare nur das Verhalten manipulativer Frauen.

Sabrina, die heute 32 ist, leidet seit ihrer ersten Liebesbeziehung unter den ablehnenden Beurteilungen ihrer manipulativen Mutter:

> »Meine Mutter hat, mit einer Ausnahme, keinen der Männer gemocht, mit denen ich zusammen war. Meinen ersten Freund hatte ich mit 17. Er war höflich, hatte viele Ideen und hat sich sowohl mir als auch meiner Mutter gegenüber immer respektvoll verhalten. Er nahm keine Drogen und trank nur wenig Alkohol. Mit 19 machte er mit verblüffender Leichtigkeit seinen Schulabschluss und hatte danach beste Aussichten, einmal beruflich erfolgreich zu sein. Trotz seiner vielen guten Seiten mochte meine Mutter ihn nicht. Ich sagte mir, dass so etwas nun einmal vorkomme und dass man nicht von allen geliebt werden konnte. Als ich meinen Freund fragte, ob es etwas gebe, was er bei mir zu Hause nicht mochte, antwortete er höflich: ›Es gibt bei dir nur eines, mit dem ich nicht zurechtkomme: deine Mutter.‹ Diese Antwort hatte ich nicht erwartet. Dennoch glaube ich, dass sie mich stark beeinflusst hat, ohne dass ich mir dessen bewusst war. Ich hatte meinen Freund als ausgeglichenen und bedächtigen Menschen kennengelernt und habe mich lange Zeit gefragt, warum er das gesagt hatte. Erst sehr viel später habe ich den wahren Grund erkannt.«

Dieses Beispiel führt die Einstellung der narzisstischen Mutter vor Augen: Der Liebhaber ihrer Tochter stört sie, weil er ihre Machenschaften durchschaut. Die Gefahr, dass der Freund der Tochter die Augen öffnet, ist sehr konkret, und das umso mehr, wenn dieser (oder die Freundin des Sohnes) klug, intelligent und ausgeglichen ist und eine starke Persönlichkeit hat.

Es ist nicht sehr klug, einer manipulativen Mutter zu erzählen, wie sich eine noch junge Liebesbeziehung entwickelt. Eine solche Offenheit wird sich rächen. Die Mutter wird Zweifel anbringen, dass der Mann oder die Frau ihr Kind wirklich liebt, sie wird die Freude ihres Kindes ersticken, indem sie ihre Ablehnung offen zeigt, oder sie wird bewusst gegen die Beziehung arbeiten, wenn ihr Kind noch bei ihr wohnt. Bisweilen lehnt eine solche Mutter die Liebesbeziehung rundheraus ab, als gehöre ihr Kind einzig und allein ihr. Dies tritt häufig ein, wenn das einzige Kind ein Sohn ist.

Denis hat entsprechende Erfahrungen gemacht:

> »Als ich meiner Mutter von dem Mann erzählte, mit dem ich gerade eine Beziehung begonnen hatte, schaffte sie es, mir mit einer kurzen Bemerkung die Beziehung zu verleiden. Dasselbe ist später bei anderen Männern wieder passiert. Auch bei meinem derzeitigen Partner hat sie versucht, sich einzumischen, ihn zu kritisieren und Ähnliches. Aber wir haben nicht (oder kaum) zugelassen, dass sie auf mich oder uns irgendeinen Einfluss nimmt.«

In seltenen Fällen kommt es auch vor, dass eine hypernarzisstische Mutter die Aufmerksamkeit des Mannes auf sich zieht, der gerade das Herz ihrer Tochter erobert hat. Sie versucht sich angenehm und interessant zu geben. Sie beherrscht die Gespräche, macht ihm Komplimente, ist für ihn da und verhält sich übertrieben liebenswürdig. Schließlich versucht sie vielleicht sogar, den neuen Freund ihrer Tochter zu verführen.

Daher rate ich im Allgemeinen dazu, gegenüber einer manipulativen Mutter Zurückhaltung zu üben und das Glück einer neuen Liebesbeziehung lieber mit Freunden zu teilen.

Paarbeziehungen werden bekämpft

Fabienne hat beobachtet, wie ihre manipulative Mutter geringfügige Meinungsunterschiede zwischen ihrem Sohn und ihrer Schwiegertochter ausnutzt:

> »Kaum hat meine Mutter den Raum betreten, fängt sie an zu beobachten. Sie merkt sich jedes Detail, das ihr irgendwann einmal von Nutzen sein könnte. An erster Stelle stehen dabei die kleinen Konflikte, die es in jeder Paarbeziehung gibt.
> Meine Schwägerin achtet darauf, dass ihre Kinder möglichst keinen Zucker essen. Das ist ihr gutes Recht. Mein Bruder nimmt es damit nicht so genau, und einmal hat er diese Meinungsverschiedenheit meiner Mutter gegenüber erwähnt. Jede Ursache für Zwistigkeiten ist für meine Mutter wie ein kostbares Samenkorn, das sie aufbewahrt und beizeiten zum Keimen bringt. In diesem Fall hat sie ihren Enkeln gezielt Bonbons geschenkt. Die Kleinen konnten natürlich nicht widerstehen. Dann hat sie meinem Bruder erklärt: ›Ich habe den Kindern Bonbons gekauft. Ihre Mutter ist ja immer so rigoros! Hin und wieder ein Bonbon, das kann doch nicht so schlimm sein. Außerdem macht es mir solche Freude, ihnen welche zu schenken.‹ Mein Bruder war gerührt, dass sie die liebevolle Großmutter gab, hat ihr zugestimmt und sich in dem Fall von seiner Frau distanziert (und damit hatte meine Mutter gewonnen!).

Anschließend hat sie das Thema immer wieder zur Sprache gebracht, bis sie meinen Bruder so weit hatte, dass er sie nicht mehr darauf hinwies, dass er seine Kinder gemeinsam mit seiner Frau erzieht, und zwar so, wie sie beide es für richtig halten, sondern sagte, was sie hören wollte, damit ›endlich Ruhe ist‹. Einmal hat er sogar gesagt: ›Du hast recht. Was Zucker betrifft, ist meine Frau wirklich extrem!‹ Solche Worte aus seinem Mund sind ein gefundenes Fressen für meine Mutter. Seitdem verwendet sie sie immer wieder gegenüber allen möglichen Leuten, allerdings ohne das verständnisvolle Lächeln meines Bruders: ›Meine Schwiegertochter ist extrem, was Zucker betrifft! Das ist doch lächerlich! Oder etwa nicht? Wenn man als Kind keine Bonbons isst, wann denn dann?‹«

Narzisstische Menschen, vor allem narzisstische Frauen, fühlen sich durch harmonische Paarbeziehungen gestört. Wenn sie von anderen sprechen, die in einer Beziehung leben, reden sie schlecht über sie und kritisieren sie. Dabei sind ihre eigenen Beziehungen oft bereits zerrüttet, manchmal schon von Anfang an. Etliche von ihnen sind auch geschieden. Falls nicht, ist der eigene Partner oft desillusioniert und hat schon vor langer Zeit die Waffen gestreckt.

Meist wählt eine manipulative Frau einen Mann, der gar keine Waffen hat: Er ist freundlich, zuvorkommend, liebevoll, fleißig, gründlich, besitzt kein Selbstvertrauen – außer, was seinen Beruf angeht –, ist ein geschickter Heimwerker (das ist nützlich und spart Geld!) und ein treuer Ehemann. Diese Aufzählung von Eigenschaften ließe sich fortsetzen, aber Sie haben sicher schon erkannt, dass ein solcher Ehemann nicht »das Zeug dazu« hat, einer manipulativen Frau entgegenzutreten. Im Lauf der Jahre werden diese Eigenschaften in ihren Augen allerdings zu gravierenden Mängeln. Sie überschüttet ihn mit Vorwürfen und bringt ihre schwere Enttäuschung zum Ausdruck, lässt sich aber seltsamerweise von diesem angeblich unerträglichen und ungenügenden Mann nicht scheiden.[5]

Um sich nicht eingestehen zu müssen, dass sie selbst gescheitert ist, weil sie nicht den idealen Ehepartner gewählt hat, projiziert die narzisstische Person das eigene Erleben auf andere Paare: Auch sie sind in gewisser Weise gescheitert oder werden noch scheitern!

Élisa hat unter den Machenschaften der Mutter ihres Freundes gelitten. Leider hat ihre Geschichte ein ungutes Ende genommen:

Mit 19 lernt Élisa Léo kennen und geht mit ihm eine Beziehung ein. Nach einigen Monaten zieht sie auf seinen Vorschlag hin in ein Studentenwohnheim, das in der Nähe der Wohnung liegt, in der er mit seiner Mutter und seinem jüngeren Bruder wohnt. Im Sommer besucht Léo seinen Vater, der sich im Ausland ein neues Leben aufgebaut hat. Während dieser Zeit lädt seine Mutter Élisa regelmäßig zum Abendessen ein. Als Léo wieder zurück ist, verbringen er und Élisa viel Zeit miteinander, und schließlich hält er sich häufiger bei Élisa im Studentenwohnheim auf als bei sich zu Hause. Ab diesem Zeitpunkt verschlechtert sich Élisas Verhältnis zu Léos Mutter rapide. Sie lädt Élisa jetzt nicht mehr zum Essen ein. Léo besucht seine Mutter allein und nimmt Élisa auch nicht mit, wenn er seine Freunde trifft. Élisa fühlt sich alleingelassen und ist sehr traurig. Als Léo und Élisa beschließen, zusammenzuziehen, unternimmt Léos Mutter alles, um das zu verhindern. Élisa versucht, Léo von seiner besitzergreifenden Mutter und von bestimmten Freunden fernzuhalten, die ihn in Beschlag nehmen. Damit hat sie zunächst Erfolg.

Nach einigen Monaten glücklichen Zusammenlebens fängt Léo jedoch an, Élisa heftige Vorwürfe zu machen. Gleichzeitig besucht Léos Mutter die beiden jeden Tag, mäkelt an allem herum und zieht die ganze Aufmerksamkeit ihres Sohnes auf sich, als wäre Élisa gar nicht da. Ohne erkennbaren Grund wandelt sich Léos Zuneigung zu Élisa in Zorn. Seine Mutter weiß über alles Bescheid und nutzt die Situation aus: Jeden Abend ruft sie Léo an, redet schlecht über Élisa und legt ihm nahe, wieder zu ihr zu ziehen. Sie drängt sogar darauf, dass er die Sommerferien allein bei ihr verbringt, ohne Élisa. Letzten Endes verliert Élisa ihren Freund, als dieser seine Sachen packt und wieder zurück zu seiner Mutter geht. Seitdem hat sie nichts mehr von ihm gehört.

Eine manipulative Mutter wendet manchmal aber auch ganz andere Methoden an, um die Beziehung ihres Kindes zu gefährden. Sie verbündet sich etwa mit dem Partner, um mit ihm gegen ihren Sohn oder ihre Tochter gemeinsame Sache zu machen. Sie bindet den Partner mit ein, und dieser lässt sich bisweilen im Handumdrehen auf ganzer Linie manipulieren. Die Mutter stellt das Zerwürfnis mit ihrem Kind zur Schau und setzt dieses laufend herab. Wie sehr der Partner auch beschwichtigen mag – der negative Einfluss ist nicht zu mindern.

Françoise und ihr Partner haben das erlebt:

> »Meine Mutter hat meinen Partner vergöttert und mein Vater hat ihn über Jahre hinweg immer wieder ins Vertrauen gezogen. Lange Zeit haben meine Eltern für ihn Partei ergriffen, oftmals auch gegen mich. Ich weiß noch, dass ich sie wiederholt darauf angesprochen und sie gefragt habe: ›Wer ist denn nun euer Kind: er oder ich?‹«

Eine narzisstische Mutter gibt sich oft den Anschein, ihr Kind besser zu kennen, als dessen Partner es kennt. Dadurch entsteht in der Paarbeziehung Streit, und die Mutter sät auf subtile Weise Zwietracht in einer Beziehung, die eigentlich gut funktioniert. Weil die Verursacherin der Streitigkeiten in der Regel aber nicht anwesend ist, wenn diese geführt werden, ist die Manipulation nicht offenkundig. Hier ist Wachsamkeit geboten, denn manipulative Mütter können Paare auseinandertreiben, ohne dass irgendjemand es bemerkt.

Zum Glück ist die Eintracht mit dem Partner des Sohnes oder der Tochter aber meist nur von kurzer Dauer. Früher oder später kommt er der Mutter auf die Schliche. Dann bemüht er sich, den Partner in Schutz zu nehmen und ihm klarzumachen, dass die Mutter einen schlechten Einfluss auf ihn hat und den Fortbestand der Beziehung gefährdet.

Doch manchmal reagiert der Partner auch auf entgegengesetzte Weise, nämlich wenn er selbst ein Manipulierer ist. Dann verbünden sich Mutter und Partner entweder mehr oder weniger offenkundig und machen sich über den Sohn (die Tochter) lustig, äußern sich abschätzig über ihn (sie), begegnen ihm (ihr) mit Gleichgültigkeit und Ironie und machen ihn (sie) zum Sündenbock. Oder aber zwischen ihnen herrscht vom ersten Moment an ein Klima der Abneigung und der Rivalität, was aber den manipulativen Partner nicht dazu veranlasst, die Rolle eines Beschützers einzunehmen. Ob er mit dem schädlichen Elternteil nun in Eintracht oder Rivalität verbunden ist: Der manipulative Partner gefährdet in jedem Fall die eigene Paarbeziehung.

Die manipulative Mutter hält das Kind vom Vater fern

Eine narzisstische Mutter versucht die Liebe zwischen ihrem Kind und seinem Vater zu kontrollieren und zu steuern. Wenn sie den Haushalt führt und sich um die Erziehung der Kinder kümmert, gelingt ihr das ohne Weiteres. In anderen Fällen bleibt die unausgesprochene Komplizenschaft des Kindes mit dem Vater unentdeckt.

Caroline schreibt ihrer Mutter, was sie bewegt, und schildert dabei auch das Verhalten der Mutter:

> »Du wirst nie erfahren, was meinen Vater und mich verbunden hat, und auf das Wenige, was du jemals davon mitbekommen hast, warst du eifersüchtig. Dein Verhalten war bestimmt von ständiger, hasserfüllter emotionaler Erpressung, und mein Vater hat dich unterstützt, indem er nichts dagegen unternommen hat. Du wusstest, wie stark ihn der geistige Zustand seiner Mutter traumatisiert hatte, und du hast diese empfindliche Stelle in ihm ausgenutzt, um ihn an dich zu binden. Du wusstest, dass er nicht fähig war, dich zu verlassen und mit den Folgen einer Trennung zu leben. Das weiß ich, weil er es mir erzählt hat. Er hat mich angerufen, als er wegen dir zusammengebrochen ist. Du wolltest auch nie, dass ich mit ihm allein bin. Du dachtest, ich würde nie erfahren, wie du ihn an dich gebunden hast … Auch er hat dich irgendwann nicht mehr ertragen. Als er im Krankenhaus lag und ahnte, dass es zu Ende ging, hat er endlich den Mut gefunden, dich in meiner Gegenwart darauf anzusprechen: ›Bist du jetzt zufrieden? Den Krebs habe ich dir zu verdanken!‹ Du hast die Wand angestarrt und ich habe mich wieder einmal für euch geschämt. Es war widerlich, wie ihr euch benommen habt.«

Selbst wenn der Vater präsent ist, kann ihn die Mutter vom Kind unter dem Vorwand fernhalten, er sei für die erzieherischen Aufgaben nicht so gut geeignet. Besonders stark ist dieses Verhalten ausgeprägt, wenn das einzige Kind eine Tochter ist.

Dann geht die Mutter mit der Tochter eine enge Verbindung ein, die nach außen perfekt wirken mag, aber den Vater ausschließt. Diese Verschmelzung habe ich nur bei Einzelkindern beobachtet. Hier geht es also nicht um die bevorzugte Behandlung eines von mehreren Geschwistern, sondern um eine fast schon symbiotische Beziehung – eine Falle, in die ein Einzelkind nur allzu leicht tappt.

Und wenn die manipulative Mutter schon verhindert, dass der Vater dem Kind offen seine Liebe zeigen darf, lässt sich erahnen, wie sie später mit dem Partner des Kindes umgehen wird …

Die manipulative Mutter versucht auf zahlreichen Wegen, den Vater in den Augen ihrer Kinder schlechtzumachen. Sie erzählt Falsches über seinen Beitrag zur Erledigung des Haushalts oder, im Fall einer Trennung, über die geleisteten Unterhaltszahlungen. Sie traut ihm im Umgang mit den Kindern nichts zu und versucht mit allen Mitteln, ihre Liebe ganz für sich zu gewinnen.

Milena, ein Einzelkind und heute 43 Jahre alt, erinnert sich noch sehr gut an die Art der Beziehung, die ihre Mutter ihr aufgezwungen hat:

> »Von meiner Kindheit bis zum Alter von etwa 21 habe ich mit meiner Mutter in einer symbiotischen Beziehung gelebt. Ich war für sie der emotionale Mülleimer für ihre Probleme mit meinem Vater. Auf diese Weise hat sie mich gegen ihn aufgestachelt und verhindert, dass ich ihn so sah, wie er wirklich war, mit all seinen guten Eigenschaften.«

Mathieu, einer meiner Patienten, hat im Lauf der Therapiesitzungen erkannt, dass seine Mutter eine ausgeprägte manipulative Persönlichkeit hat. Sie hatte ihm gegenüber – neben anderen inakzeptablen Dingen – jahrelang behauptet, sein Vater hätte sich nie um ihn und seine Schwester gekümmert und sich geweigert, Unterhalt zu zahlen. Anfangs konnte Mathieu nicht recht erklären, weshalb er nicht sagen wollte, welchen Beruf sein Vater ausübte. Der Vater war Pilot. Mathieu schämte sich dafür, dass sein Vater gut verdiente, sich aber weigerte, für seine Kinder aufzukommen.

Mehrere Anzeichen führten mich zu der Vermutung, dass Mathieus Mutter es mit der Wahrheit nicht so genau nahm. So ermutigte ich ihn, nach Jahrzehnten der Funkstille wieder den Kontakt zu seinem Vater zu suchen. Er folgte dem Rat, und zu seiner großen Überraschung lernte er seinen Vater als einfühlsamen Menschen kennen, der sehr verletzt und zutiefst berührt war, endlich wieder von seinem Sohn zu hören. Sie schrieben einander und trafen sich persönlich, und schließlich erfuhr Mathieu mit 38 Jahren die Wahrheit: Sein Vater hatte – was er auch belegen konnte – seiner Mutter von Anfang an Familienunterhalt in beträchtlicher Höhe überwiesen. Als der Vater herausfand, dass die Mutter die Kinder jahrelang auf unfassbare Weise belogen hatte, um einen Keil zwischen ihn und seine Kinder zu treiben, schrieb er in einem Brief an Mathieu:

> »Ich habe immer geglaubt, dass das Geld, das ich deiner Mutter überwiesen habe, dir und deiner Schwester zugutekäme. Eine Sache gibt es, die ich mir bis heute nicht verzeihe und die mich sehr belastet hat: Als du noch klein warst und bei deiner Mutter gewohnt hast, hast du mir einmal erzählt, dass der Heizungskessel kaputt war. Ich habe mich nicht weiter darum gekümmert, weil ich dachte, dass deine Mutter Heizstrahler kaufen und mir dann wie üblich die Rechnung schicken würde. Darauf-

> hin habe ich die Sache vergessen, und als ich irgendwann festgestellt habe, dass deine Mutter nichts unternommen hatte, war es schon zu spät. Noch heute liegt mir die Erinnerung an diese Geschichte furchtbar schwer auf der Seele.«

Weiterhin berichtet der Vater, wie sehr er darunter gelitten hat, seine Kinder nicht zu sehen:

> »Sei versichert, dass ich all die Jahre an meinen Kleinen gedacht habe. Das kommt dir wahrscheinlich komisch vor, aber so war es. Unzählige Male hat mich der Gedanke an dich traurig gemacht. Vor acht oder zehn Jahren ist mir klar geworden, dass mir, wenn ich dich wiedersehen würde, ein erwachsener Mann von 35 oder 40 Jahren gegenüberstehen würde. Das war ein Schock! Damals war ich überzeugt, ich würde dich nie wiedersehen. Zur selben Zeit habe ich deiner Schwester einen langen Brief geschrieben, in dem ich ihr meine Version der zurückliegenden Jahre geschildert habe. Ich wollte, dass ihr euch eine fundierte Meinung bilden könnt, und ich war überzeugt, dass ihr dafür die Sichtweisen beider Eltern kennen müsst. Ich glaube, wir haben uns sehr viel zu sagen. Wenn du mich wiedersehen möchtest, würde ich mich wirklich sehr, sehr freuen.«

Eltern-Kind-Entfremdung

Während einer Scheidung oder einer Auseinandersetzung um das Sorgerecht machen die Eltern einander häufig Vorwürfe. Wenn der beschuldigte Elternteil eine solche Vorverurteilung nicht verdient hat, ist es verwerflich, solche Vorwürfe zu äußern. Meist sind sie jedoch nicht Teil einer bewusst und mit Bedacht gewählten Strategie, sondern folgen aus den Verletzungen und dem Schmerz, die aus der Trennung resultieren. Sie sind also in der Hauptsache ein emotionaler Reflex und verlieren sich nach einer gewissen Zeit wieder.

Bei einem Elternteil mit narzisstischer Persönlichkeit verhält es sich anders: Die Verleumdung ist hier nicht einfach nur eine Begleiterscheinung der Wut, sondern wird vielmehr gezielt und auf geschickte Weise eingesetzt, um die Kinder dem anderen Elternteil zu entreißen, der »die ehelichen Bande schuldhaft gebrochen hat«. Das Ziel dabei: die emotionale Bindung zu zerstören. Es handelt sich regelrecht um eine Vergeltungsmaßnahme, eine wiederholt betriebene gezielte Beeinflussung, die die Kinder dazu bringen soll, den anderen Elternteil in seiner Rolle und seiner Autorität nicht mehr anzuerkennen. Darüber hinaus manipulieren solche Eltern auch das Denken der Kinder, damit sie Hass auf den andern Elternteil entwickeln und von sich aus schlecht über ihn reden. Dieser wird somit ein zweites Mal zum Opfer (er hat ja schon unter dem Zusammenleben mit dem narzisstischen Partner stark gelitten).

Charlotte berichtet von ihren Erfahrungen:

> »Vor einem Jahr habe ich, nach 24 Jahren gemeinsamen Lebens, meinen Mann verlassen. Wir haben drei Töchter, die jetzt zwischen 16 und 21 sind. Er behauptet ihnen gegenüber immer wieder, ich sei verrückt, hysterisch, aggressiv und paranoid. Er erpresst sie und verlangt von ihnen, Stellung zu beziehen und ihre Großmutter nicht mehr zu besuchen, die ganz in meiner Nähe wohnt. Damit hat er Erfolg.
>
> Meine jüngste Tochter, die abwechselnd bei ihm und bei mir wohnt, kommt oft in aggressiver Stimmung zurück, wenn sie bei ihm war. Sie schreit herum, stellt Forderun-

> gen, spricht nicht mit mir, weist mich schroff zurück, wenn ich ihr meine Zuneigung zeigen will, ergreift Partei für ihren Vater, was die Scheidung angeht, versucht mir Details über den Fortschritt des Verfahrens zu entlocken usw.«

Für dieses Verhalten hat der Kinderpsychiater Richard A. Gardner 1985 den Begriff der »Eltern-Kind-Entfremdung« geprägt. Sie ist dadurch gekennzeichnet, dass das Kind von einem Elternteil so stark beeinflusst wird, dass es den anderen Elternteil fortwährend, in ausuferndem Maß und ohne jeden Anlass herabsetzt und beleidigt. Wenn die Strategie Erfolg hat, verliert das Kind dadurch jeden Respekt vor dem anderen Elternteil.

Dass es sich bei solchem Verhalten um ein Syndrom mit klar definierten Merkmalen handelt, konnte wissenschaftlich noch nicht ausreichend untermauert werden. Die Eltern-Kind-Entfremdung wird deshalb weder von der medizinischen Fachwelt noch im Rahmen der Rechtsprechung als seelische Störung anerkannt.[6] Heißt das, dass die Eltern-Kind-Entfremdung nicht existiert? Meiner Ansicht nach nicht, denn es lassen sich sehr wohl spezifische Verhaltensweisen beobachten, die belegen, dass ein Elternteil in zerstörerischer Absicht handelt.

Richard A. Gardner beschreibt das Syndrom der Eltern-Kind-Entfremdung anhand von acht Symptomen. Es handelt sich dabei um Haltungen oder Verhaltensweisen, die sich bei betroffenen Kindern beobachten lassen:

1. abwertende Haltung und Hass gegenüber dem entfremdeten Elternteil
2. schwache, absurde oder lächerliche Begründungen für diesen Hass und diese Abwertung

3. keine ambivalenten, gegensätzlichen Gefühle gegenüber dem entfremdeten Elternteil
4. Beharren darauf, dass die Ablehnung des Elternteils auf einer selbst getroffenen Entscheidung beruht (»Phänomen des unabhängigen Geistes«)
5. gezielte Unterstützung des bevorzugten Elternteils während des Konflikts
6. keine Schuldgefühle bezüglich des eigenen Verhaltens gegenüber dem entfremdeten Elternteil
7. Verwendung von Ausdrücken und Gedanken, die vom entfremdenden Elternteil übernommen wurden
8. Herabsetzung nicht nur des entfremdeten Elternteils, sondern auch dessen erweiterter Familie und seiner Freunde

Je nach Anzahl der auftretenden Symptome unterscheidet Gardner zwischen leichter, mittlerer und schwerer Entfremdung.

Dieses Konzept bezieht sich jedoch nur auf Familienstreitigkeiten, in denen das Kind kategorisch den Kontakt zum entfremdeten Elternteil ablehnt und dies nicht infolge von (sexuellem) Missbrauch geschieht.

Die Strategie des entfremdenden Elternteils kann jedoch auch paradoxe Wirkung haben. Wenn sein Versuch der Manipulation misslingt und das Kind sich aus eigenem Antrieb weigert, auch nur für kurze Zeit bei ihm zu bleiben, wirft der entfremdende Elternteil seinem Gegenüber vor, *er* entfremde *ihm* das Kind! So kann sich ein manipulativer Elternteil selbst zum Opfer stilisieren.

Der Versuch, die Kinder dem früheren Lebenspartner zu entfremden, ist typisch für die seelische Verfasstheit narzisstischer Männer und Frauen. Indem sie den anderen Elternteil mit ihrem Verhalten dafür bestrafen, dass er sie verlassen und er ihnen dadurch die Möglichkeit geraubt hat, das Sorgerecht für die minderjährigen Kinder zu erhalten, stellen sie ihre Macht und ihren Einfluss unter Beweis. Die Aussicht auf Konflikte und eine mögliche gerichtliche Auseinandersetzung bremsen sie dabei keineswegs. Im Gegenteil, ein auf diese Weise vergiftetes Klima scheint sie noch zu beflügeln. Wenn sich dann noch die Kinder auf ihre Seite schlagen, kann man sich leicht vorstellen, welche Genugtuung sie daraus ziehen – und sei es nur für ihr narzisstisches Selbstwertgefühl.

David hat als Teenager unter solchen Machenschaften gelitten:

> »Natürlich bin ich manchmal in die Falle getappt und habe mich, auf Betreiben meines Vaters und seiner Frau, von meiner Mutter entfernt. Die beiden haben mich unterschwellig dazu gedrängt, mich zwischen ihnen und meiner Mutter zu entscheiden. Für ein Kind ist es schlimm, wenn es keinen Vater hat, aber noch schlimmer ist es, wenn es keinen Vater hat, obwohl es eigentlich einen hat …«

Adèle beschreibt ausführlich, wie ihr Vater und seine zweite Frau sie von ihrer Mutter ferngehalten haben:

> »Als ich fast zwölf war, habe ich von einer Nachbarin erfahren, dass mein Vater eine andere Frau hatte. Kurz darauf hat meine Mutter die Koffer gepackt und ist mit uns Kindern in eine neue Wohnung gezogen, die etwa 500 Meter entfernt lag. So konnten wir nach Belieben zwischen den beiden Wohnungen pendeln. Zwei Monate nach unserem Auszug ist N. bei meinem Vater eingezogen. Sie hat ein aufbrausendes Temperament und ist eine manipulative Persönlichkeit, mit allen 30 Merk-

malen! Sie hat mich buchstäblich in den Wahnsinn getrieben …

N. hat sich vom ersten Moment an rücksichtslos bei meinem Vater eingenistet und alles umgekrempelt: die Einrichtung der Wohnung, den Kleidungsstil meines Vaters, die Veranstaltungen, die sie besucht haben, die Leute, mit denen sie verkehrten usw. Mein Vater wurde ein anderer Mensch. Und mein Bruder, meine Schwester und ich mussten zusehen, ratlos und machtlos. Wenn wir die beiden besucht haben, wurde uns alles vorgeschrieben: Spiele, Unternehmungen, Kleidung, Benehmen, Ernährung. Nichts wurde dem Zufall überlassen. N. hat uns immer wieder eingebläut: ›Ihr wisst überhaupt nicht, was sich gehört. Ihr müsst eine ordentliche Erscheinung abgeben und zeigen, dass ihr nun endlich eine anständige Erziehung bekommt. Das ist wichtig für die Karriere eures Vaters.‹ Wenn wir allein miteinander gespielt haben, kam N. oft zu uns und hat uns mit Vorwürfen und verletzenden Bemerkungen über unsere körperlichen und geistigen Fähigkeiten überschüttet. Meinen Bruder, der kräftig und etwas ungeschickt war, hat sie ›das Schwein‹ genannt, mich, die ich zierlich und ängstlich war, den ›Waschlappen‹, und meine Schwester, die einen starken Willen hatte und leicht in Wut geriet, ›die Pest‹.

Nach etwa einem Jahr wurde ich Opfer einer besonders schlimmen Manipulation (die jedoch bei Weitem nicht die erste war). Weil mein Vater angesichts der komplizierten Scheidung und seines neuen, völlig anderen Lebens einen so verzweifelten Eindruck machte, habe ich ihm vorgeschlagen, dass ich zu ihm ziehe. Ich hoffte, ihn dadurch aufzuheitern und die Schmerzen zu lindern, die sich in seinem Gesicht abzeichneten, auf dem ich zu lesen glaubte: ›Deine Mutter hat mich verlassen, ich bin ganz allein, ohne meine Kinder.‹ Kaum hatte ich ihm von meiner Idee erzählt, griff er zum Telefon und rief seinen Anwalt an. Der Tanz hatte begonnen.

Mein Vater und N. haben mir verboten, meiner Mutter irgendetwas zu erklären, als sie einige Tage später nur zwei ihrer drei Kinder abholen konnte und dazu einen Brief von mir bekam, den mein Vater mir diktiert hatte. Ich hätte meine Wut und meinen Zorn am liebsten hinausgeschrien. Durch das Fenster konnte ich sehen, wie meine Mutter vor Schmerz und Fassungslosigkeit beinahe zusammenbrach. Mein Bruder und meine Schwester haben geweint, so wie ich, die ich mich in mein Zimmer verkrochen hatte, überwältigt von Scham und Empörung. Ich war in die Falle gegangen. Mit zwölf Jahren hat man mich meiner Mutter entrissen und mir danach jahrelang eingeredet, ich sei selbst daran schuld.

Sieben Jahre lang habe ich meine Mutter nicht gesehen, obwohl sie nur 500 Meter ›von mir zu Hause‹ entfernt wohnte!

Meine Jugend war ausgesprochen seltsam. Ich war ein tapferer Soldat geworden, gehorsam und loyal. Ich sagte sogar Dinge wie: ›Meine Mutter ist das schlimmste Geschöpf, das auf dieser Welt herumläuft!‹ Einmal habe ich auch gesagt: ›Sie ist tot, und das ist auch besser so!‹ Während all dieser Jahre bestärkten mein Vater und seine Frau mich mit Lügen und Horrorgeschichten in dem, was ich sagte.

Sie haben mir alles vorgeschrieben, und mit der Zeit habe ich mich gefügt, vermutlich aus Selbstschutz. Auch mit meinem Bruder hatte ich keinen Kontakt mehr. Er hatte die umgekehrte Entscheidung getroffen und kam nicht mehr zu uns. Meine Schwester kam noch einige Jahre zu uns, und ich habe mich ihr gegenüber unmöglich benommen. Ich habe sie nicht einmal angesehen. Irgendwann ist auch sie nicht mehr gekommen. Ich war unausstehlich, habe kein Wort gesagt und so getan, als sei mir alles egal. Aber in meinem Inneren tobte ein Sturm.«

Nicht alle manipulativen Eltern versuchen bei einer Scheidung, ihre Kinder dem anderen Elternteil zu entfremden. Manche wollen ihre Kinder gar nicht behalten, einfach weil sie stören würden. Sie wollen sich weder einschränken noch sich mit den Kindern beschäftigen oder ihre Freiheit aufgeben. Da wäre es unklug, hartnäckig über den anderen Elternteil zu lästern – sie wollen ja schließlich, dass die Kinder beim Expartner bleiben.

Andererseits habe ich bei der Beobachtung zahlreicher Fälle seit 1993 festgestellt, dass die oben erwähnten acht Verhaltensweisen nicht nur dann auftauchen, wenn ein Elternteil versucht, sein Kind zu entfremden. Die Ursache hierfür kann noch viel schlimmer sein: Das Kind hat selbst eine manipulative Persönlichkeit. Solche Kinder zeigen mindestens 14 der 30 beschriebenen Merkmale, und das ab einem Alter von etwa vier Jahren, weshalb sie oft für frühreif gehalten werden. Für Eltern ist es sehr verstörend, wenn sie feststellen, dass eines ihrer Kinder ein solches Persönlichkeitsbild aufweist, vor allem, wenn das Kind noch klein ist, denn es gibt nichts Schlimmeres für Eltern, als ihre Kinder durch psychiatrisches Fachvokabular stigmatisiert zu sehen.

Die Gesellschaft im Allgemeinen, aber auch Kinderpsychiater und Kinderpsychologen stellen solche pessimistischen Diagnosen in Frankreich noch sehr selten. Diese Zurückhaltung ist verständlich. Allerdings haben die Erfahrungen der Eltern, die solche Kinder aufgezogen haben, sowie die Ereignisse der späteren

Jahre größeres Gewicht als der Einwand, man müsse bei der Diagnosestellung bei Kindern immer berücksichtigen, dass sie eben noch Kinder sind. Meiner Meinung nach hat das psychoanalytische Denken, das (zumindest in Frankreich) die Psychiatrie und die Psychologie zunehmend bestimmt, zu dieser Einstellung geführt. Daher haben Eltern, die Rat gesucht haben und das auffällige Verhalten ihres Kindes verstehen wollten, niemals zufriedenstellende Antworten oder wenigstens Erklärungsversuche bekommen, die ihnen weitergeholfen hätten.

Ich weiß, dass ich mit dieser Ansicht in ein Wespennest stoße. Meinen Beobachtungen zufolge haben alle Manipulierer den Großteil der Merkmale, die sie als Erwachsene aufweisen, bereits als Kinder gezeigt. Es ist daher nicht abwegig, zu überprüfen, ob ein Kind, das so heftige Reaktionen zeigt wie im Fall einer Eltern-Kind-Entfremdung, diese krankhafte Strategie von sich aus verfolgt, um den »gesunden« Elternteil anzugreifen. Wenn dem so ist, entsteht eine fatale Komplizenschaft mit dem narzisstischen Elternteil, die von Verachtung für den Rest der Welt geprägt ist.

Auch wenn das Krankheitsbild des Narzissmus laut DSM-5 erst im jungen Erwachsenenalter verstärkt auftritt, ist Narzissmus im Kindesalter ein Thema, das mehr Aufmerksamkeit seitens der Forschung verdient. Vielleicht ist es jetzt an der Zeit, dass die Gesellschaft dieses Phänomen anerkennt (und vielleicht wird ihm eines Tages auch ein eigenes Buch gewidmet).

Abwertung des Kindes

Manipulative Eltern stärken die Selbstsicherheit ihrer Kinder nur wenig. »Normale« Eltern, die sich natürlich verhalten, versorgen ihre Kinder und begegnen ihnen mit Liebe. Auch die meisten narzisstischen Mütter versorgen ihre Kinder mit dem, was sie im Alltag brauchen. Seinen Kindern echte Liebe zu schenken, ist jedoch etwas völlig anderes. Manipulative Mütter betonen regelmäßig, dass sie dies oder jenes einzig und allein »aus Liebe zu ihren Kindern« tun. Doch zwischen Worten und Taten können Welten liegen … Auch wenn etliche Kinder diesen Beteuerungen Glauben schenken, um ihr seelisches Überleben zu sichern, berichten viele von ihnen später, wenn sie erwachsen sind, dass sie sich von Kindheit an weder willkommen noch geliebt gefühlt haben.

Ich habe zahlreiche Briefe gelesen, die narzisstische Mütter ihren Töchtern geschrieben haben. Die Äußerungen in diesen Briefen sind schroff, verletzend und von einer ablehnenden Haltung geprägt. Dennoch unterschreiben die Mütter oft mit »Deine dich liebende Mutter«. Ein geschickter Schachzug, um die Verbindung aufrechtzuerhalten und das Kind in Illusionen zu wiegen, nicht wahr?

Für Manipulierer ist es charakteristisch, dass sie anderen zu Unrecht *Schuld zuweisen*. Eine manipulative Mutter macht ihre Kinder etwa für ihre Erschöpfung verantwortlich (selbst wenn diese gar nicht da sind und sie nicht berufstätig ist). Sie macht sie auch für ihre seelischen und körperlichen Leiden verantwortlich, seien diese nun echt oder eingebildet. Wie viel Macht diese Kinder doch über diese erwachsene Frau haben! Bei manipulativen Vätern findet sich diese Art von Schuldzuweisung bezüglich Erschöpfung nicht.

Worte können einen Menschen in seinem Inneren stark aufwühlen, doch auch *stillschweigende Schuldzuweisungen* können in der Seele und im Herzen der Betroffenen große Unruhe auslösen.

Kinder lernen schon früh, nonverbale Äußerungen des pathologischen Elternteils zu deuten. Sie erkennen, bewusst oder unbewusst, seine emotionale Verfassung und sind besonders hellhörig für Äußerungen, die auf Unzufriedenheit schließen lassen. Das kann dazu führen, dass sie die Ursache für diese Art der Enttäuschung in sich selbst sehen und sich vornehmen, diesen Fehler (den sie sich vielleicht nur einbilden oder der nicht so schlimm ist, wie sie glauben) wiedergutzumachen. In diesem Zusammenhang sollte man sich vor Augen halten, dass Kinder ab einem Alter von 30 Monaten Scham empfinden können. Im Alter zwischen 12 und 18 Monaten lernen Kinder den Begriff des Verbotenen. Ab welchem Alter sie Schuldgefühle entwickeln, weil sie etwas Falsches gesagt oder getan haben, hängt vom Umgang innerhalb der Familie ab. Man kann sich aber gut vorstellen, dass Kinder manipulativer Eltern hier sehr frühreif sind …

Darüber hinaus lässt sich oft beobachten, dass manipulative Eltern dazu neigen, *ihre Kinder als unreif und nicht erwachsen anzusehen*, unabhängig von deren Alter.

Laurence hat lange Zeit zu verstehen versucht, weshalb ihr Vater sich ihr und ihrem Bruder gegenüber immer als der Überlegene darstellt:

> »Er behandelt mich noch immer wie eine Fünfjährige, obwohl ich 18 bin und er mir in mancher Hinsicht große Verantwortung überträgt!«

Eine andere Frau berichtet:

> »Mein manipulativer Vater hat mich unentwegt erniedrigt. Ich habe mehrere Ausbildungen und bekleide einen verantwortungsvollen Posten, aber dennoch heißt er nichts gut an mir, und deshalb fühle ich mich minderwertig. Selbst meinen Körper finde ich abstoßend, obwohl er ganz

normal ist und ich nicht übergewichtig bin. Sein Mantra lautet, dass seine Kinder immer an allem schuld sind (meine beiden Brüder behandelt er genauso). Wenn sie Probleme haben, dann deshalb, weil sie sie selbst verursacht haben – die anderen haben immer eine weiße Weste. Ich habe die Beziehung zu ihm endgültig abgebrochen, weil er beharrlich den Kontakt zum Vater meiner Tochter gesucht hat (der ebenfalls eine manipulative Persönlichkeit hat), obwohl er genau wusste, wie sehr mich das stört. Ich bin jetzt 41, und dennoch musste ich mir von ihm ständig abwertende Bemerkungen anhören.«

Manipulierer bedienen sich in der Kommunikation mit anderen oft der Ironie. Auch manipulative Eltern behandeln ihre Kinder so, um sie zu erniedrigen, ihnen in Gegenwart anderer Unwohlsein zu bereiten oder sie ganz einfach abzuwerten. Wenn das betroffene Kind dann emotional reagiert, kann der manipulative Elternteil behaupten, er hätte ›nur Spaß gemacht‹, und dem Kind vorhalten, dass es diese Art von feinsinnigem Humor nicht verstehe. Wieder ein Mangel! Nur hat Ironie mit echtem Humor, der einfach nur komisch sein will, nichts zu tun. Ironie ist eine aggressive Form der Kommunikation, die auf der intellektuellen und nicht auf der emotionalen Ebene abläuft. Ironie »pikst« den anderen. Humor bringt ihn zum Lachen.

Bérénice schildert den Fall ihres achteinhalbjährigen Sohnes und seines manipulativen Vaters:

»Seit er auf der Welt ist, hat ihm sein Vater noch nie seine Zuneigung gezeigt. Er erniedrigt ihn und behandelt ihn herablassend. Alle in unserem Umfeld haben sich darüber gewundert. Aber nach unserer Trennung hat er, der mit seinem Sohn so bösartig umgeht, einige unserer

Freunde davon überzeugt, dass *er* das Opfer sei und dass ich ihn völlig grundlos vor die Tür gesetzt hätte. So wie er es auch mit mir gemacht hat, hackt er die ganze Zeit auf unserem Sohn herum, versetzt ihm winzige aggressive Seitenhiebe, die ihn verunsichern, und redet sich dann mit Verweis auf britischen Humor heraus. Alle sind entsetzt, lachen aber über seine Bemerkungen. Und das ermutigt ihn weiterzumachen.«

Vernichtende Sätze

Im Folgenden möchte ich einige abwertende Äußerungen aufzählen, die ich den schriftlichen Berichten meiner Patienten entnommen habe. Ich nenne diese Art von Äußerungen »vernichtende Sätze«.

Manipulierer bringen gegenüber denselben Menschen immer wieder dieselben Klagen vor, dieselben Argumente, dieselben Angriffe, und das ihr ganzes Leben lang! Oftmals behaupten sie dabei Dinge, die unwahrscheinlich oder schlicht falsch sind.

Die meisten dieser Sätze kehren in allen Lebensphasen meiner Patienten regelmäßig in den Reden ihrer manipulativen Eltern wieder.

Ich habe die Sätze eines Elternteils jeweils zu einem Absatz zusammengefasst:

»Du bist doch nur ein kleines Mädchen!«
»Hochnäsig. Du bist ein kleines, hochnäsiges Gör.«

»Du bist wirklich eine Plage! Ein ganz mieses Stück!« (Eine Mutter zu ihrer Tochter, wenn diese seit dem achten Lebensjahr auf ihr widersprüchliches Verhalten hinweist.)

»Ich muss sagen, meine Töchter stellen sich in Liebesangelegenheiten wirklich nicht besonders geschickt an.« (Eine Mutter zu anderen Leuten, in Gegenwart einer ihrer beiden Töchter.)
»Nicht zu fassen! Dass dein Vater es bestanden hat, verstehe ich ja, aber du …« (Zu ihrer Tochter, als diese das Abitur bestanden hat; sie selbst hat kein Abitur.)
»Ihr denkt überhaupt nicht daran, dass das wieder nur auf die Großmütter zurückfällt!« (Im Krankenhaus zu ihrer Tochter, die gerade ihr drittes Kind zur Welt gebracht hat.)

»Ich habe es satt, dass Madame sich zehnmal am Tag umzieht! Ab sofort wäschst du deine Sachen selbst.« (Eine Mutter zu ihrer zwölfjährigen Tochter, die seitdem ihre Wäsche selbst macht.)
»Du könntest auf den Tisch scheißen und dein Vater würde kein Wort sagen!«
»Warum denn überhaupt Medizin? Niemand in unserer Familie hat Medizin studiert! Das schaffst du nie! Da muss man sich hochschlafen. Werde lieber Englischlehrerin, da hast du andauernd Ferien. Für eine Frau passt das besser, vor allem, wenn sie Kinder will.« (Zu ihrer Tochter, die ihr Studium in Cambridge abgeschlossen hat und schon als Assistenzärztin arbeitet.)
»Ich habe bloß ein Mädchen bekommen, und noch dazu so eins!«
»Wie dumm muss man sein, wenn man so viel studiert hat und dann so wenig verdient?«
»Du siehst aus wie eine Nutte!« (Als ihre volljährige Tochter sich ein modisches Kleid mit leicht geschlitztem Rock gekauft hat.)

Als die Tochter das Haus verlassen will, um zur Uni zu gehen:
»Wo gehst du hin? Willst du deinem Vater nicht helfen?«
»Ich fahre zur Uni, ich habe Vorlesung.«
»Du warst schon immer eine Schlampe! Lass dich hier nie wieder blicken!« (Die Tochter hat diese Aufforderung beherzigt und ist aus einem Klima der Trostlosigkeit, der Furcht und der Negativität geflohen, um in England als Au-pair-Mädchen zu arbeiten.)

»Ich kann Ihnen nicht garantieren, dass mein Sohn sich anständig benimmt.« (Eine Mutter zu einem Wohnungseigentümer, der einen Mieter für ein Apartment sucht, während der Besichtigung, zu der sie ihren 23-jährigen Sohn begleitet, einen ordentlichen und ruhigen jungen Mann, der ernsthaft seinem Studium nachgeht. Er hat die Wohnung nicht bekommen …)
»Musst du immer so betonen, dass du homosexuell bist?«
Zu ihrem Sohn, während dieser in der Pubertät ist: »Du kleidest dich schlampig und rasierst dich nicht ordentlich. Du siehst furchtbar aus!«, »Wenn du so vor die Tür gehst, kriegen die Leute Angst vor dir!«, oder auch nur: »Du machst den Leuten ja Angst«.
»Du bist ein Monster.«
»Du bist ein Irrer, ein Asozialer.«
»Du bist selbstsüchtig.«

»Es ist doch nicht meine Aufgabe, meine Enkel großzuziehen! Ich habe schon euch großgezogen. Jeder hat sein Kreuz zu tragen.«
»Du bist eine Versagerin. Und du hast in deinem Leben nie etwas Ordentliches zustande gebracht.«

»Du warst schon immer boshaft und unverschämt.«
»Du bist eifersüchtig auf deinen Bruder.« (Oder die Schwester, je nachdem.) »Das war schon immer so.«

»Du hast einen windelweichen Charakter. Nicht die Spur einer Persönlichkeit. Du wirst es nie zu etwas bringen! Bei dir fällt das Brot immer auf die Marmeladenseite und du suhlst dich in deinem Unglück. Wie deine Mutter.« (Ein Vater zu seiner Tochter, seit ihrem zehnten Lebensjahr.)

»Du bist ein Egoist.« (Ein Vater zu seinem achtjährigen Sohn.)
»Du wirst noch unter der Brücke enden.«

»He, du da!« (Ein Vater, der seinen Sohn ruft.)
»Ich kann einfach nicht glauben, dass dieser Rotzbengel schon seine Bar Mizwa feiert.« (Bar Mizwa: jüdische Feier der religiösen Mündigkeit)
»Hör auf, so altmodisch zu sein und dich für erwachsen zu halten!« (Ein Vater zu seinem 18-jährigen Sohn, der anfängt, eigene Meinungen zu äußern.)
»Du wirst schon noch sehen, was aus deinen hochtrabenden Plänen wird!«
»Du bist ein ziemlich rachsüchtiger Mensch. Respekt vor den Eltern ist ein Fremdwort für dich.«

»*Du* stammst tatsächlich vom Affen ab!« (Eine Stiefmutter während einer Diskussion über Darwins Evolutionstheorie.)
»Du verzogener Bengel.«

Aufbauend, nicht wahr? Solche Sätze fallen selten im Beisein Dritter. Die Bandbreite der abschätzigen Äußerungen, die manipulative Eltern gebrauchen und missbrauchen, ist sehr groß. Sie reicht von unzutreffenden Behauptungen (»Du bist ein Egoist«) über Beschimpfungen (»Schnepfe!«) und Unterstellungen, die das Vertrauen untergraben oder die Würde angreifen (»Hör auf, dich für erwachsen zu halten!«), bis zu Voraussagen für eine katastrophale Zukunft (»Du wirst noch unter der Brücke enden«). Solche Sätze fallen nicht aus Versehen oder weil derjenige, der sie äußert, kurzzeitig verärgert ist, sondern sie kehren regelmäßig wieder. Jeder Manipulierer verfügt über ein Repertoire von etwa 20 »vernichtenden Sätzen« oder Ausdrücken, mit denen er bestimmte seiner Kinder traktiert. Im Kapitel »Absurde Aussagen und abwegiges Verhalten« werden wir sehen, dass nicht alle Kinder dieselbe Art von Herabsetzung erfahren. Ich unterscheide hier zwischen »vernichtenden Sätzen« und »absurden Aussagen«. Letztere gründen eher auf der völlig wirklichkeitsfremden und irrationalen Weltsicht des manipulativen Menschen.

Frühreife, hochbegabte Kinder

Ich komme hier auf frühreife Kinder zu sprechen, weil unter den misshandelten Jungen und Mädchen viele hochbegabte Kinder sind. Diese Eigenschaft ruft bei narzisstischen Eltern verstärkt Feindseligkeit und Aggressivität hervor.

Ein Manipulierer neigt ausgesprochen stark dazu, andere Menschen, die mehr wissen als er – egal, auf welchem Gebiet –, zu diskreditieren. Seine Kinder behandelt er genauso. Er fühlt sich bedroht und ist ganz von der Angst erfüllt, als minderwertig oder als Versager dazustehen. Er sieht das Kind als Rivalen, wodurch wieder einmal rasende Eifersucht zum Vorschein kommt.

Er äußert sich ablehnend und verächtlich über den Kenntnis- und Wissensstand seines Kindes sowie über den Grad an Intelligenz, über den es verfügt. Dies ändert sich auch nicht, wenn das Kind erwachsen ist.

Caroline zitiert aus einem Brief ihrer Mutter:

»Für dich sind nur Äußerlichkeiten von Bedeutung. Du lässt dich nur von Binsenweisheiten überzeugen. Du sagst immer: Ja, ja, ich weiß; aber du weißt überhaupt nichts!«

David berichtet von einer etwas subtileren gehässigen Bemerkung:

»Bezüglich eines der wenigen Bücher, die ich mir von ihm ausgeliehen habe, hat mein Vater mir geschrieben: ›Ich wollte mich wegen des Buches über die Dreyfus-Affäre erkundigen, das ich dir geliehen habe. Hast du es gelesen? Möchtest du es überhaupt lesen?‹«

David interessiert sich sehr für Geschichte und ist Fremdenführer mit Schwerpunkt auf geschichtlichen Themen. Weshalb hätte er das Buch nicht lesen sollen? Der Zweifel seines Vaters ist völlig unangebracht.

Eine manipulative Mutter ist immer eifersüchtig. Sobald sich herausstellt, dass ihre Tochter überdurchschnittliche intellektuelle Fähigkeiten besitzt, unternimmt sie alles, um sie zu erniedrigen oder ihr Selbstwertgefühl zu schwächen. Sie verfolgt eine ungewöhnliche Strategie der Schuldzuweisung, indem sie versucht, ihre Tochter glauben zu machen, es wäre ein unverzeihliches Verbrechen, sie (die Mutter) auf einem Gebiet zu überflügeln.

Alice lebt seit Langem in dieser Situation:

»Während meiner Jugend hat meine Mutter mir laufend Vorwürfe gemacht, wenn ich einen Satz unglücklich formuliert oder sie ihn falsch verstanden hatte. Unentwegt hat sie mir eingetrichtert: ›Die wahre Klugheit ist die Klugheit des Herzens!‹ (Also die Art von Klugheit, derer sie sich rühmte.) Ich habe auf Anraten meines Umfelds Chemieingenieur studiert, mich aber dann mit 35 entschieden, Mathematiklehrerin zu werden.«

David beschreibt die durchweg aggressive Haltung seines Vaters und seiner Stiefmutter:

»Beim Essen sprachen wir immer über den Abschnitt der Thora, der in der Synagoge gelesen worden war. Eines Abends äußerte ich ein paar Gedanken, die auf einer Lektion gründeten, die ich am selben Tag in der Schule gelernt hatte. Plötzlich fingen die beiden an, mich andauernd zu unterbrechen und abschätzig über das zu reden, was ich gesagt hatte. Dann schrien sie mich an, weil ich nicht verstand, was sie wollten. Ich war damals elf Jahre alt.
Die Frau meines Vaters hat mich wiederholt herabwürdigend behandelt. Wenn ich bei Tisch meine Gedanken äußerte, sagte sie immer wieder mit hämischer Miene: ›Davon habe ich ja noch nie etwas gehört!‹, als wäre das, was ich sagte, an den Haaren herbeigezogen oder nur erfunden und völlig belanglos.«

Wenn ein Lehrer bei einem Kind mit durchschnittlichen Leistungen ein gewisses intellektuelles Potenzial erkennt, weigert sich der narzisstische Elternteil in der Regel, dieses Potenzial mittels psychologischer Tests überprüfen zu lassen. Falls der andere Elternteil darauf besteht, einen solchen Test durchzuführen, und das Ergebnis einen Intelligenzquotienten von mindestens 130 belegt (ab einem IQ von 130 spricht man von Hochbegabung), bestreitet der manipulative Elternteil rundheraus den Nutzen solcher Tests und reagiert bisweilen mit einer emotionalen Äußerung, die an einen Wutausbruch grenzt. Er untersagt jede Veränderung, sei es ein Schulwechsel oder die Aufnahme neuer, passenderer Freizeitbeschäftigungen. Vor allem manipulative Väter sprechen hier kategorische Verbote aus.

Hat ein solcher manipulativer Elternteil etwa Angst, sein Kind (der Sohn eines manipulativen Vaters oder die Tochter einer manipulativen Mutter) könne an Selbstvertrauen gewinnen, sobald es erfährt, dass es über ein überdurchschnittlich hohes intellektuelles Potenzial verfügt? Ein hochbegabtes Kind wäre mit Sicherheit besser gewappnet gegen Versuche, es zu erniedrigen oder seinen Willen zu brechen. Vielleicht würde es für einen so angreifbaren Elternteil sogar Verachtung empfinden …

Wenn Ihnen nahegelegt wird, Ihr Kind testen zu lassen – was auf jeden Fall durch einen Psychologen erfolgen sollte –, rate ich Ihnen, den anderen Elternteil, falls er manipulativ ist, nicht darüber zu informieren und ihm das Ergebnis, wenn es eine überdurchschnittlich hohe Intelligenz belegt, nicht mitzuteilen, auch nicht im Nachhinein!

David musste eine typische Reaktion erleben:

»Mit 40 erfuhr ich von meiner Hochbegabung. Kurz darauf erzählte ich meinem Vater und seiner Frau davon. Ich war noch immer ganz überrumpelt. Meine Stiefmutter flüsterte meinem Vater ins Ohr: ›Was hast du da nur für einen Jungen in die Welt gesetzt!‹«

David beschreibt die Auswirkungen:

> »Von diesem Tag an herrschte eine Atmosphäre der Unterdrückung. Sie projizierten die Leere, die in ihnen selbst herrschte, und ihre eigenen Untaten auf mich, ohne sich dabei jemals selbst infrage zu stellen. Ich fühlte mich wie geknebelt. Den einzigen Ausweg sah ich darin, mir ein Verhalten anzueignen, das meinem Wesen widersprach. Für ein hochbegabtes ›Zebra‹[7] gibt es nichts Schlimmeres, als in einer Familie von Fundamentalisten aufzuwachsen. Man fühlt sich wie ein Künstler in einer Diktatur, der seine Begabung nicht ausleben kann, da er sonst im Gefängnis dahinvegetiert.«

Misshandlung ohne Spuren

Die meisten manipulativen Väter verhalten sich so, dass weder ihre Frau noch ihre Kinder sichtbare Spuren der zu erduldenden Misshandlungen davontragen. Vor allem Jungen, die nicht nach dem Vater kommen oder drohen, ihn zu überflügeln, sind solchen Misshandlungen ausgesetzt.

Bérénice hat kürzlich weitreichende Entscheidungen getroffen, um ihren Sohn von seinem Vater fernzuhalten. Sie beschreibt einige der Vorfälle, die sie zu diesen Entscheidungen geführt haben:

> »Mein achteinhalbjähriger Sohn hat die Osterferien bei seinem Vater (von dem ich geschieden bin) verbracht. Die Ferien waren eine Katastrophe. Am Ende der Woche habe ich ihn wieder abgeholt. Solange sein Vater noch da war, war ihm nichts anzumerken, aber als wir im Auto saßen, hat er eine Stunde lang geweint und mir erzählt, was passiert war:

1. Als sie am Tisch saßen und ein Spiel spielten, musste er auf die Toilette. Sein Vater hat es ihm verboten. Daraufhin hat er sich in die Hose gemacht. Sein Vater hat ihn angebrüllt und ihn ein ›Vieh‹ genannt.
2. Sein Vater hat ihn gezwungen, Sneakers anzuziehen, die ihm nicht gepasst haben, und hat ihn dann als ›Dummkopf‹ bezeichnet, weil sie ihn gedrückt haben und er sie nicht alleine binden konnte (natürlich hat er ihm nicht gezeigt, wie das geht).
3. Sein Vater hat ihm aufgetragen, an seiner Stelle abzuspülen, und dann zu seinen Geschwistern gesagt, sie müssten ›von schmutzigen Tellern essen, weil er sie nicht sauber gespült hat‹.«

Bérénice hat ihren Sohn aufgefordert, alles aufzuschreiben, was er seinem Vater sagen möchte. Der Brief lautet folgendermaßen:

»Papa, ich mag es nicht, wenn du

1. mich wie einen Idioten behandelst, wenn ich es nicht schaffe, meine Sneakers anzuziehen,
2. mich anschreist,
3. sagst, dass ich kein bisschen Hirn habe,
4. meine Schwester lieber hast als mich.«

Die Mutter fährt fort:

»Vor einem Jahr, als mein Sohn siebeneinhalb war, hat sein Vater ihm in den Ferien gegen seinen Willen den Kopf rasiert, mit der Begründung, er hätte Läuse! Den ganzen Sommer hat mein Sohn sich hässlich gefühlt. Das war sehr schlimm für ihn.«

Der Vater erniedrigt sein Kind, behandelt es respektlos und verweigert ihm die Zuneigung. Und das in einem Ausmaß, dass das Kind immer häufiger unter Albträumen leidet, die ganz konkrete Inhalte haben. Folgender Albtraum ist typisch:

Jemand bringt das Kind in einem Auto zu einer Steilküste und hält es über den Rand hinaus. In der Tiefe sind Piranhas oder Haie zu erkennen. Es sagt, dass ein Mann das Auto gefahren hat.

In der Folge werden die Albträume immer konkreter:

> »Ich habe geträumt, dass Papa mich zwingt, Wein zu trinken.«
> »Ich habe geträumt, dass jemand mich umbringt, während ich im Bett liege und mit dem Smartphone spiele.«
> »Ich habe geträumt, dass Papa mich in meinem Bett umbringt.«

Vor Kurzem musste der Junge auf Anweisung seines Vaters folgenden »Pakt« formulieren:

> »Papa soll stolz auf mich sein können. Dabei helfe ich so viel wie möglich mit:
> - keine Comics lesen, wenn ich noch nicht alle Aufgaben erledigt habe,
> - immer und bei allem mein Bestes geben,
> - auf die Sachen der anderen aufpassen (mich nur hinsetzen, wenn nichts auf dem Stuhl liegt),
> - alles aufräumen, was auf dem Boden liegt,
> - nach jedem Essen den Tisch abwischen,
> - nicht weinen und nicht quengeln,
> - oft den Abwasch machen,

- vor jedem Essen den Tisch decken,
- die Mädchen nicht schlagen oder knuffen,
- nicht zu viele Cornflakes essen,
- sinnvolle Dinge tun und mich dabei geschickt anstellen,
- an die anderen denken,
- laut genug sprechen,
- mich bei Tisch ordentlich benehmen,
- die anderen höflich behandeln,
- nicht erwarten, dass alles für mich getan wird.«

Darüber hinaus erfährt Bérénice, dass ihr achteinhalbjähriger Sohn immer für Ordnung zu sorgen hat und nicht nur seine eigene Kleidung zusammenlegen und aufräumen muss, sondern auch die seines Vaters, seiner älteren Schwester und seines jüngeren Bruders. Der Vater begründet dies so: »Den Rest der Zeit mache ich es ja immer!« Bérénice fügt hinzu: »Als wir zusammengelebt haben, hat er mich als Dienstmädchen benutzt. Obwohl er schon 40 war, hat er seine Kleidung überall liegen lassen …«

Wenn der Junge seiner Mutter nichts erzählt hätte, hätte niemand je davon erfahren und alles wäre unter Umständen jahrelang so weitergegangen. Wenn man einem Kind täglich Aufgaben überträgt und Pflichten auferlegt, die über das hinausgehen, was man mit Rücksicht auf seine natürliche Entwicklung von ihm erwarten kann, so ist das in meinen Augen eine Form von Missbrauch: Abwertendes Verhalten in Kombination mit Erniedrigung des anderen erlaubt es, von Missbrauch zu sprechen.

Im geschilderten Fall stellt sich die Frage, weshalb der Vater es unter den drei Kindern ausgerechnet auf diesen einen Sohn abgesehen hat. Die Psychiater, Psychologen und Therapeuten, die Bérénice konsultiert hat, geben hierfür folgende mögliche Erklärungen:

1. Der Junge steht in der Reihenfolge der Geschwister an derselben Stelle wie sein Vater (der ebenfalls das mittlere von drei Kindern ist und eine ältere und eine jüngere Schwester hat).
2. Er wirkt überdurchschnittlich begabt, wodurch er die Aufmerksamkeit der Erwachsenen auf sich zieht, was wiederum seinen Vater eifersüchtig macht.
3. Er ist klein, ein goldiger Junge, empfindsam, höflich und klug.

Bérénice führt einen weiteren möglichen Grund an:

> »In seinen ersten Lebensmonaten hat er an starkem Sodbrennen gelitten. Das war schlimm für ihn, er war furchtbar unruhig und musste sich andauernd übergeben. Ich hatte niemanden, der mich unterstützt hätte, und ich musste ja auch noch auf seine zweijährige Schwester aufpassen. Ich war schon bald am Ende meiner Kräfte, aber schließlich hat ein Kinder-Gastroenterologe für die richtige Behandlung gesorgt. Ich glaube, dass sein Vater in dieser Zeit eine Abneigung gegen ihn entwickelt hat. Er erträgt kranke Menschen einfach nicht. Als ich an Schilddrüsenkrebs erkrankt bin, war er kein bisschen für mich da.«

Nach meiner Erfahrung trifft die erstgenannte Erklärung nicht zu. Zahlreiche Berichte von Betroffenen zeigen, dass Kinder von manipulativen Eltern ganz unterschiedliche Plätze in der Geschwisterfolge haben können. Es kann das älteste, das jüngste oder ein mittleres Kind treffen. Ich habe in dieser Hinsicht keine Auffälligkeiten feststellen können. Die drei anderen Ursachen sind dagegen in vergleichbaren Fällen sehr häufig anzutreffen.

David hat Ähnliches erlebt. Sein Vater weist 28 Merkmale einer manipulativen Persönlichkeit auf, Davids Stiefmutter, die zweite Frau seines Vaters, 22. Beide spielen sich die Bälle zu, um David zu erniedrigen:

> »Im Skiurlaub (der für mich alles andere als ein Urlaub war) hat die Frau meines Vaters mich für einen Fortgeschrittenenkurs angemeldet, obwohl ich noch nicht so gut war. Unerklärlicherweise hat sie darauf bestanden, dass ich in diesen Kurs ging, obwohl ich Angst davor hatte und die Lehrerin vorschlug, ich sollte in einen leichteren Kurs gehen. Als mein Vater am Abend sah, wie erschöpft ich war, sagte er zu mir, dass es darauf ankomme, Spaß zu haben, und dass ich jetzt in einen anderen Kurs gehen würde. Am nächsten Morgen beharrte seine Frau aber darauf, dass ich weiter in den Fortgeschrittenenkurs ging. Ich habe angefangen zu weinen und mein Vater, von dem ich dieselbe Unterstützung wie am Vortag erwartete, hat mich angeschrien, ich solle aufhören, ihm ›auf die Nerven zu gehen‹. Ich war damals elf Jahre alt.
> Jeden Samstag wurde mir der Prozess gemacht, weil ich kein Gemüse mochte, vor allem keine Kartoffeln (eigentlich war es die Küche seiner Frau, die ich nicht mochte). Jede Woche bereitete ich mich darauf vor, von einem bösartigen Inquisitionstribunal auf die Anklagebank verwiesen zu werden. Mein Vater mag keine geraspelten Karotten, aber er wurde deswegen nie ›vor Gericht gestellt‹.
> Bevor mein Vater zum zweiten Mal geheiratet hat, habe ich auf dem Boden geschlafen. Wenn meine Geschwister

auf mich traten, sagte ich: ›Ich bin doch kein Teppich!‹ Mein Vater fand das lustig und erzählte diese Anekdote noch jahrzehntelang, als wäre sie ein Witz …«

Die Mutter verhindert den Erfolg der Tochter

Die meisten Eltern tun sicher alles, damit ihre Kinder mehr Erfolg als sie selbst haben. Mit einer Ausnahme: Eltern mit narzisstischer Persönlichkeit. Anders gesagt: Eine manipulative Mutter oder ein manipulativer Vater will auf keinen Fall, dass Sie sie oder ihn überflügeln!

Erfolg wird für gewöhnlich mit materiellen Maßstäben gemessen. Als erfolgreich gilt, wer einen oder mehrere Abschlüsse einer Hochschule oder eines renommierten Instituts vorweisen kann, einen angesehenen Beruf ausübt, über ein schönes Auskommen verfügt, ein Haus besitzt, eine dauerhafte und glückliche Beziehung führt, »wohlgeratene« Kinder hat, die in der Schule gute Noten bekommen, usw.

Aber besteht Erfolg nicht auch darin, dass wir innerlich wachsen, unsere Ziele erreichen, unsere Träume zu verwirklichen suchen, gemäß unseren eigenen Wertvorstellungen leben und glücklich sind? Ich will in diesem Buch keine philosophischen Überlegungen zu dieser Frage anstellen – das würde zu weit vom Thema wegführen –, aber es ist wichtig, sich vor Augen zu führen, dass Manipulierer sehr geschickt darin sind, sich so darzustellen, als besäßen sie eine starke spirituelle Seite, ohne auch nur irgendwie spirituell aktiv zu sein. Obwohl viele manipulative Eltern gerne großspurige philosophische Reden schwingen, verstehen auch sie wie die meisten Menschen unter Erfolg im Grunde gesellschaftlichen Erfolg. Sie beurteilen ihre Mitmenschen nach äußerst gewöhnlichen Kriterien.

Beim Lesen der Berichte von Töchtern hypernarzisstischer Mütter habe ich überrascht festgestellt, dass diese Mütter beeindruckend viele Strategien einsetzen, um ihren Töchtern den erfolgreichen Abschluss einer schulischen oder universitären Ausbildung zu erschweren.

Diese Mütter drängen ihre Töchter sehr früh dazu, von zu Hause auszuziehen, oder sie lassen ihnen während des Studiums keine ausreichende finanzielle Unterstützung zukommen, obwohl sie dazu in der Lage wären. Um über die Runden zu kommen, brauchen die Töchter während des ganzen Studiums einen oder mehrere Jobs, die ihnen die Existenz sichern. Aber die Mütter bedienen sich auch anderer, subtilerer Methoden.

Sabrina kann hierfür zwei Beispiele anführen:

»Als mein Vater ohne Vorwarnung ausgezogen ist, hat er die meisten seiner persönlichen Sachen zurückgelassen. Darunter war auch seine Videokamera. Meine Mutter und ich hatten sie ihm gemeinsam zum Geburtstag geschenkt. Meine Mutter konnte nicht damit umgehen, und als mein Vater weg war, war ich die Einzige, die sie bedienen konnte.
Im Rahmen eines Seminars an der Uni hatten drei Kommilitonen und ich beschlossen, einen Kurzfilm zu drehen. Das Drehbuch war fertig, Ort und Zeit für die Aufnahmen standen auch fest, nur eine Kamera fehlte uns noch. Ich konnte als Einzige eine besorgen. Ich habe meine Mutter gefragt, und sie hat mir erlaubt, die Kamera zu benutzen. Aber als ich sie am Morgen des Drehtages einpacken wollte, hat meine Mutter mir plötzlich verboten, sie mitzunehmen. Sie hatte ihre Meinung geändert, und das ohne jede Begründung. Ich habe versucht, ihr zu erklären, dass ich dadurch in Schwierigkeiten käme, abgesehen davon, dass ich vor meinen Freunden wie eine Idiotin dastehen würde. Aber das hat sie alles nicht inte-

ressiert. Als ich am Drehort ankam, war ich ganz durcheinander, weil ich die Kamera nicht dabeihatte. Ich fühlte mich schlecht, weil ich meine Zusage nicht eingehalten hatte. Dieses Gefühl der Scham und der Schuld, weil ich es gewagt hatte, sie um etwas zu bitten, hat mich noch lange verfolgt.«

Und hier das zweite Beispiel für gezielte Sabotage:

»Nachdem ich die theoretische Führerscheinprüfung bestanden hatte, brauchte ich Fahrpraxis. Meine Mutter sollte mich dabei begleiten. Aber sie hat sich von Anfang an dagegen gesträubt und behauptet, das sei Aufgabe meines Vaters. Mein Vater war ausgezogen, als ich 17 war. Nachdem ich ihr mehrfach erklärt hatte, dass die theoretische Prüfung umsonst gewesen wäre, wenn sie mir nicht helfen würde, hat sie schließlich eingewilligt, mich zu begleiten. Nach 300 Metern hat sie mich schreiend aus dem Auto geworfen und gesagt, ich würde ihr Auto noch zu Schrott fahren. Danach habe ich mich in ihrem Auto nie wieder ans Steuer gesetzt …
Erst als ich mit 20 von zu Hause ausgezogen war (und endlich meinen Traum von Freiheit verwirklicht hatte), habe ich gespart, um Stunden in einer Fahrschule zu nehmen. Ich musste die theoretische Prüfung wiederholen und habe schließlich mit 22 die praktische Prüfung abgelegt.«

Wenn die Tochter trotz zahlreicher offenkundiger Widrigkeiten ihr Ziel erreicht, schwankt die narzisstische Mutter zwischen zwei gegensätzlichen Haltungen, je nachdem, ob Dritte anwesend sind und wie stark ihr Bedürfnis ist, ihr gesellschaftliches

Ansehen zu heben. So kann es vorkommen, dass sie ihre Tochter in deren Abwesenheit in den höchsten Tönen lobt und allen Leuten erzählt, wie toll ihre Tochter das alles macht. Im Gegenzug spricht sie, wenn sie mit ihrer Tochter allein ist, nur selten ihre Anerkennung und aufrichtige Glückwünsche aus.

Sophie hat beobachtet, dass sich ihre Mutter auch über ihre Enkel auf diese Art äußert:

> »Wenn ihren Enkeln etwas gelingt, ruft sie abschätzig: ›Das ist ja nicht zu glauben!‹ Aber wenn sie die Wirklichkeit nach außen hin akzeptieren muss, zeigt sie sich stolz und sagt: ›Es liegt eben in der Familie!‹«

Die narzisstische Mutter schmückt sich mit dem sozialen Aufstieg und dem beruflichen Erfolg ihrer Kinder, obwohl sie nichts oder nur wenig dazu beigetragen hat (aus Geiz oder aus Angst, ihre Tochter könnte sie überflügeln). Freunde und Bekannte können weder ahnen noch sich vorstellen, dass dieser Erfolg von genau der Frau, die jetzt so stolz davon berichtet, immer wieder massiv torpediert wurde. Außer freilich, die Tochter öffnet ihnen die Augen und erzählt, wie es wirklich war …

Sicher haben Sie bemerkt, dass ich bei diesem Thema nur von Töchtern, nicht aber von Söhnen manipulativer Mütter spreche. Hierfür gibt es einen einfachen Grund: In den Berichten von Söhnen habe ich nie von dieser Art Sabotage gehört oder gelesen. Es wäre in meinen Augen von daher unangemessen, diese Beobachtung auch auf Söhne zu übertragen. Allerdings behandeln manipulative Väter ihre Söhne sehr wohl auf diese Weise.

Der Vater erträgt es nicht, wenn der Sohn ihn überflügelt

Viele Söhne narzisstischer Väter erkennen im Erwachsenenalter, dass diese ihr Fortkommen mehr oder weniger direkt behindert haben. Das beginnt oftmals bereits während der Schulzeit.

Anders als manipulative Mütter schauen manipulative Väter ihren Kindern bei den Hausaufgaben über die Schulter. Und das hat schlimme Folgen! Solche Väter geben sich perfektionistisch, machen ihren Kindern etwas vor und verlangen von ihnen – vor allem von ihren Söhnen – bei allen Aufgaben äußersten Fleiß. Dabei lassen sie völlig außer Acht, auf welcher Entwicklungsstufe sich das Kind befindet, und nehmen auch keine Rücksicht auf Ermüdung, Erschöpfung oder Lernschwächen wie etwa eine Lese-Rechtschreib-Schwäche. Der Vater besteht darauf, dass das Kind die Aufgaben erledigt, koste es, was es wolle.

David erinnert sich:

> »In den Ferien vor meinem Übertritt ins Gymnasium verlangte er so viel von mir und übte so starken Druck auf mich aus, dass ich mich überhaupt nicht erholen konnte. Er wollte auch, dass ich in Religion ein Jahr überspringe.«

Je größer die Anspannung und die Ermüdung, desto weniger kann das Gehirn arbeiten. Das gilt umso mehr für ein Kind, das Angst vor seinem Vater hat. Dann verweigert sich das Kind unter Umständen gänzlich und kann überhaupt nicht mehr nachdenken. Der Vater lässt nicht locker, wiederholt hartnäckig dieselben Fragen, wird immer fordernder und wirft dem Kind vor, es sei renitent (was das Kind nicht versteht und für einen schlimmen Makel hält). Dann beschimpft er es als »Dummkopf«, »Idiot«, »schwachsinnig«, »Trottel« usw. Wie zu erwarten, fängt der Junge dann an zu weinen, woraufhin der Vater in seiner aggressiven Haltung gegenüber seinem »unfähigen« (und schwachen) Sohn noch einen Gang höherschaltet. Der

Vater gibt sich hierbei als Perfektionist. Er tut so, als kenne er sich in dem Themengebiet, um das es gerade geht, bestens aus, stellt diese Kenntnis aber niemals unter Beweis. Er gibt nicht zu, dass er von Mathematik, Physik oder Chemie keine Ahnung (mehr) hat. Sein Gedächtnis ist keinen Deut besser als das seines Sohnes, aber er verlangt von ihm, dass er Gedichte oder Lektionen in Geschichte oder Erdkunde fehlerfrei aufsagt.

Sein Verhalten ist widersprüchlich: Er fordert von seinem Sohn perfekte Leistungen in der Schule, legt ihm dabei jedoch fortwährend Steine in den Weg.

Auch bei nicht schulischen Themen verhält sich ein manipulativer Vater ähnlich. So lässt er etwa bei Spielen – Schach zum Beispiel – niemals zu, dass sein Sohn gewinnt. Er erträgt es unter keinen Umständen, dass andere besser sind als er, selbst wenn es eigentlich um nichts geht.

Für sein überdimensioniertes Ego ist es unvorstellbar, dass sein Sohn ihn überflügelt, und schon gar nicht in Sachen Intelligenz. Ebenso verhalten sich hypernarzisstische Mütter zu ihren Töchtern.

Wenn der Junge während seiner Schullaufbahn nur mittelmäßige Ergebnisse erzielt, weist der manipulative Vater jede Verantwortung von sich – er bemüht sich doch seit Jahren, die Schwächen des Kleinen auszugleichen! Außerdem kommt er ohne Umschweife zum Schluss, dass sein Sohn es im Leben zu nichts bringen werde. Und natürlich wirft er seiner Frau vor, dass sie den gemeinsamen Sohn falsch erzogen hat …

Auch entscheidet oft nicht der Sohn, sondern der Vater über eine bestimmte berufliche Laufbahn. Häufig drängt ein manipulativer Vater seinen Sohn massiv zu einer Berufsausbildung, die nicht im Geringsten dessen Neigungen und Fähigkeiten entspricht. Gemäß der Devise, die der Vater ausgibt: »Augen zu und durch«.

Wenn der Vater sich hier nicht durchsetzen kann, bestimmt er zumindest die äußeren Umstände: den Studienort (in der Regel der Heimatort oder eine nahe gelegene Stadt), den Wohnort (weiterhin im Elternhaus!) und die Lebensführung (der Sohn hat zu festgelegten Zeiten zu den Mahlzeiten zu erscheinen und von seinem Leben zu berichten, er muss vor 23 Uhr oder Mitternacht zu Hause sein, obwohl er volljährig ist, usw.).

Wenn der junge Student oder Auszubildende die vom Vater gestellten Bedingungen nicht akzeptiert, wird der Vater fuchsteufelswild und bedroht seinen Sohn. Ganz offenkundig geht es ihm nicht darum, seinen Sohn auf dessen eigenem Lebensweg zu unterstützen.

Lyna und Yvan haben solches Verhalten am eigenen Leib erfahren:

> »Damit ich mein Studium fortsetzen konnte, hatten meine Eltern für mich in einer großen Universitätsstadt ein Apartment gemietet. Mein Freund Yvan wohnte 160 Kilometer von dort entfernt. Er war gerade dabei, seinen Abschluss zu machen. Für das vierte Studienjahr fehlte ihm noch ein Schein. Wir planten, dass er zu mir zog und wir beide unser Studium fortsetzten. So wären wir nicht nur zusammen, sondern Yvan könnte auch ein Studienjahr wiederholen und hätte so die Aussicht auf einen Abschluss mit Auszeichnung (den er dann auch erreicht hat). Meine Eltern waren damit einverstanden.
> Yvans Eltern haben völlig anders auf unser Vorhaben reagiert. Sie haben herumgeschrien und sind Yvan sofort mit Verboten und vor allem Drohungen gekommen: ›Wenn du dorthin ziehst, kommen wir nicht mehr für dein Studium auf!‹, ›Du kannst doch genauso gut hier weiterstudieren!‹, ›Solange du bei uns wohnst, sorgen

wir für dich. Wenn du weggehst, musst du alleine klarkommen!‹.«

Die Maske ist gefallen. Wenn der junge Mann ein bestimmtes Fach studieren will – sei es auch etwas so Anspruchsvolles wie Medizin oder Jura –, sein Vater aber dieses Vorhaben nicht gutheißt, legt er ihm Steine in den Weg. Alle Betroffenen berichten hierbei von derselben Strategie: Der Vater dreht den Geldhahn zu. Oder die monatlich bereitgestellte Summe ist so gering, dass man davon nicht leben kann. Der Sohn gibt daraufhin seine Studienpläne auf. Oder aber geht seinen Weg weiter – muss dabei jedoch nebenher alle möglichen Jobs machen, um sich den Lebensunterhalt zu sichern. Das kann so weit führen, dass er nicht genug Zeit für sein Studium hat und schon bei der Zwischenprüfung scheitert. Ich spreche hier wohlgemerkt nicht von Eltern, die tatsächlich nicht für Unterkunft, Fahrtkosten und Kosten des täglichen Lebens ihrer Kinder aufkommen *können*. Ich unterscheide klar zwischen Eltern, die wirklich nicht die Mittel haben, und manipulativen Eltern, die auf die berechtigten und angemessenen Anliegen ihrer Kinder mit Anschuldigungen, Streitereien und vor allem Drohungen reagieren.

David hat besonders unter der Verweigerung finanzieller Unterstützung gelitten:

»Während der Auseinandersetzung um nachträgliche Unterhaltszahlungen (ich war damals 27) hat er durch seinen Anwalt erklären lassen, dass ihm nicht bekannt gewesen sei, dass ich studiert hatte (was falsch ist), dass er sich sehr gefreut habe, davon zu erfahren, dass er jedoch lieber zuvor davon in Kenntnis gesetzt worden wäre und gerne mit mir gemeinsam den erfolgreichen Studienabschluss gefeiert hätte, dass nicht er mir die finanzielle

Unterstützung versagt habe, sondern dass ich den Kontakt zu ihm verweigert hätte und dass ich ein undankbarer Sohn sei, der keine Spur von Zuneigung für ihn zeige und Konflikte heraufbeschwöre. Kurz gesagt, er hat mich für seine Fehler verantwortlich gemacht.«

Zu früh selbstständig

Wenn Sie bei Ihrem Kind das Selbstwertgefühl und das Vertrauen in die eigenen Fähigkeiten stärken wollen, sollten Sie sehr früh eine enge, liebevolle Bindung zu ihm aufbauen. Bringen Sie es so oft wie möglich in Situationen, die ihm altersgerechte Erfolgserlebnisse bescheren. Beglückwünschen Sie es zu seinen Erfolgen, bringen Sie Ihre aufrichtige Anerkennung zum Ausdruck und sprechen Sie ihm Mut zu. Sorgen Sie dafür, dass es immer wieder unter neuen, veränderten Umständen spielen kann. Stehen Sie ihm geduldig bei, wenn es Angst hat zu scheitern. Bringen Sie ihm selbstständiges Handeln bei, entsprechend seinem psychomotorischen und affektiven Entwicklungsstand. Zeigen Sie Interesse an ihm und lassen Sie es Ihre Liebe spüren. Viele nicht von Angst geleitete Eltern gehen intuitiv auf diese Weise mit ihren Kindern um. Manipulative Eltern dagegen haben Schwierigkeiten, ihren Kindern all das mitzugeben. Sie kennen nur *ein* Spiel: dasjenige, das ihren Interessen nutzt.

Weil manipulative Eltern egozentrisch sind und nur die Erfüllung der eigenen Bedürfnisse im Blick haben, verlangen sie ihren Kindern (wenn sie mehrere haben) oftmals ein selbstständiges Verhalten ab, für das diese noch nicht reif sind. Dadurch befreien sie sich frühzeitig von ihren Verpflichtungen und brauchen nicht mehr auf ihre Kinder zu achten und für sie da zu sein. Eine manipulative Mutter zum Beispiel sorgt dafür, dass die

Kinder noch vor der Pubertät einkaufen und kochen können, dass sie ihre Wäsche selbst waschen (vor allem die Mädchen), dass sie die Hausaufgaben ohne Aufsicht erledigen (anders als der manipulative Vater, der in dieser Hinsicht geradezu tyrannisch sein kann), dass sie bei Freunden übernachten oder mit diesen die Ferien verbringen, ohne sie dann anzurufen, um zu hören, wie es ihnen geht, usw.

Diese Selbstständigkeit um jeden Preis in viel zu jungen Jahren kann bei Kindern zu emotionalen Mangelerscheinungen führen. Viel zu oft begehen manipulative Eltern den Fehler, ihre Kinder – ich will es ganz deutlich sagen – zu *vernachlässigen.*

Bei Einzelkindern lässt sich dagegen das genaue Gegenteil beobachten. Aus dem Bedürfnis nach grenzenloser Symbiose heraus tut eine narzisstische Mutter alles dafür, damit ihr Kind das Gefühl entwickelt, es könne ohne seine Mutter nicht leben. Daher kann eine solche Mutter nicht das Ziel verfolgen, ihr einziges Kind (ihren »Besitz«) zur Selbstständigkeit zu erziehen – die Gefahr der Einsamkeit wäre zu groß. (Der Ehemann, der Vater des Kindes, hat seinen Platz natürlich längst verloren. Mit der Geburt des Kindes hat sich ein neues Paar formiert, das ihn ausgrenzt.)

Kurz gesagt: Vernachlässigung auf der einen Seite, Überbehütung auf der anderen. Von der Vernachlässigung zur Gleichgültigkeit oder sogar Abwertung ist es nur ein kleiner Schritt. Manipulative Eltern machen ihn, ohne mit der Wimper zu zucken.

Das pathologische Verhältnis zu Geld

Das Verhältnis, das manipulative Menschen zu Geld haben, wirft ernsthafte Probleme auf. Um es gleich zu Beginn deutlich zu sagen: Ihr Verhältnis zu Geld ist schlichtweg pathologisch, ja regelrecht obsessiv. Gleichzeitig ist das Thema tabu – nur selten wird es ausdrücklich angesprochen. Etliche manipulative Eltern ärgern sich darüber, dass sie so viel Geld ausgeben, vor allem für ihre Angehörigen und ihre Kinder. Allerdings eignet sich Geld sehr gut, um Macht über das eigene Kind auszuüben, sowohl wenn es noch klein oder im Teenageralter ist, als auch – und dann ganz besonders – wenn es studiert. Darüber hinaus beherrschen Manipulierer die Kunst, ihre Mitmenschen in finanzieller Hinsicht auszunutzen und ohne jeden Skrupel von deren materiellem Besitz zu profitieren. Bei manipulativen Eltern ist dieses widersprüchliche Verhalten gang und gäbe. Zahlreiche Berichte von Betroffenen belegen dies.

Unerklärlicher Geiz

Es gibt keine geizigeren Menschen als Manipulierer. Dennoch bekommt ihr Umfeld meist nichts davon mit, und die engere Familie begreift es trotz eindeutiger Anzeichen oft erst sehr spät.

Denise kann davon berichten:

> »Lange Zeit wollte meine Mutter kein Telefon bei sich zu Hause. Solange mein Vater berufstätig war, sollte er notwendige Telefonate vom Büro aus erledigen. Meine Großmutter wohnte im selben Haus, also ging meine Mutter zu ihr zum Telefonieren. Erst als meine Großmutter verstorben war und mein Vater im Ruhestand, hat sie bei sich zu Hause ein Telefon einrichten lassen!«

Tatiana beschreibt die extreme Knauserigkeit ihres manipulativen Vaters:

> »Lange Zeit hat er von meiner Mutter verlangt, auf einem alten Holzofen in der Werkstatt zu kochen statt auf dem Gasofen in der Küche. Nicht einmal Milch durfte sie dort warm machen. In manchen Wintern sank die Temperatur im Haus auf vier Grad, weil mein Vater sich weigerte, die zentrale Gasheizung anzuschalten. Er besaß ein Motorrad, für das er nie eine Versicherung abgeschlossen hatte. Ein Auto hat er bis heute nicht. Er meint, das sei zu teuer. Als er meins gesehen hat, hat er mir Vorhaltungen gemacht, dabei ist es nur ein gebrauchter Kleinwagen. Als ich klein war, hat er uns niemals Kleidung gekauft, und wenn, dann nur gebraucht und zum Kilopreis. Oder er hat uns Kleidungsstücke mitgebracht,

die er bei Umzügen bekommen hat oder die er sich sonst irgendwie sichern konnte.«

Dürftige Geschenke

Mit mittelmäßigen Geschenken sparen manipulative Eltern besonders häufig bei ihren Kindern. Diese müssen sie ja nicht mehr zu irgendetwas verführen oder überzeugen … Am wichtigsten ist, dass das Geschenk möglichst wenig kostet. Dem Beschenkten eine besondere Freude zu bereiten, steht dabei ganz sicher nicht an erster Stelle.

David wird in diesem Kapitel zahlreiche Beispiele für den extremen Geiz seines manipulativen Vaters schildern, beginnend mit diesem:

> »Die einzigen Geschenke, die ich als Kind von meinem Vater bekommen habe, waren Werbegeschenke, die in aller Regel für ein Kind völlig unpassend waren.«

Wir überreichen Geschenke, weil es den gesellschaftlichen Konventionen entspricht (zu Weihnachten, zum Geburtstag, zur Hochzeit usw.) oder weil wir dem anderen einfach spontan eine Freude bereiten und unsere Zuneigung zum Ausdruck bringen wollen. Auch im ersten Fall versuchen narzisstische Eltern, möglichst günstig davonzukommen.

Caroline antwortet ihrer Mutter in einem Brief wie folgt:

> »Was deine Knauserigkeit angeht: Du selbst hast dich doch erst kürzlich wieder einmal gerühmt, dass du Geschenke meistens im Schlussverkauf besorgst oder dass der – zugegebenermaßen hübsche – Blumenstrauß, den du neulich mitgebracht hast, herabgesetzt war, weil er im Laden schon als nicht mehr verkäuflich galt!

Genau wie die Kleidungsstücke, die du mir immer zu groß gekauft hast, damit sie ein paar Jahre lang halten! Deine Weihnachtsgeschenke waren dermaßen kläglich, dass ich schon mit fünf nicht mehr an den Weihnachtsmann geglaubt habe (was euch ja ganz gut in den Kram gepasst hat). Die einzige neue Puppe, die ich jemals bekommen habe, war die, die mir die Nachbarn geschenkt haben.«

Tatiana erinnert sich daran, wie ihr manipulativer Vater sämtliche Feste kaputt gemacht hat:

»Bei Feiern wurde die Atmosphäre früher oder später unerträglich. Er war extrem launisch und wir wussten nie, in welche Richtung seine Stimmung umschlagen würde. Wir hatten selten Gäste, aber wenn, dann mussten sie unbedingt mit einer üppigen Mahlzeit beeindruckt werden und mit gutem Gebäck, das aber auf keinen Fall viel kosten durfte! Er kaufte niemals Geschenke oder verschenkte höchstens wertloses Zeug, das er verbilligt oder auf dem Trödel erstanden hatte, oder auch die Geschenke, die man vom Versandhandel bekommt, wenn man dort etwas bestellt. Ihm war egal, ob das Geschenk dem Beschenkten eine Freude machte oder für ihn von Nutzen war. Einmal hat seine Cousine mir einen sehr schönen Pullover geschenkt. Daraufhin hat er sie angeschrien und ihr Vorwürfe gemacht. Er meinte, ich bräuchte so einen Pullover nicht. Ich weiß noch, dass ich geweint habe.
Zur Erstkommunion hat er mir einen Ring geschenkt, den er gebraucht bei einem Juwelier gekauft hatte. Man sah, dass er nicht mehr neu war, denn das Innere der Schachtel war schon etwas vergilbt. Auf dem Deckel stan-

den Name und Adresse eines Juweliergeschäfts. Mein Vater schärfte mir ein, den Ring sorgsam zu behandeln und ihn vor allem nicht zu verlieren, denn er sei sehr teuer gewesen. Er wäre mit einem Smaragd besetzt. Später habe ich den Juwelier aufgesucht, dessen Adresse auf der Schachtel stand. Er hat mir gesagt, dass der Ring nicht von ihm stammte, dass er wertlos war und der Smaragd in Wirklichkeit aus Glas.«

Das günstigste Geschenk: gar kein Geschenk!

Oft machen manipulative Väter ihren Kindern und Enkelkindern überhaupt keine Geschenke. Dieses Verhalten ist jedoch nicht kennzeichnend und spielt daher keine entscheidende Rolle bei der Frage, ob jemand eine narzisstische Persönlichkeit besitzt. In den meisten Familien kümmert sich ja auch nicht der Mann, sondern die Frau um das Besorgen der Geschenke. Daher behandelt dieses Kapitel vornehmlich das Verhalten von Frauen.

Eine manipulative Mutter (oder Großmutter) erfindet vermeintlich unbestreitbare Gründe – das heißt konkret, sie bringt Lügen vor –, wegen derer sie ihren Kindern oder Enkelkindern nichts schenken kann (die Entfernung, »Die Bank hatte schon geschlossen«, Zeitmangel, »Du hast mir nicht gesagt, was du dir wünschst« usw.).

Sophie berichtet von ihren Erfahrungen:

»Meine Mutter behauptet, sie sei zu erschöpft, um das Weihnachtsfest zu organisieren. Sie will auch ihre beiden Cousins nicht einladen, weil die angeblich zu viel essen. Sie sagt: ›Ein ganzes Menü ist viel zu viel; ein kleiner Imbiss reicht.‹ Oft redet sie sich auch mit der Begründung heraus, dass die Kinder dies oder jenes ›sowieso nicht mögen‹.

Sie schenkt den Kindern nichts, weil sie ›ja schon alles haben‹. Seit drei Jahren gratuliert sie auch weder mir noch meiner Schwester zum Geburtstag, weil wir ›aus dem Alter heraus sind‹! An ihren Geburtstag dagegen erinnert sie uns jedes Mal ein paar Wochen im Voraus. Dabei haben wir ihn noch nie vergessen!«

Ein Narzisst will mit einem Geschenk in der Regel nicht seine Zuneigung ausdrücken. Er entscheidet ganz gezielt, ob er etwas schenkt oder nicht – und *was* er schenkt, bestimmt der narzisstische Gewinn, den er sich davon erwartet. So kann er ohne große Mühe Menschen »kaufen«, die dem engeren Familienkreis nicht nahestehen. Auf diese Weise »erkauft« er sich auch sein Image (Außenstehende wissen nicht, dass er den nahen Familienmitgliedern, wenn überhaupt, nur jämmerliche Geschenke macht). Er erkauft sich die Verfügbarkeit der anderen, verpflichtet sie für die Zukunft und sorgt dafür, dass sie ihn »in guter Erinnerung« behalten. Sobald es sich nicht mehr lohnt, jemanden zu verführen (in nicht sexueller Hinsicht), weil man sich von der betreffenden Person keinen Vorteil mehr verspricht (das Überspielen der eigenen Einsamkeit, den Aufenthalt in einem schön gelegenen Anwesen, eine kostenlose Unterkunft oder Mitfahrgelegenheit usw.), vernachlässigt der Manipulierer sofort den Kontakt. Dann macht er sich auch nicht mehr die Mühe, den anderen zu beschenken.

Françoise schildert, was dann an Geburtstagen geschehen kann:

»Mittlerweile übergeht meine ganze Familie (meine Eltern sind beide manipulativ) meinen Geburtstag. Das tut mir sehr weh; jahrelang haben wir gemeinsam gefeiert, Geschenke ausgetauscht und schöne Stunden miteinander verbracht. Auch die Geburtstage der Kinder geraten mehr und mehr in Vergessenheit. Mein Bruder und meine Schwester haben meinem Ältesten über ein soziales Netzwerk gratuliert, noch dazu mit einem Tag Verspätung. Meine Mutter, die immer gesagt hat, ihre Enkel seien ihr ›Ein und Alles‹, meldet sich überhaupt nicht mehr. Vor ein paar Tagen hatte mein Mann Geburtstag. Als er damals in die Familie kam, waren alle hingerissen von ihm. Jetzt hat niemand auch nur irgendetwas von sich hören lassen. Das ist alles so traurig. Aber wir finden uns damit ab.«

Ein manipulativer Mensch empfindet nur für jemanden Zuneigung, der zuerst *ihm gegenüber* Zuneigung beweist. Es liegt also auf der Hand, dass die Kinder narzisstischer Eltern die ersten Verlierer sind. Meiner Meinung nach ist es zunächst die Pflicht der Eltern, ihren Kindern Liebe und Zuneigung entgegenzubringen. Weil der narzisstische Abgrund im Inneren eines manipulativen Elternteils niemals gefüllt werden kann, erwartet dieser erst einmal Liebesbekundungen von seinen Kindern. Erst danach wird auch er ihnen seine Liebe zeigen – als Belohnung.

Machen Sie einer manipulativen Mutter ein Kompliment, egal in welcher Hinsicht, und Sie werden erleben, wie sich ihre Stimmung im nächsten Augenblick aufhellt und sie die folgenden Stunden gut gelaunt sein wird. Vielleicht bekommen Sie sogar ein Geschenk!

Wenn ein Vater plötzlich Geschenke macht

Ein »normaler« Familienvater kümmert sich nur sehr selten darum, Geschenke auszuwählen und zu besorgen. Ein manipulativer Vater ebenso wenig. Mit einer Ausnahme: bei Scheidung oder Trennung, vor allem, wenn ihm das Sorgerecht nicht zugesprochen wird (das ein narzisstischer Vater für gewöhnlich einfordert). Dann ändern sich sein Verhalten und das Ausmaß seines Engagements gegenüber seinen Kindern von Grund auf. Er schenkt seiner Tochter oder seinem Sohn mit einem Mal besonders teure und gefragte Dinge, die so kostspielig sind, dass selbst Erwachsene sie einander erst nach reiflicher Überlegung schenken. Welche Geschenke er macht, ändert sich mit der Zeit. Plötzlich sind es Sachen, die in Mode sind, während zu der Zeit, als die Eltern noch zusammenlebten, angesagte Dinge noch völlig unerheblich waren.

Die Neigung, teure Geschenke zu kaufen, von denen Kinder oder Jugendliche begeistert sind, stellt die Mutter, die ja meistens das Sorgerecht hat, vor Probleme. Sie organisiert den Alltag und muss dabei mit ihren finanziellen Mitteln haushalten (sehr häufig zahlt der manipulative Vater den Unterhalt für die Kinder nicht). Sie kann sich daher solche Ausgaben, die nicht wirklich notwendig sind, nicht leisten. Bisweilen sind diese teuren Geschenke auch eine regelrechte Provokation. Das kann das neueste Smartphone sein, ein Tablet, ein High-Tech-Fernseher, ein Motorroller, ein Motorrad, später ein Auto, eine Auslandsreise usw. Gemessen am Alter der Kinder sind solche Geschenke viel zu teuer. Der manipulative Vater nimmt überhaupt keine Rücksicht auf das Alter der Kinder und trifft so eine völlig unangemessene Auswahl. Er verfolgt dabei auch keinerlei erzieherische Absichten.

In solchen Fällen muss man dem Kind erklären, dass diese Geschenke Bestechungsversuche sind, mit denen der manipulative Vater versucht, seine Zuneigung zu gewinnen und es dazu zu bringen, bei ihm zu leben. Bei manipulativen Müttern, die getrennt oder geschieden sind, habe ich dieses Verhalten nicht beobachtet.

Solche Bestechungsversuche sind für Erwachsene leicht zu

durchschauen, zumal für den nicht narzisstischen Elternteil, der für eher immaterielle Werte eintritt. Kinder jedoch sind auf diesem Auge blind. Was soll denn falsch sein an einem so tollen Geschenk, mit dem man auch noch vor den Freunden angeben kann? Genau hier lauert die Gefahr: Die Manipulation erfolgt subtil. Der entsprechende Elternteil erscheint auf einmal als großzügig und macht sich das starke Bedürfnis des Kindes zunutze, von seinen Altersgenossen bewundert und in der Gruppe anerkannt zu werden. Warum sollte ein Kind ein Geschenk zurückweisen, das ihm genau dies ermöglicht?

Meiner Ansicht nach ist Zurückweisung auch nicht immer der beste Weg. Ein Geschenk abzulehnen, das das Kind unbedingt haben will, kann ziemlich heikel sein. Umso mehr, als man ihm den Grund nennen müsste. Es kann allerdings hilfreich sein, wenn ein Dritter (ein Freund, jemand aus der Familie oder ein professioneller Helfer) dem Kind gemeinsam mit dem anderen Elternteil erklärt, dass diese teuren Geschenke nicht ohne Hintergedanken gemacht werden, sondern einen bestimmten Zweck verfolgen. Das Kind muss verstehen, dass es nicht gut ist, sich die Liebe und die Zuneigung der eigenen Kinder ausschließlich mit materiellen Dingen und mit Geld zu erkaufen, ganz einfach, weil Bindungen nur durch Liebe entstehen und niemals durch Geld.

Bei alldem bleibt der Unterhalt aus

Ein manipulativer Vater kann durchaus so unverfroren sein, seinen Kindern aufwendige Geschenke zu machen und zugleich monate- oder jahrelang den Unterhalt nicht zu zahlen, zu dem er von Rechts wegen und in moralischer Hinsicht verpflichtet ist.

Blandine und ihre drei Kinder – elf, acht und dreieinhalb Jahre alt – mussten dies ertragen:

»Vor anderthalb Jahren musste mein Mann nach dem vorläufigen Beschluss des Gerichts aus unserem Haus ausziehen. Das hat er getan und sich direkt in die Arme unserer Nachbarin geworfen, die zwei Töchter hat, die auf dieselbe Schule gegangen sind wie unsere! Er hat die Kinder sofort mit seiner neuen Beziehung konfrontiert und ist mit ihnen eine Woche nach England gefahren, vor allem, um die Harry-Potter-Studios anzuschauen. Dabei hat er angeblich kein Geld, um Unterhalt zu zahlen … Er ist Geschäftsführer einer Firma und fährt einen Jaguar. Er lebt über seine Verhältnisse, weigert sich aber, seine Firma aufzugeben und sich eine richtige Arbeit zu suchen. Das Familiengericht hat geschrieben, dass er ›seine tatsächlichen Einkünfte verschweigt‹.
Er hat also keinen Unterhalt für seine drei Kinder gezahlt, bis ich irgendwann auf den Putz gehauen und sein Verhalten bei Gericht angezeigt habe.«

David fügt aus seiner Erfahrung hinzu:

»Die Schecks, mit denen mein Vater den Unterhalt für seine drei Kinder zahlte, waren nicht gedeckt. Meine Mutter musste die Pfändung seines Einkommens beantragen.«

Meist wissen die Kinder nichts davon, dass ihr Vater seine gesetzlichen Pflichten zu ihrer finanziellen Unterstützung sträflich vernachlässigt. Die Mutter will sie nicht »in diese Geldgeschichten mit hineinziehen«. Ich halte das für falsch. Wenn das Kind in der Lage ist zu verstehen, wie die Dinge wirklich liegen, also ab einem Alter von etwa neun Jahren, und das manipulative Verhalten des anderen Elternteils zu viele Risiken birgt (vor allem das der Eltern-Kind-Entfremdung), sollte man dem Kind mitteilen, dass der andere Elternteil wissentlich und willentlich seinen finanziellen Verpflichtungen seinem Kind gegenüber nicht nachkommt. Auch wenn das Kind (oder der Jugendliche) anfangs Schwierigkeiten haben wird, damit umzugehen, glaube ich, dass diese Offenheit ihm helfen kann, später ein kritisches Denken zu entwickeln. Mädchen sind nach meiner Beobachtung für solche Erkenntnisse schon in jüngeren Jahren zugänglich. Sie sind weniger »käuflich« – von Ausnahmen natürlich abgesehen.

Kinder kosten zu viel

Kinder manipulativer Eltern erkennen oft erst im Erwachsenenalter, wie sehr ihre Eltern alles daransetzen, nichts für sie auszugeben. Diese geizige Haltung kann so weit führen, dass die Eltern unter bestimmten Vorwänden (angebliche Geldknappheit, Erziehungsgrundsätze) ihren Kindern nicht einmal neue Kleidung kaufen, obwohl das notwendig wäre.

Virginie erzählt eine kaum zu glaubende Geschichte:

> »Meine Mutter ist geizig, und ich weiß noch, wie sich bei meinen Schuhen einmal die Sohle von den Schuhspitzen löste. Ich muss dazu sagen, dass meine Eltern für meinen Bruder und mich nur gebrauchte Kleidung bei Wohlfahrtsveranstaltungen kauften. Erst hat meine Mutter die Sohlen mit Reißzwecken fixiert und mich so in die Schule geschickt. Diese Reparatur hat natürlich nicht lange gehalten. Die Lehrerin hat sich darüber aufgeregt, und ich bin nach Hause gegangen und habe erzählt, was sie gesagt hatte. Meine Mutter hat sich geärgert und sich nur noch verbissener an die Sache gemacht. Sie hat um jeden Schuh ein Stück Schnur gebunden und darauf bestanden,

dass ich in dieser Aufmachung in die Schule ging. Ich habe gehorcht. Die Schnüre haben nicht viel länger gehalten als die Reißzwecken. Erst dann habe ich ein anderes Paar Schuhe bekommen. Damals war ich sechs Jahre alt.«

Kleidung, die gerade »in« ist, wird von manipulativen Eltern als ganz und gar überflüssig angesehen. Die Jugendlichen sind frustriert und schämen sich, wenn sie nicht ordentlich oder den modischen Trends entsprechend gekleidet sind. In jeder Generation gibt es Kleiderregeln, die dabei helfen, sich in die Gruppe der Gleichaltrigen zu integrieren. Das ist Eltern, denen daran liegt, dass ihre Kinder selbstständig werden, normalerweise bewusst.

Liliane berichtet:

»Eines Tages sagt meine Mutter zu mir: ›Heute kaufen wir dir neue Kleidung.‹ Als wir im Geschäft sind, fragt sie mich, welche Stücke mir gefallen. Ich wähle einige aus und zeige sie ihr. ›Das hier zum Beispiel.‹ Sie antwortet: ›Nein, nimm doch lieber das hier.‹ Aber das Stück, das sie vorschlägt, will ich nicht. Auf einmal schaltet sie auf stur: ›Wenn das so ist, bekommst du überhaupt nichts!‹«

Noémie kennt von ihrem manipulativen Vater andere Ausflüchte:

»Einmal wollte ich mir im Winter einen Pullover kaufen, hatte aber kein Geld. Ich habe meinen Vater erst um Geld für den Pullover gebeten und ihm dann, weil ich nur wenig Zeit mit ihm verbrachte, vorgeschlagen, den Pullover gemeinsam zu kaufen. Also sind wir gemeinsam in die

Stadt gefahren. Kurz nachdem wir ein Geschäft betreten hatten, sagte er: ›Ich halte es in Bekleidungsgeschäften nicht aus. Da sind mir zu viele Frauen. Ich gehe wieder nach Hause.‹ Dann ist er einfach gegangen, ohne dass ich noch etwas sagen konnte. Als wir wieder zu Hause waren, habe ich ihn um Geld gebeten, damit ich mir den Pullover allein kaufen konnte. Er hat entgegnet: ›Ich gebe dir einen von meinen.‹ Der Pullover, den er mir geben wollte, war mir viel zu groß und völlig unpassend für eine Frau. Natürlich wollte ich ihn nicht.
Wenn ich ihn um Geld für eine Zugfahrkarte gebeten habe oder um einmal mit meinen Freunden zum Essen oder ins Kino zu gehen, war seine Antwort immer dieselbe: ›Frag deine Mutter!‹ Dabei kam sie ohnehin schon für alles auf!
Einmal war ich mit ihm bei meinen Großeltern im Skiurlaub. Ich wusste es zu schätzen, dass er den Skipass und die Verpflegung bezahlt hat. Als ich ihn nach der Rückkehr um 20 Euro gebeten habe, um mit einer Freundin Sushi essen zu gehen, hat er gesagt: ›Das hättest du dir früher überlegen müssen. Ich habe dir schon eine Woche Skiurlaub bezahlt. Das kostet alles eine Menge; ich kann nicht andauernd zahlen.‹«

Hypernarzisstische Mütter geben lieber für sich Geld aus als für ihre Kinder. Sie verstecken auch oft einen Teil ihrer Einkäufe. Das vielfach bemühte Argument des Geldmangels ist also ziemlich willkürlich …

Sophie erzählt:

»Keine einzige Woche verging, in der mein Bruder und ich uns nicht anhören mussten, dass wir meine Mutter zu

> viel Geld kosteten. Als ich klein war, war ich überzeugt, dass wir sehr arm waren. Mir war nicht klar, dass die Putzfrau, die Köchin und das Kindermädchen, die alle den ganzen Tag bei uns im Haus arbeiteten, bezahlt werden mussten. Mir war auch nicht klar, dass Madame (meine Mutter) während der Sommermonate die Füße ausstrecken musste, um sich zu erholen. Wir Kinder standen erst an zweiter Stelle, hinter ihren Bedürfnissen und Befindlichkeiten.«

Manipulative Väter geben selten viel Geld aus, nur manchmal größere Summen, um Eindruck zu schinden, zum Beispiel bei einer Geliebten (etwa mit einem protzigen Auto). In der Regel sind sie auch im Umgang mit sich selbst eher geizig. Aber auch hier gibt es natürlich Ausnahmen.

Ein strenges Regiment beim Essen

Die meisten Eltern bringen ihren Kindern bei, dass man mit Lebensmitteln sorgsam umgeht und sie nicht wegwirft (außer sie sind verdorben). Unter diesem pädagogischen Vorwand erlassen narzisstische Eltern, nach meiner Erfahrung vor allem Väter, gerne eine unumstößliche Regel: erst aufbrauchen, was angebrochen ist, bevor man zu etwas Frischem greift. So allgemein formuliert, wirkt dieser Grundsatz unverdächtig. Wenn man ihn jedoch streng befolgt, kann das im konkreten Alltag groteske und maßlose Folgen haben und sehr lustfeindlich werden.

Zum Beispiel muss man das eben gekaufte, frische Baguette weglegen und erst das von gestern essen, auch wenn es schon hart und trocken ist. Auf diese Weise isst die ganze Familie jeden Tag altes Brot. Jeder hat erst sein Stückchen trocken Brot zu vertilgen, bevor das gute Brot freigegeben wird, das bis zum Abend ausreichend Zeit gehabt hat, gründlich auszutrocknen …

Was uns nicht umbringt, macht uns stark! Dieses Beispiel entstammt der Lebenswelt der Franzosen, von denen viele jeden Tag Brot essen. Aber es gibt, je nach Art der Haushaltsführung und nach Kulturkreis, viele weitere Arten, wie manipulative Eltern für eine schlechte Ernährung ihrer Familie sorgen.

Tatiana erzählt von ihrem manipulativen Vater, der in seinem Garten Obstbäume hatte:

> »Dort standen etwa zehn Apfelbäume, die im Übermaß Früchte trugen. Mein Vater sammelte sie ein und lagerte sie im Keller. Damit kein einziger Apfel weggeworfen werden musste, gab es zu jeder Mahlzeit Äpfel, wobei wir immer zuerst die essen mussten, die schon faulig waren. Weil aber nach und nach alle zu faulen anfingen, aßen wir den ganzen Sommer lang verdorbene Äpfel!
> Einmal, im Winter, hat mein Vater uns eine Suppe vorgesetzt, die er aus verfaulten Tomaten zubereitet hatte, die er auf der Heizung hatte reifen lassen. Wir mussten daraufhin meine Mutter in die Notfallaufnahme des Krankenhauses bringen.«

Dabei kommt es nicht selten vor, dass der manipulative Elternteil, der sonst nicht müde wird, die Vorteile solcher Einschränkungen (die er nie als solche bezeichnen würde) zu preisen, heimlich Mahlzeiten genießt, die unvergleichlich schmackhafter und verführerischer sind … Hochgradig neurotische Paare beglücken einander hinter dem Rücken ihrer Kinder mit fürstlichen Mahlzeiten, Nachspeisen oder Snacks.

Die eigenen Kinder schlecht zu ernähren und das Gegenteil zu predigen, ist charakteristisch für manipulative Eltern. So bleibt etwa der frische Fisch den Gästen vorbehalten, während die Kinder sich das ganze Jahr mit Fischstäbchen zufriedengeben müssen. Dabei wollen diese Eltern ihren Kindern laufend weismachen, dass sie nur das Beste bekommen.

Natürlich setzen die finanziellen Möglichkeiten oft Grenzen. Doch bei diesem Verhalten unterstelle ich ein unbewusstes, niederträchtigeres Motiv.

Die Unfähigkeit, zu leihen oder zu geben

Manipulative Eltern verschleiern geschickt ihre finanzielle Lage, um ihren Kindern weder große Geschenke machen noch ihnen Geld leihen zu müssen, wenn diese ihre Hilfe brauchen. Auch hier tun sie so, als seien *sie* die bedauernswerten Opfer. Dabei wissen alle Manipulierer sehr genau, wie man davon profitiert, wenn andere Menschen Geld haben. Vor allem manipulative Frauen! Sie sind sehr einfallsreich und haben nie größere finanzielle Probleme, egal, was sie behaupten. Ihre Kinder realisieren dies oft erst nach Jahrzehnten, manchmal aber auch ganz plötzlich – nach dem Tod der Mutter, bei der Durchsicht von Steuerunterlagen und Dokumenten der Bank oder privater Natur.

Juliette schreibt:

> »Meine Mutter hat mir niemals Geld geliehen. Sie hat mir auch nie Taschengeld gegeben. Als ich 18 war, musste ich darum kämpfen, dass ich Babysitten gehen durfte. Sie sagte immer nur: ›Wenn du etwas brauchst, dann sag es mir einfach.‹«

Man ahnt, wie beschämend es für eine junge Frau ist, jede Anschaffung rechtfertigen zu müssen, obwohl sie schon volljährig ist.

Ein weiteres Beispiel:

»Meine Mutter hat sich immer geweigert, anderen Geld zu leihen, und schon gar nicht uns Kindern, wenn wir einmal knapp bei Kasse waren. Aber irgendwann habe ich mitbekommen, dass sie einer Cousine die Kleinigkeit von 15 000 Euro geliehen hatte (die wir nie wiedersehen werden, weil diese Cousine notorisch pleite ist). Damit wir sie gar nicht erst darum baten, uns Geld zu leihen, sagte sie immer, sie und unser Vater hätten nun ja auch nicht so viel, und später würde es ihnen dann vielleicht nicht reichen. Diese vorschnelle Art, sich zu verteidigen, fand ich unmöglich, umso mehr, als es den beiden an nichts fehlte und sie, bis zum Tod meines Vaters vor einiger Zeit, ein sorgloses Leben geführt haben. Ein Jahr zuvor hatten sie sogar noch ein Auto gekauft und es bar bezahlt.«

Manipulative Menschen sind nicht gewillt, ihren Kindern oder einem bestimmten unter ihnen etwas zu leihen oder zu geben. Zeigt das, dass sie zwar über Ersparnisse verfügen, diese aber verleugnen? Wenn ein Manipulierer Ihnen etwas schenkt, wird er Ihnen ständig darlegen, wie viel ihn dieses Geschenk gekostet hat, oder er wird Ihnen seine freigebige Tat auf andere Weise in Erinnerung rufen.

David kann zwei Beispiele geben:

»Wenn mein Vater mir, was selten vorkam, ein paar Francs gab (das war das höchste der Gefühle und meistens eine Reaktion darauf, dass ich mich ›anständig‹ benommen hatte), hörte ich jedes Mal, wie hinter ihm eine Stimme rief: ›Verwöhntes Kerlchen!‹ Das war seine Frau.

> Sie hat das immer wieder gesagt, bis zu unserem letzten Treffen, bei dem ich schon 40 war.
> Mit 18 bin ich ins Ausland gegangen. Nachdem ich mehrere Monate hatte warten müssen, hat mein Vater mir ein bisschen Geld geschickt, umgerechnet etwa 150 Euro, und dazu gesagt: ›Wenn du glaubst, dass das zu viel ist, kannst du mir ja bei meinem nächsten Besuch etwas zurückgeben.‹«

Hier lässt sich mit Fug und Recht sagen, dass man von einem solchen Vater wirklich nichts geschenkt bekommt. Und wenn er etwas schenkt, ist das Geschenk nicht wertvoll, sondern gebraucht oder abgenutzt – er hat also für sich schon Nutzen daraus gezogen –, und vor allem entspricht es nicht den Wünschen und Bedürfnissen des Beschenkten.

Die Mutter von Martine gibt sich als großzügige Frau, versucht aber, ihre restriktiven Regeln durchzusetzen:

> »Nach Ansicht meiner Mutter darf man nur kaufen, was man wirklich braucht. Wenn ich ihr zeige, was ich gekauft habe, fragt sie: ›Brauchst du das denn?‹, und macht dazu ein vorwurfsvolles Gesicht. Wenn ich ihr erzähle, dass ich etwas kaufen möchte, wie etwa neue Vorhänge, entgegnet sie: ›Ich habe noch welche, die ich dir geben kann. Die habe ich nie benutzt.‹ Und dann stellt sich heraus, dass sie die Vorhänge aus meinem alten Kinderzimmer meint!«

Teure Geschenke sind selten - und hinterhältig

Die erste Unannehmlichkeit besteht darin, dass Sie ein teures Geschenk annehmen müssen, das Ihnen aufgedrängt wird. Sie haben weder darum gebeten noch damit gerechnet, in Ihren Augen ist es nicht gerechtfertigt und Sie haben auch keine Verwendung dafür. Sie stecken in den Fängen der Manipulation, denn ein so großzügiges Geschenk zurückzuweisen, fällt nicht leicht und ist äußerst unhöflich.

David gibt ein weiteres Beispiel für das Verhalten seines Vaters:

> »Mein Vater weiß, dass ich mich für Geschichte interessiere. Als handle es sich um das kostbarste Geschenk der Welt, hat er angekündigt, mir seine 40-bändige Ausgabe der Protokolle der Nürnberger Prozesse zu überlassen. Erstens habe ich keinen Platz dafür (das wüsste er, wenn er mich jemals in meiner kleinen Wohnung besucht hätte, wozu er sich aber nie herabgelassen hat), zweitens helfen mir diese Bücher in meiner Geldnot keinen Schritt weiter. Und drittens gehören sie in eine Bibliothek, wo sie der Forschung zur Verfügung stehen würden.«

Die Auswirkungen solcher Geschenke sind ganz unterschiedlich. Manche werden erst nach und nach spürbar und gehen besonders tief. Wenn Sie von einem Manipulierer ein teures Geschenk annehmen, erwartet er, dass Sie die so entstandenen Schulden doppelt und dreifach zurückzahlen, meistens durch nicht materielle Gegenleistungen.

Hinterhältige Geschenke können etwa eine Immobilie sein (wobei der manipulative Schenkende sich zum Beispiel die Nutznießung vorbehält und der Beschenkte bloßer Eigentümer wird), ein Geldgeschenk, um steuerliche Besserstellung zu erzielen, oder ein geldwerter Vorteil, wie zum Beispiel das kostenlose Wohnrecht in einer Immobilie. In diesem Fall wird der Schenkende es immer als Affront ansehen, wenn der Beschenkte auszieht, ohne dass ein Umzug über eine größere Entfernung dies rechtfertigt.

Wenn manipulative Eltern zu ihren Lebzeiten ihren Kindern eine Immobilie überschreiben, tun sie dies in der unausgesprochenen Absicht, beträchtliche Kosten auf die Kinder abzuwälzen, wie etwa für Arbeiten am Dach oder größere Klempnerarbeiten, die zur Instandhaltung der Immobilie erforderlich sind. Die Eltern müssen kein Geld ausgeben, nutzen aber die Wohnung oder das Haus weiterhin. Ein anderes hinterhältiges Geschenk besteht darin, die Studiengebühren der Kinder mit dem Zweck zu übernehmen, diese Ausgaben von der Steuer abzusetzen und so die eigene Steuerlast zu mindern. Wenn Eltern eine Wohnung besitzen, die sie ebenso gut vermieten könnten, bestehen sie oft darauf, dass eines ihrer Kinder sie nutzt. Das ist ein besonders heimtückisches Vorgehen, denn auf diesem Umweg rechtfertigen die Eltern die Kontrolle, ja die Erpressung, die sie mittels der gratis überlassenen Wohnung auf ihre erwachsenen Kinder ausüben.

Einschränkung der Freiheit gegen finanziellen Vorteil – dieser Handel kommt die Betroffenen teuer zu stehen, auch wenn er den Anschein einer fairen Abmachung hat. Falls Sie jemals vergessen sollten, in welch grenzenloser Schuld Sie bei Ihren manipulativen Eltern stehen, werden diese Sie an diese zusätzliche Verbindung erinnern. *Ich rate daher dringend, nicht auf solche Angebote Ihrer manipulativen Eltern einzugehen,* auch wenn sie noch so verlockend sind und eine nachhaltige finanzielle Erleichterung darstellen würden, die Sie sicher gut gebrauchen könnten.

Geschenke manipulativer Menschen sind niemals »umsonst«! Auch nicht, wenn sie von den eigenen Eltern kommen. Diese werden Ihnen nach ein, zwei Monaten zu verstehen geben, wie Sie Ihre Schulden begleichen sollen, manchmal aber auch schon nach wenigen Minuten. Natürlich werden diese Erwartungen nicht als erpresserische Drohungen geäußert, aber sie lösen sehr wohl das Gefühl aus, in die Falle gegangen zu sein. Der Grund hierfür liegt vermutlich darin, dass manipulative Menschen die Regeln des Zurückzahlens von Schulden gemäß des Prinzips der Gegenseitigkeit missachten. Dieses Prinzip gilt im sozialen Miteinander und findet sich in allen menschlichen Gesellschaften. Es ist Ausdruck des natürlichen Bedürfnisses, auf die eine oder andere Weise dem anderen das zurückzugeben, was er uns geschenkt hat. Einfache Beispiele hierfür sind kleine Geschenke wie die Flasche Wein oder der Blumenstrauß, den wir als Gäste zu einer Einladung zum Abendessen mitbringen. Gleichermaßen helfen wir im Haushalt, wenn wir mehrere Tage bei jemandem zu Gast sind, oder beteiligen uns finanziell, materiell, mit tatkräftiger oder emotionaler Unterstützung, je nach den Bedürfnissen des Gastgebers, im passenden Moment und gemäß den eigenen Möglichkeiten. Anders gesagt: Sie entscheiden selbst, wann und in welcher Form Sie Ihre »Schulden zurückzahlen«. Darin drückt sich das Prinzip der Gegenseitigkeit auf ganz natürliche Weise aus.

Manipulierer verkehren dieses Prinzip ins Gegenteil, vor allem Eltern mit narzisstischer Persönlichkeit, die ihren Kindern Vorwürfe machen, wenn diese verärgert sind. Nicht Sie, sondern Ihre Eltern entscheiden, wann und in welcher Form Sie ihnen das Geschenk vergüten! Und nur in den seltensten Fällen ist diese Vergütung monetärer Art. Vielmehr erwarten solche Eltern, dass Sie etwas für sie erledigen, dass sie bei Ihnen wohnen dürfen oder dass Sie ihnen laufend Bericht erstatten über Ihr Leben. Kurz: Solche Eltern werden Sie pausenlos belästigen, wie es ihnen gerade passt.

Haben Sie etwa nicht genügend Geld?

Manipulative Mütter klagen nicht nur über ihre prekären finanziellen Verhältnisse, sondern spielen noch eine weitere Karte:

Sie sprechen ihre Kinder in übertriebener oder unangemessener Weise darauf an, dass diese doch »gut bei Kasse« seien.

Wenn Ihre Mutter sich so äußert, bringt sie nicht nur eine pauschale, verachtende Haltung gegenüber Geld zum Ausdruck, sondern auch den Anspruch, auf die eine oder andere Weise von diesem »Reichtum« profitieren zu wollen (indem sie den Urlaub in Ihrem Haus verbringt, Ihr Auto nutzt oder sich von Ihnen Geld leiht, das Sie nur zum Teil wiedersehen werden, außer Sie bleiben hartnäckig und lösen sich von Ihren Schuldgefühlen).

Françoise berichtet:

> »Als wir uns einmal gestritten haben, hat meine Mutter erst meinen Vater dazu gebracht, zu sagen, dass wir jetzt doch genügend Geld hätten, und hat es dann selbst mehrmals wiederholt. Vielleicht meinte sie damit, dass wir, im Gegensatz zu ihnen, ein Haus in Frankreich besaßen (während sie selbst eines in Portugal hatten!). Sie ignorierte dabei, dass wir seit zehn Jahren am Renovieren waren und die nächsten zehn Jahre den Kredit für das Haus und die Renovierungsarbeiten abbezahlen mussten. Sie hatte auch all die Gespräche verdrängt, in denen wir ganz offen dargelegt hatten, dass wir im Alltag nur schwer zurechtkamen, obwohl wir nicht schlecht verdienten. Und wenn mein Mann ihnen entgegnete: ›In welcher Hinsicht ist eure Tochter denn reich?‹, kam von ihrer Seite keine Antwort.«

Solche Menschen wenden im Umgang mit Geld noch eine weitere Masche an: Sie lassen die anderen zahlen. Erwarten Sie also nicht, dass Ihre manipulative Mutter im Restaurant das Portemonnaie zückt, um die Rechnung zu begleichen, wenn Sie zu zweit dort sitzen. Aus Knauserigkeit und narzisstischer Selbsthochachtung erwartet sie vielmehr, dass Sie sich für die Ehre ihrer Gesellschaft, die sie Ihnen erwiesen hat, erkenntlich zeigen. Freilich geht ein erwachsenes Kind einer manipulativen Mutter in den meisten Fällen nicht »einfach so« mit dieser zum Essen. Viel eher geschieht dies aufgrund von Schuldgefühlen, aus Mitgefühl, Mitleid, Pflichtbewusstsein und einem allgemeinen Gefühl der moralischen Verpflichtung.

Eine manipulative Mutter macht nur selten Geschenke, wenn sie sich nicht unmittelbaren oder späteren Nutzen davon verspricht. Es kann auch vorkommen, dass sie sich nicht vorsorglich um die Kosten ihrer Bestattung kümmert, obwohl sie im fortgeschrittenen Alter ist und die Mittel dazu hätte. Wieder ein Kniff, um die Kinder zahlen und sich selbst die Existenz vergüten zu lassen!

Denise hat genau dies erlebt:

> »Ich war fassungslos, als ich beim Tod meines Vaters erfahren habe, dass nur für ihn ein Vorsorgevertrag für die Bestattung bestand. Als ich meine (manipulative) Mutter darauf angesprochen habe, hat sie entgegnet, dass sie mit der Bestattung meines Vaters keine Scherereien haben wollte. Aber dass sie sich um ihre eigene kümmerte, stand überhaupt nicht zur Debatte!«

Bei manchen manipulativen Müttern drückt sich das pathologische Verhältnis zum Geld noch auf andere Weise aus: *Sie betrügen.*

Solche Frauen ziehen nicht nur ihrem Partner (oder ihrem Geliebten) so viel Geld wie möglich aus der Tasche, sondern sie sind auch imstande, ihre eigenen Kinder zu betrügen. Ihre Habgier in finanzieller und materieller Hinsicht wird durch keinerlei moralische oder ethische Grenzen eingedämmt. Von Liebe gar nicht zu reden …

Milena hat in dieser Hinsicht leidvolle Erfahrungen gemacht:

»Als meine Mutter wieder geheiratet hatte und nach England gezogen war, hat sie wieder Kontakt zu mir aufgenommen. Ich habe sie und ihren zweiten Ehemann besucht, in der Nähe von London. Dort musste ich erfahren, dass sie mein Haus in Bulgarien verkauft hatte, um ihr Leben zu finanzieren! Als ich wieder zu Hause war, wurde ich krank. Drei Tage lang konnte ich kein Wort sprechen. All die Summen, die ich dorthin überwiesen hatte – für nichts. Von diesem Haus hatte ich nie wirklich etwas gehabt und auch vom Verkauf hatte ich nicht den geringsten Nutzen.«

Habgier bei Erbschaften

Eine manipulative Mutter erträgt die Vorstellung nicht, dass im Falle des Todes ihres Mannes den gemeinsamen Kindern oder den Kindern ihres Mannes aus vorherigen Beziehungen ein gesetzlicher Anteil zusteht.

Françoise musste das erleben:

»Nach dem Tod meines Vaters habe ich meine Geschwister vier Monate lang zu überzeugen versucht, zugunsten unserer Mutter auf unser Erbteil (Geld und Immobilien) zu verzichten. Dabei war mir nicht bewusst, dass ich unter dem Einfluss ihres manipulativen Verhaltens genau das tat, was sie von mir wollte! Jeden Tag war ich dieser Manipulation ausgesetzt, die noch hinterhältiger und boshafter war als alles, was ich bis dahin von ihr erlebt hatte. Es ging nur um wenige Immobilien, daher habe ich – trotz eindeutiger Gesetzeslage – darauf verzichtet, meinen Anspruch geltend zu machen, um nicht noch mehr Energie aufbringen zu müssen. Doch was die Barmittel angeht, habe ich mich entschieden, alles daranzusetzen, um den mir zustehenden Teil zu bekommen. Davon habe ich mich auch nicht abbringen lassen, als ich meiner Mutter davon erzählt habe und sie mir klagend vorhielt: ›Das ist mein Geld! Es wird dir Unglück bringen!‹ Diesen Prophezeiungen ließ sie Bemerkungen folgen, in denen sie meinen Geschwistern (die auch unter ihrem manipulativen Verhalten leiden) die Schuld zuwies und sie herabsetzte.«

Marion hat ähnliche Erfahrungen gemacht:

»Ich habe immer von einem eigenen Haus in Athen geträumt, meinem Geburtsort. Ich lebe in Frankreich. Dieser Wunsch wurde zu einem konkreten Bedürfnis, als mein Vater gestorben war und meine Mutter und mein Bruder (beide manipulative Persönlichkeiten!) mich aus dem Kreis der Familie ausgeschlossen hatten, um mich um mein Erbe zu bringen. Weil sie mir den Zutritt zum Elternhaus verwehrten, fühlte ich mich in meinem eigenen Land wie eine Fremde. Schließlich konnte ich in dem Hafenstädtchen Rafina in der Nähe von Athen eine kleine, gemütliche Wohnung kaufen, die direkt am Meer lag. Ich war stolz auf diesen Kauf, der nicht leicht für mich war, weil ich dazu einen Kredit hatte aufnehmen müssen. Im Sommer danach haben meine Mutter und mein Bruder mir angeboten, sich während der Ferien um meinen Sohn zu kümmern. Ihr Argument lautete, dass er dann

> mit seinen Cousins zusammen sein könnte, die im selben Alter waren. In meiner grenzenlosen Naivität habe ich mir eingeredet, es würde unserem zerrütteten Verhältnis guttun, wenn ich sie für ein paar Tage in meine Wohnung einladen würde. Als sie mir ihren Vorschlag unterbreiteten, wussten sie nicht, dass ich eine Wohnung an der Küste gekauft hatte und dass sie, um mit den Kindern zusammen sein zu können, etwas anderes hätten mieten müssen. Es endete damit, dass sie die ganzen Ferien bei mir verbracht haben, ohne jemals eine andere, größere Wohnung zu suchen. Sie haben meinen achtjährigen Sohn ein paarmal zur Strafe für zwei Stunden in ein Zimmer gesperrt, wobei meine Mutter behauptete, die Wohnung gehöre ihr und ich hätte sie mit ihrem Geld gekauft.«

Ich denke, Sie haben erkannt, dass das schwierige Verhalten in Geldangelegenheiten nicht nur dazu beiträgt, die Beziehung zwischen Eltern und Kindern zu zerstören. Die Kinder glauben auch selbst, sie seien nichts wert. Im folgenden Kapitel werden wir weitere Strategien der Herabwürdigung kennenlernen, die ebenso hinterhältig, aber noch befremdlicher sind.

Absurde Aussagen und abwegiges Verhalten

Manche Kinder verstehen schon im Alter von sieben Jahren oder sogar noch früher in aller Deutlichkeit, dass ihr Vater oder ihre Mutter nicht »normal« ist. Bei anderen dauert es dagegen 40 oder 50 Jahre, bis der Groschen fällt ... Wie bereits mehrfach erwähnt, ist es keine Frage der Intelligenz, ob man die Machenschaften eines Manipulierers erkennt, sondern des kritischen und selbstständigen Denkens, das es uns ermöglicht, uns unabhängig von den Ansichten der anderen eine eigene Meinung zu bilden.

Absurde Aussagen

Das Kommunikationsverhalten eines manipulativen Menschen ist von abwegigen Äußerungen geprägt, von Paradoxien, von abenteuerlichen gedanklichen Konstrukten und mehr oder weniger verschleierter Gewalt. Im Kapitel »Die Kunst, das zu zerstören, was glücklich macht« habe ich bereits von besonders herabwürdigenden Aussagen gesprochen, den »vernichtenden Sätzen«.

Absurde Aussagen und abwegiges Verhalten – gleichfalls kennzeichnend für Manipulierer – sind durch und durch irrational. Narzissten haben keine Hemmungen, Dummheiten mit einer Überzeugung und Selbstsicherheit zu äußern, als seien sie allgemeingültige Wahrheiten, die keinen Widerspruch erlauben.

Im Folgenden möchte ich einige Beispielsätze anführen, die den Betroffenen besonders deutlich im Gedächtnis geblieben sind. Sie stammen aus Berichten von Kindern manipulativer Eltern, von denen einige in sadistischer Weise charakterlich gestört sind. Äußerungen derselben Person sind jeweils in einem Absatz zusammengefasst.

»Du hast mich noch nie respektiert. Aber warte nur ab, eines Tages wirst du dafür bezahlen. Und zwar mit deinen Kindern.« (Eine Mutter zu ihrer Tochter, als diese selbst noch ein Kind ist.)
»Du wirst niemals anständige Leute kennenlernen.«
»Halt den Mund! Du weißt nicht, was du da redest. Wie immer!«
»Du willst mich herumkommandieren. Aber das wird dir nicht gelingen.«

»Ja, ich habe ja nie etwas getan, was gut für dich war. Ich war dir ja immer eine schlechte Mutter!«
»Du bist schuld am Tod deines Vaters.«

»Mit dir habe ich es immer am schwersten gehabt.« (Eine Mutter zu ihrer 15-jährigen Tochter, wie aus heiterem Himmel, ohne irgendeinen Anlass, als sie das Haus verlässt.) Diese Mutter ließ ihre Tochter im Wald einen Zweig eines Haselnussstrauchs auswählen, aus dem sie dann eine Gerte fertigte, um sie zu schlagen.
Nach dem Tod des Großvaters musste dessen Pistole bei der Polizei abgegeben werden. Als die Tochter ihre Eltern

fragte, ob das geschehen sei, antwortete der Vater: »Pass gut auf: Wenn es dir mal nicht gut geht, dann schau ins Dienstbotenzimmer. Dort wartet sie auf dich auf dem Nachtkästchen!« (Die Tochter war zu diesem Zeitpunkt eine verheiratete Frau über 50 und wohnte längst nicht mehr bei ihren Eltern.)

»Mit Geld kannst du dir alles kaufen!«
»Wenn die Armen sterben, ist das nicht so schlimm. Sie haben kein Geld, also haben sie nichts zu verlieren.«
»Freunde sind zu überhaupt nichts nutze.«

»Ich habe doppelte Macht über meinen ältesten Enkel: Er ist mein Enkel, und du bist meine Tochter.«

Als eine ihrer Töchter (fünf Jahre alt) ihr sagt, sie solle den verrückten Vater verlassen (Vater und Mutter sind *beide* charakterlich gestört), antwortet die Mutter: »Aber niemals, meine Süßen! Ich muss doch wegen euch bei ihm bleiben!«
»Ich war immer die perfekte Mutter für euch! Ich habe mir nichts vorzuwerfen.«
»Ich gebe alles aus, damit für euch nichts übrig bleibt!«

»Keine langen Haare. Das ist schmuddelig.«
»Es ist überhaupt keine Frage, was für ein Gymnasium du besuchst. Du gehst auf ein naturwissenschaftliches. Und da wirst du auf die Schnauze fallen.«
»Ab sofort kommst du nicht mehr in unser Ferienhaus. Es ist ja nicht mehr zu übersehen, dass du von dem Spaghettifresser schwanger bist.« (Mit Bezug auf den italienischen Freund der Tochter.)

»Du kümmerst dich viel zu viel um deine Töchter!«
»Die Leukämie habe ich wegen dir bekommen. Warum hängt ihr mir nur alle eine Krebserkrankung an?«

Eine Mutter, die auf einen Jungen gehofft hatte, bei der Geburt ihrer Tochter: »Die will ich nicht!«
»Du bist am 31. März um 23:55 Uhr auf die Welt gekommen, deshalb habe ich noch das niedrigere Geburtsgeld bekommen. Das ist nämlich am 1. April erhöht worden. Du warst immer eine blöde Kuh und schon damals eine Giftspritze.«
Die Mutter nannte ihre Tochter »Giftspritze« oder »Gisèle«. Gisèle war der Name eines Schweins in einem Kinderbuch. Die Mutter verwendete diesen Vornamen anstelle des richtigen Vornamens; diesen hatte der Gynäkologe vorgeschlagen, weil die Eltern sich keinen Mädchennamen überlegt hatten. Anne, wie sie in Wirklichkeit heißt, berichtet:
»Als ich 1994 in die Schweiz ziehen wollte, musste ich meine Geburtsurkunde vorlegen. Ich war nicht wenig überrascht, als ich sah, dass ich um elf Uhr vormittags auf die Welt gekommen war. Meine Mutter hatte mich mein ganzes Leben lang belogen. Ich habe daraufhin meine Tante (die Schwester meines Vaters) gefragt, ob sie von der Sache mit dem Geburtsgeld wusste. Auch das war gelogen! Eine andere Tante hatte das erlebt und meine Mutter hatte die Geschichte einfach übernommen! Weil meine Eltern sich früh und auf sehr unschöne Weise getrennt haben, kannte ich immer nur die Version meiner Mutter.«

»Komisch, dass ausgerechnet deine Schwester sich umgebracht hat. Ich hätte eher gedacht, du machst so was.«

(Eine Mutter in lockerem Ton zu ihrer Tochter, kurz nach dem Selbstmord der anderen Tochter, als die Familie gerade zur Beerdigung aufbricht.)

Viele dieser Äußerungen treffen den Angesprochenen in seinem Selbstverständnis. Innerhalb weniger Sekunden stehen diese zerstörerischen Worte im Raum und prägen sich unauslöschlich ein.

Als Denis als junger Erwachsener an einer Depression litt, schleuderte seine Mutter ihm entgegen: »Du bist ein Scheusal.« Das hat ihn sein Leben lang verfolgt, trotz aller Bemühungen, dieser Aussage ihre Bedeutung abzusprechen. Er wusste, dass dieses vernichtende Urteil jeder Grundlage entbehrte. Dennoch konnte er sich damals noch nicht klarmachen, dass nicht er die Ursache des Problems war.

Deshalb begeben sich viele Betroffene in Therapie, um ihr Überleben zu sichern. Solche Aussagen haben die Kraft zu töten. Wenn man sich von ihrem Einfluss befreien will, muss man meiner Überzeugung nach zunächst herausfinden, *wer* von den Beteiligten sich pathologisch verhält, und sich dann fest vornehmen, diesen Leuten keinen Glauben mehr zu schenken. Und seien es die eigenen Eltern. Dann kann man erkennen, dass man selbst in keiner Weise Verantwortung trägt.

Lügen, Auslassungen, Geheimniskrämerei und Gerüchte

Aus Gründen, die dem Umfeld schleierhaft bleiben, lügen Manipulierer, halten sie Informationen zurück, auf die andere ein Anrecht haben, oder geben sich geheimniskrämerisch. Meinen Beobachtungen zufolge ermöglicht ihnen diese Taktik, gegenüber unterschiedlichen Menschen unterschiedliche Aussagen zu treffen, was ihnen wiederum erleichtert, die anderen zu manipulieren.

Oftmals ist es verstörend, wie unreif solche erwachsenen Menschen sind, während sie selbst von sich behaupten, »große Verantwortung« zu tragen. Wenn man die Leute in ihrem Umfeld befragt und diese bereitwillig Auskunft geben, erfährt man, dass die Dinge bei Weitem nicht so liegen, wie die narzisstische Person es darstellt.

Das Lügen könnte seinen Grund darin haben, dass Manipulierer versuchen, sich gleichzeitig als großzügig und hilfsbereit und als beklagenswerte Opfer darzustellen.

Im folgenden Fall schildert Fabienne, wie ihre Mutter gezielt familienfremde Menschen belügt, auch auf das Risiko hin, dass diese glauben, ihr Sohn und ihre Schwiegertochter behandelten sie (die Mutter) respektlos:

> »Meine Mutter fährt sehr häufig zu meinem Bruder und seiner Frau, um auf die beiden kleinen Kinder aufzupassen. Es ist schon eine Meisterleistung, wie sie sich als unverzichtbar hinstellt – schließlich hat mein Bruder ein Au-pair-Mädchen, das den ganzen Tag im Haus ist. Dennoch sind er und seine Frau überzeugt, dass meine Mutter gern zu ihnen kommt und dass eine Großmutter für Kinder eine Bereicherung ist. (Für sich genommen stimmt das natürlich, aber es hängt alles von der Großmutter ab; sie kann nämlich genauso gut das Klima vergiften.) Daher akzeptieren sie es, wenn sie so oft zu ihnen kommt.
>
> In ihrem Umfeld dagegen (bei ihrer Schwester, ihren Bekannten und ihren andern Kindern) beschwert sich meine Mutter und behauptet, dass sie die Besuche leid ist, aber

dass mein Bruder und seine Frau ›schlecht organisiert‹ sind und sie ›andauernd bitten, ihnen zu helfen‹! Dann lässt sie sich unwirsch über die ›Schamlosigkeit‹ der beiden aus, die ›eigentlich allein zurechtkommen müssten, ohne ständig nach der Großmutter zu rufen‹. Als meine Schwägerin eines Tages davon gehört hat, war sie völlig entsetzt und hat aufgebracht und mit hochrotem Gesicht zu mir gesagt: ›Aber wir brauchen sie doch überhaupt nicht! Wir machen das nur wegen ihr!‹
Aber da war es schon zu spät, das Gerücht war schon im Umlauf. Meine Schwägerin stünde ziemlich dumm da, wenn sie jetzt sämtliche Leute anrufen würde, die die Klagen meiner Mutter gehört haben, um die Sache richtigzustellen.«

Manipulative Menschen lügen häufig (während einer Scheidung sind es meistens die Männer), um sich selbst als Opfer darzustellen. Sie erfinden einen persönlichen Leidensweg oder schmücken die unbedeutende Wirklichkeit nach Belieben aus, um Aufmerksamkeit und Mitgefühl zu erregen.

Florence hat solches Verhalten häufig erlebt, doch eine dieser Lügengeschichten hat sie als Kind besonders verstört:

»Meine Mutter ist autoritär, psychisch und physisch gewalttätig, sehr verschlossen und hartherzig. Und sie lügt häufig. Einmal hat sie behauptet, sie sei als Kind sexuell belästigt worden, aber später hat sie das wieder abgestritten. Seitdem weiß ich nicht mehr, was ich glauben soll.«

Eine gravierende Folge dieser Selbstdarstellung als Opfer sind die damit verbundenen Anschuldigungen gegen andere. Dabei handelt es sich um nichts weniger als Diffamierung. Doch was behauptet wird, ist nie passiert! Aber wer kann das schon ahnen? Leider weiß der Beschuldigte meist nicht, wessen er genau angeklagt oder verdächtigt wird. In der Regel hat er nicht die geringste Ahnung von den Gerüchten, die über ihn verbreitet werden. Denn einerseits wirkt der Manipulierer glaubwürdig und spricht in vertraulichem oder komplizenhaftem Ton, damit sein Gegenüber nicht auf die Idee kommt, die beschuldigte Person umgehend mit den Vorwürfen zu konfrontieren, um diese zu überprüfen. Andererseits pickt sich der Narzisst Versatzstücke aus der Wirklichkeit heraus und fügt Details wie etwa einen Wortwechsel hinzu, der niemals stattgefunden hat. Wer kommt auch schon auf die Idee, solche Details könnten die Auswüchse einer überbordenden Fantasie sein? Und vor allem: Weshalb sollte sich jemand so etwas ausdenken?

Manipulierer haben keinerlei Skrupel, die moralischen Überzeugungen anderer in ein schlechtes Licht zu rücken, auch nicht die von Mitgliedern der eigenen Familie. So wie bei Luce, die mit 26 von einer ihrer Schwestern Entsetzliches erfahren musste: Ihre Mutter hatte ihren Exmann schwerwiegend in Verruf gebracht, indem sie ihren beiden älteren Töchtern gegenüber jahrelang behauptete, er habe Luce als Kind missbraucht. Luce war fassungslos angesichts dieser Behauptung, zumal sich ihr Vater, anders als ihre Mutter, immer liebevoll und verantwortungsbewusst gezeigt hatte.

Lügen können aber auch einem anderen Zweck dienen. Manchmal sollen sie den Eindruck ungewöhnlicher materieller Großzügigkeit erwecken, wie etwa Davids Vater es beabsichtigte:

»Als ich 18 war und schon studierte, habe ich ihm einmal vorgeworfen, dass er mich finanziell nicht unterstützte. Daraufhin hat er behauptet, er habe für mich einen Bau-

> sparvertrag abgeschlossen, wie um mir das Gefühl zu geben, mein Vorwurf sei völlig unangebracht. Dabei stimmte das überhaupt nicht!«

In Verbindung mit der Neigung, aus dem Besitz der anderen Nutzen zu ziehen, verhindert der pathologische Geiz manipulativer Eltern, dass sie wirklich großzügig sind. Allerdings sind sie sehr geschickt darin, sich so darzustellen. Und oft kommt ihr Geheimnis erst nach Jahrzehnten ans Licht – durch eine unachtsame Äußerung, durch Berichte von Beteiligten, beim Tod der manipulativen Person oder wenn jemand aktiv und gezielt nach der Wahrheit sucht.

Nathalie erzählt, wie sie etwas Verblüffendes erfahren hat:

> »Während eines Gesprächs mit meiner Cousine habe ich nebenbei erfahren, dass ihre Eltern meinen dabei halfen, Geld zu waschen, das aus den Einnahmen ihres Partyservice stammte. Meine Eltern haben dagegen immer so getan, als seien sie besonders großzügig, weil sie den Eltern meiner Cousine Nahrungsmittel überließen (die sie nicht verkauft hatten).«

Größtmögliche Geheimhaltung

Manipulative Menschen bemühen sich immer um größtmögliche Geheimhaltung, selbst wenn es um Dinge geht, denen keine besondere Bedeutung zukommt. Größere Anschaffungen, wie etwa eine Wohnung oder ein Auto, verschweigen sie. Haben sie Angst, die anderen könnten neidisch werden, so wie sie selbst oft extrem neidisch sind? Gründet diese »Paranoia« in der Angst, eine solche Zurschaustellung der eigenen Finanzkraft könnte viele Bitten zur Folge haben und die Kinder dazu bringen, daraus Nutzen ziehen zu wollen? Wie die Dinge auch liegen – könnten wir vielleicht vermuten, dass Manipulierer sich bedroht fühlen oder den Verlust von Macht und Kontrolle fürchten, wenn sie sich freigebig und aufrichtig zeigen? Ich meine, dieser Verdacht ist berechtigt.

Beide Elternteile von Françoise sind narzisstische Persönlichkeiten:

> »Meine Eltern waren jeden Tag am späten Nachmittag mit unseren Kindern bei uns zu Hause und hatten dort häufiger mit meinem Mann zu tun als mit mir. Schon seit einigen Jahren legte mein Mann meinem Vater nahe, er solle sich ein neues Auto mit Servolenkung kaufen, das leichter zu steuern und nicht so schwer wäre wie sein alter Ford. Mein Vater wollte davon nichts wissen, und irgendwann sprach mein Mann nicht mehr davon. Eines Tages erzählte uns mein Bruder, dass mein Vater sich ein neues Auto kaufen wollte. Zwei Tage später stand der neue Wagen vor der Tür. Mein Vater hatte meinem Mann gegenüber den Kauf nicht mit einer Silbe erwähnt! Mein Mann hat es meinem Vater sehr übel genommen, dass er ihm nichts davon gesagt hat, obwohl sie sich jeden Tag gesehen haben. Auf meine Frage, warum er das Auto so schnell gekauft hatte (und dabei wahrscheinlich nicht gut verhandelt hatte), entgegnete mein Vater nur: ›Es ist unser Geld, und wir machen damit, was wir wollen!‹«

Heute hat Françoise für dieses Verhalten folgende Erklärung (die ich teile):

> »Ihre ganze Geheimniskrämerei erwächst aus Neid und aus Eifersucht auf unser Leben und unser Geld, auf die Entwicklung unserer Vorhaben und das Glück unserer

Ehe. Für mich war es lange Zeit unvorstellbar, dass Eltern auf ihre Kinder neidisch sein könnten. Ich habe immer geglaubt, Eltern müssten stolz auf ihre Kinder sein.«

Häufig kommt es auch vor, dass manipulative Eltern Informationen aus dem Familienkreis unter den Tisch fallen lassen. Auch hierfür kann Françoise ein Beispiel geben:

»Das Letzte, was sie uns auf so verletzende Weise verschwiegen haben, war der Tod meines Onkels. Ich habe davon nur durch Zufall erfahren – auf Facebook!«

Denis dagegen stellte eines Tages fest, dass er mit 15 Jahren angefangen hatte, seiner Mutter heimlich beim Telefonieren zuzuhören, weil sie ihn nicht darüber auf dem Laufenden hielt, was in der Familie passierte. So sagte sie ihm zum Beispiel nicht, wenn seine Tante und seine Cousins, die er sehr gern mochte, zu Besuch kamen. Im Lauf der Zeit informierte sie ihn immer weniger über ihr Tun und Lassen, selbst wenn er wissen musste, ob sie ihn mit dem Auto von der Bushaltestelle würde abholen können. Heute, als Erwachsener, interessiert er sich über das hinaus, was sie von sich aus erzählt, nicht mehr für sie.

Reine Erfindungen

Manipulative Menschen erfinden Teile der Geschichten, die sie erzählen, vollkommen neu. Unser Alltagsleben ist in den meisten Fällen weder besonders glanzvoll noch prestigeträchtig. Das ist es heute nicht, und in der Vergangenheit war es das auch nicht. Das stört Manipulierer – Frauen wie Männer – jedoch wenig. Sie basteln sich ihr Leben ganz nach eigenem Gusto zurecht. Sie denken sich eine Abstammung aus, eine Vergangenheit, heldenhafte Taten, Universitätsabschlüsse, Titel …

Tatiana kann das an ihrem Vater beobachten:

> »Mein Vater war immer stolz auf seine russische Abstammung. Dabei stammen seine Eltern aus der Ukraine! Das führte bei ihm lange Zeit zu widersprüchlichen Aussagen.«

Doch Vorsicht: Wir haben es hier nicht mit pathologischem Lügen zu tun. Pathologische Lügner sagen die Unwahrheit, um sich eine neue Identität zu verschaffen. Narzissten dagegen erfinden immer nur gezielt bestimmte Details, um sich mit Dingen zu schmücken, die nie geschehen sind. In beiden Fällen verfolgt der Lügner das Ziel, ein positives Bild abzugeben, das aber eben nichts mit der Wirklichkeit zu tun hat.

Zwischen einem Narzissten (der leichthin lügt) und einem pathologischen Lügner gibt es mehrere feine Unterschiede. Ich will in diesem Buch nicht mit psychiatrischem Blick auf Einzelheiten eingehen, aber ich möchte zumindest, dass Sie verstehen, dass ein pathologischer Lügner nicht das Ziel verfolgt, den anderen herabzusetzen. Er verhält sich »narzisstisch« um seiner selbst willen. Gleichwohl hat diese Verlogenheit für die engere Familie manchmal verheerende Folgen. Der pathologische Lügner verankert seine Persönlichkeit einzig und allein in zahlreichen Unwahrheiten, die sich gegenseitig stützen. Dieses Konstrukt der eigenen Persönlichkeit ist für den pathologischen Lügner lebensnotwendig. Im Gegensatz dazu setzt der Manipulierer die anderen herab, kritisiert sie und erschüttert ihr Vertrauen, um sein Ego zu stärken. Dieser Unterschied wird durch einen zweiten ergänzt: Die abwegigen Äußerungen manipulativer Persönlichkeiten erweisen sich, von einer Stunde auf die andere oder von einem Tag auf den anderen, als so zusammenhanglos, dass die Zuhörer die Unwahrheiten oft erkennen oder zumindest erahnen.

Bei Äußerungen über die Vergangenheit lässt sich schwer überprüfen, ob sie der Wahrheit entsprechen. Und meist wirkt ein manipulativer Mensch so überzeugend, dass Sie gar nicht auf die Idee kommen, das alles könnte nur erfunden sein. Erst wenn Sie die Verästelungen des Gesamtbildes überblicken, das er abgibt, werden Sie misstrauisch. Und zwar bei jeder Äußerung, egal, welches Gewicht sie hat oder worauf sie sich bezieht. Der traurige Höhepunkt ist erreicht, wenn ein Manipulierer seiner Familie, der er doch den ehrlichsten Einblick in sein Leben gewähren sollte, Lügengeschichten auftischt.

Doch auch wenn Sie einem Narzissten beweisen können, dass er die Unwahrheit sagt oder sich die Wahrheit »zurechtrückt«, wird er das niemals eingestehen, sondern Sie wegen dieser »Vorwürfe« vehement und nachdrücklich angreifen. Ihre kritischen Beobachtungen rufen bei ihm heftige Aggressionen hervor. Er wird Sie beschuldigen, ihm nicht zu vertrauen und ihm absichtlich aggressiv zu begegnen, und er wird versuchen, Sie zu provozieren, etwa mit den Worten: »Na los, sag mir doch ins Gesicht, dass ich lüge!«

Für einen manipulativen Menschen hat die Wahrheit nur wenig Bedeutung. Ihm geht es einzig und allein um das Bild, das er nach außen abgibt, und um sein positives, ja idealisiertes Selbstbild. Wenn Sie ehrlich bleiben, kann das zu einem tief greifenden und heftigen Aufeinanderprallen von Werten und Wertordnungen führen.

Daher rate ich Ihnen, Lügen nicht sofort aufzudecken, falls es nicht um Grundlegendes in Ihrem Leben geht oder das Ansehen eines Menschen auf dem Spiel steht, der Ihnen am Herzen liegt. Aus den genannten Gründen wäre ein solches Handeln sinnlos. Sorgen Sie lieber dafür, dass die Menschen in Ihrem Umfeld so schnell wie möglich die Wahrheit erfahren. Durch dieses mutige Vorgehen werden Sie wieder mit sich selbst ins

Reine kommen, weil Sie Ihre eigenen Werte respektieren. Außer freilich, die Lügen stören Sie nicht weiter …

Sie können in vertraulichen Gesprächen der Wahrheit wieder zu ihrem Recht verhelfen, sei es auf ernsthafte Weise, mit Humor oder mit Ironie. Die Menschen in Ihrem Umfeld müssen die Wahrheit kennen, damit sie ihren kritischen Blick schärfen und sich gegen Manipulationen durch Ihren Elternteil wappnen können. Halten Sie sich stets vor Augen: Wenn Sie nichts von dem, was Ihr manipulativer Elternteil behauptet, jemals bestreiten, auch nicht im Nachhinein, wird Ihr Umfeld, auch der erweiterte Familienkreis, nie Verdacht schöpfen. Der Manipulierer weiß, wie er es anstellen muss, um überzeugend zu wirken, denn man geht ja davon aus, dass er selbst glaubt, was er sagt. Jedenfalls in dem Moment, in dem er es sagt.

Aber Sie können andere überzeugen! Sie sind umso glaubwürdiger, als Sie das Kind desjenigen sind, der lügt. Zum einen können Sie seit vielen Jahren sein Leben aus nächster Nähe beobachten, zum anderen gehen wir normalerweise davon aus, dass Kinder gegenüber ihren Eltern von Natur aus loyal sind, und halten es noch immer mit dem Sprichwort »Wie der Vater, so der Sohn«. Wenn Sie nun deutlich machen, dass Sie diesem Elternteil nicht ähnlich sind, hat das umso mehr Bedeutung, weil Sie sich klar abgrenzen und zeigen, dass Sie andere Werte vertreten.

Abwegiges Verhalten

Manipulative Menschen treffen nicht nur vernichtende und abwertende Aussagen (und solche, die geradewegs absurd oder gelogen sind), sondern sie verhalten sich auch auf abwegige Weise. Darin zeigt sich das ganze Ausmaß ihrer pathologischen Verfassung.

Als wären Sie gar nicht da

Vielleicht haben Sie auch schon einmal die befremdliche Erfahrung gemacht, dass Ihre Gegenwart Ihren manipulativen Elternteil überhaupt nicht zu berühren scheint (auch wenn Sie sich bei einem Familienfest begegnen). Er nimmt dabei nicht nur keine Rücksicht auf Ihre Bedürfnisse, die er ja doch seit langer Zeit kennen sollte, sondern er verhält sich einfach so, als wären Sie gar nicht da!

Denis berichtet:

> »Als ich für ein paar Tage bei meiner Mutter zu Besuch war, klingelte das Telefon. Ich war gerade in einem anderen Zimmer. Meine Mutter nahm ab und ich bekam Teile des Gesprächs mit. Die Anruferin war eine frühere Kommilitonin von mir. Meine Mutter wimmelte sie ab, berichtete ihr aber gleichzeitig von mir. Dabei erzählte sie Dinge, die nicht ganz richtig waren, aber ihrem Ego guttaten. Das betraf zum Beispiel die Qualifikationsebene, mit der ich die Aufnahmeprüfung für den öffentlichen Dienst bestanden hatte. Die ehemalige Kommilitonin hatte früher große persönliche Probleme gehabt, und nachdem ich ihr jahrelang am Telefon geduldig zugehört hatte, hatte ich mich dafür entschieden, ihr meine neuen Kontaktdaten nicht mitzuteilen. Deshalb rief sie jetzt meine Mutter an. Meine Mutter wusste nicht, dass ich den Kontakt zu ihr abgebrochen hatte. Aber sie hat sie einfach abgewimmelt, ohne mich zu rufen! Wahrscheinlich hat sie so getan, als wäre ich nicht bei ihr. Sie hat mir nie von diesem Anruf erzählt, weder während meines Aufenthalts noch später. Ich war es, der sie später einmal darauf angesprochen hat.«

Ein solches Verhalten kann in der Eifersucht begründet sein, die die Mutter verspürt, wenn sie erlebt, wie ihr Sohn bei anderen Wertschätzung genießt. Durch dieses Vorgehen isoliert sie ihn von seinen Freunden und kontrolliert die Freundschaftsbeziehung. Dabei erzählt sie Dinge, die ihr eigenes Ansehen heben, und behauptet sogar, er sei nicht zu Hause. Wie häufig hat Ihre manipulative Mutter wohl an Ihrer Stelle das Telefon abgenommen und behauptet, Sie könnten gerade nicht sprechen, damit die anderen sich längerfristig von Ihnen zurückziehen?

Lyna berichtet von der ersten Begegnung mit ihren späteren Schwiegereltern:

> »Als ich 20 war, hat mein Freund Yvan, der damals 21 war, mich zu sich eingeladen, um mich seinen Eltern vorzustellen. Als wir eintrafen, war seine Mutter an der Tür. Sie hat mich nicht angelächelt, keine Willkommensgeste gezeigt und außer ›Hallo‹ auch nichts gesagt. Sein Vater saß mit dem Rücken zu uns in einem Sessel und sah fern. Er hat sich nicht einmal umgedreht, sondern mich komplett ignoriert! Yvan hat mich hereingebeten und mich mit einer Geste aufgefordert, ihm nach oben in sein Zimmer zu folgen, wo wir bis zum Abendessen warten wollten. Als wir zur Treppe gingen, hörte ich, wie seine Mutter nebenher sagte: ›So groß wie die andere war, so klein ist die jetzt.‹ Weder Yvan noch ich wagten, etwas zu entgegnen. Das Abendessen schien kein Ende nehmen zu wollen. Der Fernseher lief, und ich saß als Einzige mit dem Rücken zum Bildschirm. Vor mir saß eine Familie (Vater, Mutter und zwei Söhne) beim Essen, in der kein einziges Wort gesprochen wurde. Sie sprachen weder miteinander noch mit mir. Yvan fiel das überhaupt nicht auf.«

Manipulative Menschen tun, was ihnen passt

Darüber hinaus ignorieren manipulative Menschen häufig die Informationen und Hinweise von anderen, die klar verständlich und eindeutig waren.

Denis erzählt:

> »Wenn ich höre, wie meine Mutter die Wahrheit verdreht, rufe ich aus dem Zimmer, in dem ich gerade bin, dazwischen, um die Dinge richtigzustellen, aber sie tut immer so, als höre sie mich nicht.«

Tatiana schildert, wie ihr manipulativer Vater die Rechte seiner Frau missachtet:

> »Als ich klein war, haben wir immer am selben Ort in den Bergen Urlaub gemacht. Irgendwann hat mein Vater verkündet, er habe keine Lust mehr, sein Geld für ein Hotel auszugeben, und beschlossen, ein Ferienhaus zu kaufen. Daraufhin hat meine Mutter ihm ein paar Orte in der Nähe von La Rochelle im Département Charente-Maritime vorgeschlagen. Eines Tages ist er einfach losgefahren, und als er in einem Café im Département Vienne (140 Kilometer entfernt von Charente-Maritime) mit ein paar Leuten gesprochen hat, hat er einen Notar kennengelernt, der ihm ein Haus angeboten hat. Es war ziemlich abgelegen und mein Vater hat nie ein Auto besessen, aber er hat dieses Haus gekauft, das keinerlei Komfort hat und 17 Kilometer vom nächsten Bahnhof entfernt liegt. Der nächste Ort mit Geschäften und einem Supermarkt liegt sechs Kilometer entfernt. Mein Vater hat dieses Haus gekauft, ohne mit meiner Mutter darüber zu sprechen, obwohl sie Gütergemeinschaft vereinbart hatten.«

Tatiana gibt noch ein weiteres Beispiel für seltsames Verhalten:

»Manchmal ging mein Vater im Supermarkt um die Ecke einkaufen. Vorher fragte er meine Mutter, was wir brauchten. Aber er kam *jedes Mal* mit anderen Sachen zurück! Wenn meine Mutter gesagt hatte, er solle Zucker und Nudeln mitbringen, kam er mit Mehl und Reis wieder. Einmal hat er einen 5-Kilo-Sack Reis mitgebracht (dabei waren wir nur zu viert in der Familie) und einmal 30 Steaks, weil die gerade im Angebot waren. Eine Woche lang gab es mittags und abends nur Steaks!«

Die Mutter von Denis dagegen bringt schlechtes Erinnerungsvermögen vor, um ihren Willen durchzusetzen:

»Sie gibt sich enttäuscht, wenn wir sie besuchen und erst nach der Essenszeit kommen. Einmal hatten wir angekündigt, dass wir um 14 Uhr kommen würden. Ohne uns zu fragen, ob wir schon gegessen hätten, hat sie uns eine Mahlzeit zubereitet. Als wir ihr sagten, dass wir schon gegessen hätten, entgegnete sie, das hätte sie vergessen. Dann hat sie uns ein dermaßen schlechtes Gewissen gemacht, dass mein Freund sich an den Tisch gesetzt hat. Dabei essen wir in unserer Familie um zwölf Uhr zu Mittag, oft sogar schon um halb zwölf.
Oft macht sie uns auch ein schlechtes Gewissen, wenn wir eine weite Anreise mit dem Auto haben und zu spät kommen. Dann ist das Essen verkocht, und wir sind ›schuld‹, obwohl wir sie von unserer Verspätung unterrichtet haben, sobald diese abzusehen war, und sie laufend per SMS darüber informiert haben, wo wir gerade sind.«

Dinge, die nie geschehen sind

Narzissten verhalten sich, als stünden die Ereignisse in keinem Zusammenhang miteinander und als hätten sie weder Ursachen noch Folgen. Sie streiten sogar Dinge ab, die eben geschehen sind, und Aussagen, die sie eben getroffen haben.

Manipulierer negieren nicht nur Ereignisse und Tatsachen, die ihre Person nicht aufwerten, sondern es gelingt ihnen auch, uns davon zu überzeugen, dass diese Dinge nie geschehen sind, obwohl wir sie selbst miterlebt haben oder sogar beteiligt waren. Ihr Verhalten lässt darauf schließen, dass sie selbst an die Behauptungen glauben, die sie vehement und mit Überzeugung vertreten. Deshalb zweifeln wir auch irgendwann an unserer eigenen Wahrnehmung. *Ein Narzisst dagegen zweifelt niemals an sich!* Für mich ist dies ein hervorstechendes Merkmal der narzisstischen Pathologie.

Françoise kann davon berichten:

> »Nach einem Streit mit meiner Mutter hat mein Vater mich vor den Augen meiner Mutter und meiner Schwester (die ebenfalls eine manipulative Persönlichkeit hat) körperlich angegriffen. Als ich später darauf zu sprechen kam, haben alle drei den Vorfall kategorisch abgestritten. Sie sagten, ich hätte das alles nur erfunden und sei ja ohnehin ›nicht ganz richtig im Kopf‹ (als Beweis dafür diente ihnen, dass ich ein Antidepressivum nahm und in Psychotherapie war). Allerdings hatte mein damals fünfjähriger Sohn das Geschehen beobachtet, ohne dass ich es mitbekommen hatte. Er half mir später, nach einem Blackout, mich an das zu erinnern, was passiert war. Dadurch konnte ich wieder Selbstvertrauen gewinnen und mich vergewissern, dass diese Szene sich leider wirklich und wahrhaftig zugetragen hatte.«

Darüber hinaus lässt sich bei Narzissten beobachten, dass negative Emotionen, die im Moment ihres Auftretens oft sehr heftig sind, innerhalb weniger Sekunden wieder verfliegen.

Ich halte es für wahrscheinlich, dass Narzissten an einer schwerwiegenden Bewusstseinsstörung leiden, die über eine rein narzisstische Störung hinausgeht. Die Unreife, die sie bisweilen an den Tag legen, könnte die Folge einer solchen Störung sein.

Schauspielerei

Weil manipulative Mütter (bewusst oder unbewusst) sehr genau wissen, welche Wirkung starke Emotionen bei den meisten Menschen hervorrufen, sind sie geschickte Schauspielerinnen. Das Gleiche gilt für manipulative Väter.

Françoise schildert ein weiteres Ereignis:

> »Wie mir mit einigem zeitlichen Abstand aufgefallen ist, hat ausgerechnet meine Mutter beim Begräbnis meines Onkels väterlicherseits die ganze Zeit geweint, ist zur Kommunion gegangen und hat ihren ganz persönlichen ›Auftritt‹ inszeniert.«

Alle manipulativen Menschen lügen und sind begnadete Schauspieler. Sie besitzen die Fähigkeit, Emotionen vorzutäuschen, aber auch das Gegenteil, nämlich Gefühlskälte, um ihr Umfeld über ihr wahres Wesen und ihre wahren Absichten im Unklaren zu lassen.

Wenn sie Verunsicherung, Niedergeschlagenheit oder ausschließliche Liebe vorspiegeln, um so ihr Umfeld zu Zugeständnissen zu bewegen, verfolgen sie letztendlich nur das Ziel, die Menschen außerhalb des engeren Familienkreises durch ihre perfekte Darstellung der jeweiligen Rolle zu überzeugen. Während sie ihr weiteres Umfeld über lange Zeit hinweg verschaukeln können, gelingt ihnen das im engsten Familienkreis (beim Ehepartner und den heranwachsenden Kindern) im Lauf der Zeit immer weniger.

Manchmal gehen einem der Kinder die Augen auf und die emotionalen Spielchen des manipulativen Elternteils verfangen nicht mehr. Dann muss er feststellen, dass es ihm nicht mehr gelingt, Aufmerksamkeit zu erregen, Schmerzen zuzufügen, Mitgefühl und – in erster Linie – Schuldgefühle zu erwecken. Er erkennt, dass das Kind sich von ihm entfernt und ihn auf Abstand hält. Manche Eltern, vor allem Mütter, deren einziges Kind eine Tochter ist, mit der sie von Anfang an in Symbiose leben, sehen dies als Verrat an. Dann kann es passieren, dass sie der drohenden Entzweiung zuvorkommen und den Kontakt von sich aus abbrechen.

Salwa ist homosexuell, und ihr Coming-out hat bei ihrer Mutter große Verwirrung ausgelöst. Diese hat leider, bedingt durch ihre narzisstische Persönlichkeit, auf abwegige und völlig überzogene Weise darauf reagiert:

> »Nachdem meine Freundin und ich entschieden hatten, dass wir ein Kind bekommen würden und sie es austragen würde, habe ich mich dazu entschlossen, meiner Mutter gegenüber reinen Tisch zu machen, und ihr in Gegenwart meiner Freundin gesagt, dass ich homosexuell bin. Meine Mutter ist in Tränen ausgebrochen und hat mich angefleht, ich solle sagen, dass das nicht stimme. Ihre Tochter konnte unmöglich so ›verdorben‹ sein! Weil ich das nicht getan habe, hat sie sich an den Kopf geschlagen, um mir Angst zu machen. Ich hatte so eine Reaktion erwartet und bin ganz ruhig geblieben. Das hat sie geärgert, und sie hat uns hinausgeworfen und mir verboten,

je wieder den Kontakt zu ihr zu suchen. Als sie die Tür hinter uns geschlossen hatte, fühlte ich mich von einer schweren Last befreit. Die Jahre der Lügen und der Heimlichtuerei in Bezug auf mein Privatleben hatten endlich ein Ende.

Später habe ich von meiner Familie erfahren, dass meine Mutter, nachdem wir gegangen waren, sich die Treppe hinuntergestürzt und sich ein Bein gebrochen hatte. Einige Tage später habe ich sie angerufen, weil ich Mitleid mit ihr hatte. Aber als ich ihre Stimme hörte, die genauso verletzend war wie zuvor, habe ich mich wieder ›beruhigt‹. Danach habe ich mich sechs Monate lang nicht mehr bei ihr gemeldet. Meine Familie hat mich informiert, dass sie aufgrund des Sturzes ins Krankenhaus musste, wo sie operiert werden sollte, und dass sie es mir sehr übel nahm, dass ich sie sechs Monate lang nicht angerufen hatte. Ich hielt das für ein Anzeichen dafür, dass sie etwas milder gestimmt war, und rief sie an. Während des Telefonats war sie dann tatsächlich sehr freundlich, hat aber meine Homosexualität mit keinem Wort erwähnt. Sie sagte nur, dass das Leben kurz sei und dass es ihr einziger Wunsch sei, mich vor der Operation noch einmal zu sehen.

Am Tag der Operation habe ich sie im Krankenhaus besucht. Vor allen Leuten hat sie gesagt, ich sei ihre Lieblingstochter, und mich aufs Herzlichste umarmt. Kurz bevor sie in den OP gebracht wurde, wollte sie mich noch einmal unter vier Augen sprechen. Sie sah plötzlich aus, als läge sie in den letzten Zügen, und fragte mich, ob ich glaube, dass sie die Operation überleben würde. Dann hat sie mit tränennassen Augen aus dem Stegreif ein mündliches Testament abgelegt. Sie sagte, dass mein Leben mir gehöre, dass sie mich nicht ändern könne, dass sie aber vor ihrem Tod nur einen einzigen Wunsch habe: Ich sollte ihr versprechen, niemals ein Kind zur Welt zu bringen. Ich habe ihr versichert, dass ich ihr nie im Leben so etwas versprechen würde, selbst wenn sie sterben würde. Ich sagte ihr, sie könne sich ihre Tränen sparen, weil sie sinnlos wären. Da hörte sie mit einem Mal auf zu weinen, setzte wieder ihre Leidensmiene auf, fing an, mich zu beschimpfen, und sagte den Schwestern, sie sollten sie so schnell wie möglich in den OP bringen.«

Gefühlsverwirrung

Die Liebe eines manipulativen Elternteils ist an Bedingungen geknüpft. Daher weist er sein Kind, sobald es (endlich!) aufbegehrt, auf feindselige und zutiefst verächtliche Weise zurück. Dann ist es Aufgabe des Kindes, sich von den aufkeimenden Schuldgefühlen zu befreien, die ausschließlich durch die irrationale, abwegige und mitunter gewalttätige Reaktion des Elternteils mit seinem krankhaft vergrößerten Ego entstehen.

Dieser verteidigt sich auf aggressive Weise, mit unpassenden, wenig überzeugenden und häufig weit hergeholten Argumenten sowie mit verletzenden, ja beleidigenden Aussagen. Er schmollt und sagt stunden- oder tagelang kein Wort, antwortet nicht, wenn man ihn auf etwas anspricht, oder zieht sich monatelang zurück (und nimmt dabei oft den anderen Elternteil mit). Während dieser Zeit beklagt er sich bei den anderen Familienmitgliedern oder den Menschen in seinem Umfeld über das respektlose und unerträgliche Verhalten seines Kindes. Vor allem manipulative Frauen führen oft solche Beschwerden. Darüber hinaus bemühen sie sich – meist jedoch ohne Erfolg –, die Wirklichkeit zu ihren Gunsten zurechtzubiegen. Wenn Ihnen das passiert, besteht die Gefahr, dass auch andere Familienmitglieder, an die sich Ihre Mutter oder Ihr Vater schon sehr bald wenden wird, Sie abweisen. In so einem Fall rate ich Ihnen, schnell zu reagieren: Suchen Sie den Kontakt zu den Familienmitgliedern, die Ihnen wichtig sind, und schildern Sie Ihre Sicht der Dinge. Dieser Rat mag vielleicht übertrieben erscheinen, aber eine hypernarzisstische Mutter wird Sie in ihrem abwegigen Verhalten niemals in Schutz nehmen und auch das Bild, das Sie nach außen abgeben, nicht schonen. Sie ist in der Lage, bei Menschen, die Ihnen am Herzen liegen, dieses Bild innerhalb weniger Minuten zu zerstören.

Bedenken Sie, dass Menschen dazu neigen, immer die erste Version einer Geschichte zu glauben, die sie hören. Erst recht, wenn dieser keine andere Version entgegengestellt wird. Mobbing innerhalb von Familien ist keine Seltenheit und kann sehr schmerzvoll sein. Ein Familienmitglied setzt die Maschinerie geschickt in Gang, indem es den anderen auf verleumderische Weise einredet, sie sollten sich vor Ihnen in Acht nehmen. In der Folge schneiden Sie die anderen und brechen den Kontakt schließlich ganz ab. Auf die Einzelheiten dieses Prozesses werde ich im Kapitel »Gibt es Auswege?« näher eingehen.

Angesichts eines solch irrationalen Verhaltens fällt es Kindern manipulativer Eltern in jungen Jahren schwer, ein Gefühl dafür zu entwickeln, wann die Grenzen der Normalität überschritten sind.

Denis erinnert sich an eine andere Form unbegreiflichen Verhaltens:

> »Wir lebten auf dem Land, am Rand eines großen Ballungsraums. Wenn meine Mutter mich zur Schule und später zum Zug zur Universität mitnahm, bestand sie darauf, dass wir sehr früh losfuhren, um nicht in einen Stau zu geraten. Wir waren immer eine halbe Stunde vor

der Hauptverkehrszeit unterwegs. Ich verstand sehr schnell, dass ich auf die Minute pünktlich sein musste. Wenn sie als Abfahrtszeit 6:40 Uhr festgelegt hatte, fing sie zunächst um 6:38 Uhr an, von einem Fuß auf den anderen zu treten, dann um 6:35 Uhr, und so ging es immer weiter. Irgendwann rief sie schon zehn Minuten vor Abfahrt nach mir, obwohl ich keine Sekunde zu spät dran war. Dann sagte sie, dass wir von ihr aus auch zehn Minuten früher losfahren könnten. Und eines Tages ist sie tatsächlich zehn Minuten früher losgefahren, ohne mir vorher ein Wort zu sagen!«

Denis vermutet, dass seine Schwierigkeiten, Zeiträume richtig einzuschätzen, mit diesen Erfahrungen zusammenhängen.

Auch wenn die Kinder schon erwachsen sind, versuchen solche Eltern weiterhin, sie auf subtile Weise zu beeinflussen. In der Folge neigen betroffene Kinder sehr häufig dazu, sich schuldig zu fühlen. Ihnen fehlt das Vermögen, zwischen richtigem und falschem Handeln zu unterscheiden, und sie fürchten, Missfallen zu erregen.

Zum Glück gibt es Möglichkeiten, dass wir uns als Erwachsene diese Defizite bewusst machen. Bücher oder therapeutische Unterstützung sind ein probates Mittel, um unsere kognitiven Fähigkeiten zu aktivieren. Natürlich sind wir von unseren Erlebnissen geprägt, aber wir können lernen, unsere seelischen Ressourcen auch anderweitig zu nutzen – unabhängig vom Alter. Das ist eine ermutigende Perspektive. Allerdings müssen wir uns dazu die Mühe machen, antrainierte Verhaltensweisen wieder abzulegen.

Alles – und das Gegenteil

Wer sich zwei drängenden Forderungen ausgesetzt sieht, die nicht beide erfüllt werden können, steht vor einer unlösbaren Aufgabe. Eine solche Situation wird mit dem Begriff »Double Bind« umschrieben. Der einzige Ausweg besteht darin, eindeutige Prioritäten zu setzen.

Solche Forderungen können explizit oder unterschwellig zum Ausdruck gebracht werden. Daher erkennen die Betroffenen oft nicht, dass sie in einer Zwickmühle stecken.

Der Mechanismus einer Double-Bind-Situation ist frappierend. Er baut auf Widersprüchen auf, und manipulative Menschen nutzen ihn mit irritierender Leichtigkeit. Ein Bündel von Verhaltensweisen oder entfremdenden Äußerungen hat zur Folge, dass die betroffene Person in Teufels Küche gerät, egal, wofür sie sich entscheidet.

Veras Mutter zum Beispiel erkennt einerseits das Bedürfnis ihrer Tochter an, den eigenen Empfindungen zu folgen, und ermutigt sie, »auf ihr Herz zu hören«. Wenn Vera ihr aber eröffnet, dass sie zu ihr etwas auf Distanz gehen möchte, gerade weil ihr Herz ihr dazu rät, wirft sie ihr vor, sie wolle sie nur provozieren! Anders gesagt: Wie man's macht, macht man's falsch.

Narzisstische Eltern würzen ihr Leben mit Double Bind, wie andere mit Salz die Suppe würzen!

Dass Manipulierer andere Menschen in solche Situationen bringen, spiegelt meiner Ansicht nach das Durcheinander in ihrem Inneren wider. Sie fordern alles und zugleich das Gegenteil, abwechselnd, aber manchmal auch im selben Augenblick!

Nathalie erinnert sich an dieses Gefühl der Verwirrung und der Zerrissenheit:

> »Als meine Mutter krank war, hat sie – als würde sie sterben – mit kraftloser Schrift auf ein Blatt Papier ge-

kritzelt, dass sie sich nichtig und nutzlos vorkam und sich auch nicht mehr als Ehefrau oder Mutter fühlte. Das tat mir weh. Als ich ihr sagte, ich würde sie im Krankenhaus besuchen kommen, entgegnete sie: ›Das brauchst du nicht.‹ Aber als ich bei ihr war und mich verabschieden wollte, beschwerte sie sich: ›Gehst du schon wieder?‹ Während der Prüfungsphase an der Uni habe ich mir beide Beine ausgerissen, um sie zu besuchen, aber sie sagte nur: ›Es macht nichts, wenn du nicht kommst. Dein Vater ist ja da.‹«

Denis hat diese Strategie ebenfalls erlebt:

»Nach dem Tod meines Vaters machte meine Mutter sich ständig Sorgen ums Geld. Sie legte ein Heft an, in dem sie ihre Ausgaben festhielt, hatte damit aber Schwierigkeiten und wollte, dass ihr jemand hilft. Als ich mich dafür angeboten habe, hat sie das mit einer verächtlichen Bemerkung abgelehnt. Außerdem wollte sie, dass ich ihr mit dem Computer helfe, so wie zuvor mein Vater. Ich habe es mit meinen bescheidenen Kenntnissen versucht. Aber auch da hat sie sich nur herablassend geäußert.
Wenn ich ihr helfen will, mache ich es in jedem Fall falsch. Aber wenn ich ihr nicht helfe, passt es ihr auch nicht! Sie sagt nie, was sie eigentlich will. Sie schlägt sich alleine durch, macht mir aber gleichzeitig Vorwürfe. Sie bittet mich nicht darum, den Rasen zu mähen, und wenn ich ihr meine Hilfe anbiete, lehnt sie ab. Aber dann steht sie in aller Frühe auf, viel früher als ich, wirft den Rasenmäher an und zieht, wenn sie mich sieht, eine Miene, als hätte ihr das Schicksal übel mitgespielt.«

Widersprüchliche Haltungen – je nach den Umständen

Zu den befremdlichen Verhaltensweisen manipulativer Menschen gehört, dass sie sowohl ihr Gebaren als auch ihre Art zu sprechen, ihre Stimmlage und Intonation, ja sogar ihre Physiognomie (vor allem den Gesichtsausdruck) verändern, je nachdem, in wessen Gesellschaft sie sich befinden. Oder anders gesagt: je nachdem, ob ihnen eine positive oder eine negative Außenwirkung den größeren Nutzen verschafft.

So kann es vorkommen, dass manipulative Eltern gegenüber einer Person, der sie ein bestimmtes Gewicht zusprechen – einem Richter, einem Lehrer, einem Psychotherapeuten oder einem Polizisten –, eine Zusage abgeben, sich aber nicht daran halten. Nicht eingehaltene Zusagen sind bei allen narzisstischen Eltern an der Tagesordnung.

David hat die Folgen zu spüren bekommen:

> »Meine Eltern trafen vor Gericht aufeinander, weil mein Vater wollte, dass ich auf eine private, religiös geprägte jüdische Schule ging (obwohl ich auf der städtischen Schule sehr glücklich war). Auf das Gegenargument, dass der deutlich längere Schulweg einem Kind von zehn Jahren nicht zuzumuten sei, reagierte mein Vater, indem er vor Gericht versprach (in dem Gerichtsbeschluss, der mir vorliegt, ist das festgehalten), ›seinen Sohn persönlich zur Schule zu bringen, sich auch um die Heimfahrt zu kümmern sowie sich am Schulgeld zu beteiligen‹. Natürlich hat er das nicht ein einziges Mal getan! Ich bin mit dem Bus gefahren, und meine Mutter hat die Schule ganz allein bezahlt.«

Alle Manipulierer machen falsche, übertriebene und oftmals überraschende Äußerungen, behaupten aber in einem anderen

Umfeld kurzerhand das Gegenteil und streiten ihre ursprünglichen Aussagen ab.

Daher kann man nicht nur ihre emotionale Stabilität anzweifeln, sondern auch ihre intellektuelle Stabilität, also ein stimmiges Zusammenspiel ihrer Gedanken, Überzeugungen und Prinzipien. Manchmal ändert sich das alles innerhalb weniger Minuten. Dabei wirken solche Menschen aber immer durch und durch aufrichtig.

Denis hat dieses Verhalten an seiner Mutter beobachtet:

> »Den Leuten in ihrem Umfeld (Freunden, Leuten aus dem Dorf usw.) erzählt meine Mutter von mir, ihrem Sohn, nur das, was ihr passt. Meine Umzüge erwähnt sie zum Beispiel mit keinem Wort. Damit ihr Ego seinen Frieden hat, muss ich offenbar in einer großen Stadt leben und der Topmanager oder Wissenschaftler sein, der ich nie geworden bin.«

Er führt noch ein weiteres Beispiel an:

> »Meine Mutter beschäftigt einen Gärtner, der ein bisschen einfach gestrickt ist. Sie zahlt ihn bar und gibt ihm jedes Mal viel zu viel. Regelmäßig versucht sie in seiner Gegenwart, mir ein schlechtes Gewissen zu machen, indem sie mir vorwirft, dass ich zu spät dran bin, dass ich nachlässig gekleidet oder nicht rasiert bin (das sind ihre beiden Lieblingsvorwürfe). Sie tut so, als würde ich sie ausnutzen und als müsste sie mich den ganzen Tag herumkutschieren. Daraufhin sage ich ihr, sie solle sich schämen, mich so zu kritisieren. Als wir im Auto sitzen, sagt sie, sie hätte ›lieber diesen Gärtner zum Sohn gehabt‹. Da wird mir klar, wie sie mich manipulieren will, und ihre

Worte erscheinen mir auf einmal ungeheuerlich. Seit jeher bewundert sie an Menschen vor allem Intelligenz und intellektuelles Vermögen, und dadurch zeichnet sich dieser Gärtner ja nun wirklich nicht aus. Was sie sagt, passt hinten und vorne nicht zusammen. Aber ich weiß, dass das alles nur darauf abzielt, mich zu verunsichern.«

Solche Menschen drehen sich wie Fähnchen im Wind und ändern ihr Verhalten, ihre Äußerungen, Entscheidungen und Vorhaben oft in kürzester Zeit von Grund auf. Das hält sie jedoch nicht davon ab, mit denen hart ins Gericht zu gehen, die starken Einfluss auf ihr Leben haben, allen voran mit ihren Kindern. Sie äußern beißende Kritik, und die Worte können gar nicht harsch genug sein, um ihre Meinungen und Urteile zum Ausdruck zu bringen. Diese Meinungen werden auch nicht immer gegenüber den Betroffenen geäußert.

David berichtet von seinem Vater und seiner Stiefmutter:

»Ihre politischen Ansichten waren sehr wechselhaft. Jahrzehntelang haben sie Israel kritisiert. Als mein Bruder als Erster dorthin ausgewandert ist, war mein Vater regelrecht wütend auf ihn. Und jetzt leben sie alle dort!«

Eine der Widersprüchlichkeiten bei einem manipulativen Menschen besteht darin, dass er die hehren Prinzipien der Menschenliebe predigt, sich aber gleichzeitig durch und durch intolerant verhält. Er äußert sich rassistisch und fremdenfeindlich, betont aber seine große Weltoffenheit. Er scheint äußerst dezidierte politische und religiöse Ansichten zu vertreten. Doch das scheint eben nur so, denn eine seiner Eigenschaften ist, sich den Anschein dessen zu geben, was er *nicht* ist. Er kann durchaus großspurige

Reden darüber schwingen, wie wichtig es ist, die Umwelt zu schützen und unseren Planeten zu retten, und trotzdem Papier einfach auf den Boden werfen, seinen Müll nicht trennen und bedenkenlos Produkte oder Materialien verwenden, die starke Umweltgifte enthalten.

David hat dieses widersprüchliche Verhalten bei seinem Vater erlebt:

> »Seine Intoleranz gegenüber nicht religiösen Juden grenzte ans Unerträgliche. Einmal bekam er einen Wutanfall, weil auf der Titelseite eines jüdischen Magazins Kinder abgebildet waren, die keine Kippa (die Kopfbedeckung für jüdische Männer) trugen. Ich fand diese extreme Intoleranz widerwärtig. Im Namen der Religion benahm er sich oft wirklich abscheulich.«

Passend zu diesem Beispiel religiösen Eifers möchte ich darauf hinweisen, dass zahlreiche Narzissten unaufrichtiges religiöses Engagement an den Tag legen. So arbeiten sie etwa aktiv in ihrer Gemeinde mit und verhalten sich gleichzeitig im Kreis ihrer Familie oder am Arbeitsplatz geradezu niederträchtig. Sie äußern sich großsprecherisch über die allumfassende Liebe, sind aber nicht in der Lage, ihre eigenen Kinder aus tiefstem Herzen und bedingungslos zu lieben. Sie tragen also immer die Maske, die ihnen gerade passt.

Zwei Kinder – zweierlei Maß

Manipulative Eltern behandeln ihre Kinder nicht gleich, sondern messen mit zweierlei Maß.

Lucie, die mit einem manipulativen Mann verheiratet war, hat dies bei ihren Kindern erlebt:

> »Ich war mit einem Arzt verheiratet, den ich für sanftmütig gehalten hatte und von dem ich geglaubt hatte, er würde liebevoll mit mir umgehen und mich glücklich machen. Doch dann musste ich erkennen, dass er charakterlich gestört ist, und mit ansehen, wie er mein Leben und das unserer Töchter zerstört hat. Er hat sie unterschiedlich behandelt. Die ältere hat er auf einen Thron gehoben, aber die jüngere hat er niemals akzeptiert, genauso wenig, wie seine Familie sie jemals akzeptiert hat. Ich habe nie verstanden, warum er sich so verhalten hat.«

Auch David wurde von seinem Vater nicht akzeptiert:

> »Als ich 17 war, habe ich meinen Vater für eine Reise in die USA zum ersten Mal um finanzielle Unterstützung gebeten. Er hat es abgelehnt. Mit meinem älteren Bruder und meiner älteren Schwester hatte er aber gemeinsame Reisen unternommen. Das war so etwas wie ein Ritterschlag, wenn man ins Teenageralter kam. Mit mir wird er so etwas sicher niemals machen.«

Schon im Kindesalter hat sein Vater ihn spüren lassen, dass er seinen Bruder bevorzugt:

> »Ich musste eine Kippa tragen, die aus Samt und nicht aus gestrickter Wolle war, während alle anderen in meinem Alter gestrickte trugen (die auch viel schöner waren). Mein großer Bruder dagegen durfte eine gestrickte Kippa tragen, so wie er auch in eine nahe gelegene Synagoge gehen durfte, während ich mit meinem Vater in eine orthodoxe Synagoge gehen musste, die 40 Minuten zu Fuß entfernt lag. Mein Bruder war also fein raus. Mir geht es hier

nicht um die religiöse Bedeutung eines Stücks Stoff, sondern wiederum um das zwiespältige Verhalten, das ›Messen mit zweierlei Maß‹, und vor allem um die völlig unhaltbaren Begründungen.«

Entweder wird eines der Kinder ausdrücklich und fortwährend bevorzugt, wie das Beispiel Davids zeigt, oder die Kinder werden *abwechselnd* bevorzugt: Wenn die eine Seite mehr Zuneigung, Aufmerksamkeit oder Privilegien erhält, nimmt dies auf der anderen Seite entsprechend ab.

Narzisstische Mütter und Väter wenden dafür ein System von Belohnungen und Bestrafungen an, die sie je nach Phase unterschiedlich verteilen. Dabei werden die Kinder aber nicht immer gegensätzlich behandelt. Es kann auch vorkommen, dass nur ein Kind jahrelang Privilegien genießt. Man kann dieses Vorgehen auch als Wechselspiel von Privilegierung und Zurückweisung beschreiben. Zuneigung, Geschenke, finanzielle Unterstützung, emotionale Nähe, Vertraulichkeit, Klagen, Versprechen und selbst Lügen werden auf unterschiedliche Weise verteilt, je nachdem, welche Art von Bindung mit einem bestimmten Kind aufgebaut werden soll.

Fabienne hat ihr Leben lang miterlebt, wie sie und ihr Bruder ganz offen unterschiedlich behandelt wurden:

»Für den 50. Geburtstag meines älteren Bruders hat meine Mutter die ganze Familie mobilisiert: ›Der Fünfzigste ist ein bedeutender Tag! Er soll eine Überraschung kriegen, ein richtig tolles Geschenk und ein exquisites Essen.‹ Und natürlich hat sie, die perfekte Mutter, die ganze Riesensause organisiert.

Im Jahr darauf bin ich 50 geworden, aber dieser Fünfzigste war überhaupt nicht mehr so bedeutend. Ich habe eine kleine Grünpflanze bekommen, ein gemeinsames Geschenk meiner Mutter und meiner Tante.

Zweierlei Maß? Meine Mutter hat nie einen Hehl daraus gemacht, dass mein Bruder ihr Liebling war. Einmal hat sie zu mir gesagt: ›Ich habe dich zu früh bekommen. Wegen dir konnte ich mich nicht ausreichend um deinen Bruder kümmern.‹

Ich habe mich damit abgefunden, dass er der Liebling war und dass das normal war, weil er in ihren Augen einfach toll war. Leute, die es gut mit mir meinten, haben mir gesagt: ›Dein Problem ist, dass du nicht die Tochter bist, die deine Mutter sich gewünscht hat.‹

Heute weiß ich, dass kein Mädchen vor ihr hätte bestehen können, aber ich habe auch erkannt, dass nicht ich am meisten unter ihrem abnormen Verhalten leide, sondern ihr ›Lieblingssohn‹, der unentwegt nach der Anerkennung seiner Mutter strebt, die er aber niemals erhalten wird. Er kann noch so toll sein, in ihren Augen wird er nie toll genug sein. Sie benutzt ihn als bevorzugtes Kind, um andere zu verletzen, und übt dabei auf ihn und seine Partnerschaft unerträglichen Druck aus. Sie vergleicht ihn fortwährend mit unserem verstorbenen Vater, mit dem er ihrer Ansicht nach niemals gleichziehen kann.«

Fabienne ist Ärztin. Doch weder der erfolgreiche Abschluss eines langen und anspruchsvollen Studiums noch ihr beruflicher Erfolg oder das Ansehen, das sie genießt, haben ihre Mutter im Lauf der Jahre dazu veranlasst, ihre Haltung gegenüber Fabienne zu ändern. In ihren Überlegungen kommt sie auch darauf zu sprechen, dass nicht nur das zurückgewiesene Kind leidet, sondern auch das »Lieblingskind«. Viele Geschichten von Geschwistern zeigen, dass nicht immer derjenige am meisten leidet, von dem man es auf den ersten Blick vermutet. Doch das Leiden ist ein anderes, wie auch die Gefühle andere sind. Das zurückgewiesene Kind fühlt sich ungeliebt, einsam, abstoßend, schuldig, dumm, unfähig, wertlos, nutzlos und vieles mehr in dieser Richtung. Das vergötterte Kind muss sich dagegen laufend beweisen, dass es die Bewunderung, die ihm zukommt, auch verdient. Es fühlt sich, als würde es unter den erdrückenden und immer aufdringlicheren Liebesbekundungen ersticken. Unbewusst wirft es sich vor, viel mehr Aufmerksamkeit als seine Geschwister zu bekommen. Und in späteren Jahren erkennt es schließlich, dass es für all die Privilegien, die es genießt, früher oder später bezahlen muss.

Die Kinder durchschauen diese Hintergründe nicht. Und damit sie ihren Zweck erfüllen, dürfen sie sie auch nicht durchschauen (Manipulieren will gelernt sein!).

Wenn ein bevorzugtes Kind erwachsen wird, sieht es sich dem immer stärker werdenden Druck ausgesetzt, bis in alle Ewigkeit seine »Schulden zurückzuzahlen«. Die Mutter (oder der Vater) nimmt sich immer noch das Recht heraus, sich einzumischen, auch wenn das Kind längst in einer Beziehung lebt.

Wenn die Geschwister als Erwachsene nicht miteinander sprechen (was manipulative Eltern durch ihre Machenschaften oft erreichen), bleibt verborgen, welche individuellen Bindungen die Eltern zu den einzelnen Kindern aufgebaut haben. Die Wahrheit kommt oftmals durch Todesfälle ans Licht. Hierzu zwei Beispiele.

Maud gewinnt nach langer Zeit endlich Abstand, aber sie ist nicht die einzige Betroffene:

> »Nachdem meine Eltern mir jahrelang zugesetzt hatten, habe ich begriffen, dass sie stark manipulative Persönlichkeiten sind. Mit Vorliebe haben sie zwischen der

bösen Tochter (mir) und der braven Tochter (meiner Schwester) Unfrieden gestiftet. Bis wir beide irgendwann dieses zerstörerische Verhalten erkannt haben.
Weil es das einzig Sinnvolle war, habe ich die Flucht ergriffen. Ich habe einen großen Makel: Ich habe ein Kind verloren, und seitdem machen sich meine Eltern gern über meine labile psychische Verfassung lustig. Aber damit nicht genug: Auch meine Schwester hat vor Kurzem ein Kind verloren. Meine Eltern scheinen zu glauben, dass so ein Erlebnis für meine Schwester weitaus schlimmer ist als für mich. Weil sie die ›brave‹ Tochter ist, behaupten sie, dass sie viel stärker ist als ich. Oder doch zumindest nicht so schwach wie ich. Das ist völlig aus der Luft gegriffen!«

Françoise gibt folgendes Beispiel:

»In der Woche, in der mein Vater gestorben ist, haben wir Kinder uns um alles gekümmert, ohne dass meine Mutter sich auch nur einmal eingemischt hätte. Aber nur wenige Stunden nach der Beerdigung hat sie etwas getan, was mich regelrecht schockiert hat: Sie hat den Goldschmuck meines Vaters verteilt! Erst hat sie meinem Bruder einen Ring gegeben. Dann hat sie meinen Kindern ein Armband und eine Kette überreicht. Ich war völlig überrumpelt und musste mich einschalten, damit die Töchter meiner Schwester (mit der sie sich seitdem am besten versteht) auch etwas zur Erinnerung an ihren Großvater bekamen.«

Wenn eine manipulative Mutter stirbt, stellen ihre Kinder bei der Testamentseröffnung oftmals überrascht fest, dass das Erbe auf nicht nachvollziehbare Weise verteilt ist. Warum benachteiligt sie noch nach ihrem Tod diejenigen, die sich ihr nicht unterworfen haben? Warum sät sie noch jetzt unter ihren Kindern Zwietracht und Neid? Warum löst sie weiterhin bei anderen machtvoll unangenehme Gefühle aus, obwohl sie selbst nichts mehr davon hat?

Manchmal entdecken die Kinder die Folgen der ungleich zugestandenen Privilegien erst durch Zufall. Virginie erinnert sich:

> »Als Jugendliche habe ich durch Zufall mitbekommen, wie meine Eltern darüber sprachen, dass sie für meinen Bruder ein Studentenzimmer mieten wollten, nicht aber für mich. Meine Eltern hatten immer für sich in Anspruch genommen, zwischen mir und meinem Bruder nicht den geringsten Unterschied zu machen. Das war das Mantra ihrer Erziehung. Mein Vater wunderte sich daher, dass ich kein Zimmer bekommen sollte. Meine (manipulative) Mutter hat ihm kurz und bündig erklärt, dass es überhaupt nicht infrage käme, mir dieselben Freiheiten wie meinem Bruder zu gewähren. Mein Vater verstand nicht, wie sie auf so etwas kam. Zur Erklärung hat sie ihm einfach nur ein, wie sie sagte, ›bekanntes‹ Sprichwort hingeworfen: ›Hol die Hühner rein, der Hahn ist los!‹ So weit war es also mit den Emanzipationsbemühungen dieser modernen Frau gekommen.«

Es gibt auch ganz spezielle »Familienbande«, die ein narzisstischer Elternteil mit einem seiner Kinder knüpft. Der Grund hierfür wird oft erst Jahrzehnte später klar: Das Kind hat ebenfalls eine manipulative Persönlichkeit. Wenn Elternteil und Kind beide dieses Persönlichkeitsprofil aufweisen, entsteht ein

Bündnis fast wie von selbst. Und es ist ein dauerhaftes Bündnis …

Dabei ist nicht gesagt, dass beide wirklich etwas füreinander empfinden. In jedem Fall aber verschont der manipulative Elternteil ein Kind, das eine so große Ähnlichkeit mit ihm aufweist, mit Wutausbrüchen.

Unverhältnismäßige Reaktionen

Narzisstische Eltern leiden an einer nachhaltigen Störung ihres emotionalen Haushalts. Das muss nicht heißen, dass sie keine Gefühle haben. Natürlich haben auch sie Empfindungen, diese sind aber in vielerlei Hinsicht unangemessen:

1. Gefühle tauchen in unpassenden Situationen auf (etwa ein Gefühl der Freude während einer Beerdigung).
2. Sie sind, gemessen an ihrem Anlass, übertrieben (wie entfesselt) oder ungewöhnlich schwach (bis hin zur Gleichgültigkeit).
3. Sie entzünden sich unverhofft und an Details, wie etwa einer Bemerkung, die gar nicht verletzend gemeint war.
4. Sie können lange Zeit anhalten (tagelanges Schmollen). Meistens sind sie jedoch nur über wenige Stunden akut und verfliegen dann plötzlich wieder, als hätte es nie einen Anlass dafür gegeben.

Anders gesagt: *Alles an den Emotionen ist übersteigert!* Manipulierer sind laufend von Emotionen erfüllt, die sie erfolgreich vor fremden Personen verbergen, die sie aber ihre Ehepartner und ihre Kinder ohne jede Rücksicht spüren lassen. Letztere müssen daher regelmäßig kurzzeitige, völlig übertriebene emotionale Krisen miterleben. Um keine solchen Krisen auszulösen, reißen sich die Kinder in jungen Jahren, so gut es geht, zusammen, sagen nichts, ziehen sich nach dem Essen sofort in ihre Zimmer zurück, erzählen nur wenige und unbedeutende Dinge aus ihrem Leben und vermeiden vor allem jede Form der Kritik. Auch die belangloseste Bemerkung kann von einem narzisstischen Elternteil falsch verstanden werden. Er fängt dann sofort an, sich zu rechtfertigen, wird aggressiv, beschimpft die anderen und sät Unheil.

David hat von seiner Mutter etwas erfahren, was sich tief in das kollektive Gedächtnis der Familie eingegraben hat:

> »Es war am Anfang der Sommerferien, die wir in Südfrankreich am Meer verbrachten. Meine ältere Schwester, die damals sechs war, sagte etwas, worüber die ganze Familie lachen musste. Mein Vater wurde fuchsteufelswild, weil gelacht wurde, während er betete. Er lief hinaus, schlug die Tür hinter sich zu und sprach den Rest der Ferien kein Wort mehr mit den anderen. Das Haus lag drei Kilometer von den nächsten Einkaufsmöglichkeiten entfernt. Eines Tages gingen meine Großmutter mütterlicherseits und meine Mutter von dort zu Fuß nach Hause, in der Mittagshitze und mit vollen Einkaufstaschen beladen. Mein Vater überholte sie mit dem Auto, ohne stehen zu bleiben und ihnen zu helfen. Er musste unbedingt die ganze Familie bestrafen!«

Dies ist ein eindrückliches Beispiel für eine der wichtigsten Strategien manipulativer Menschen: Sie ziehen sich beleidigt zurück und bringen so das ganze Familiengefüge durcheinander. Solche Schmollphasen dauern in der Regel zwischen drei Stunden und drei Tagen. Zu dieser Kommunikationsverweigerung kommen meist noch weitere knebelnde und despotische Verhaltensweisen.

Gestörte Kommunikation

Mit einem Narzissten ist keine ehrliche Kommunikation möglich. Jedes Gespräch kann innerhalb von Sekunden zu Ende sein, weil der Narzisst seinem Gegenüber entweder das Wort im Mund umdreht oder dessen Aussagen als störend oder schlicht als belanglos abtut.

Françoise berichtet davon, dass ihre manipulativen Eltern jedes Mal, wenn sie oder ihr Mann etwas von den kleineren Schwierigkeiten in ihrem Leben erzählten, das Gespräch auf ihre eigene, angeblich »furchtbare« Vergangenheit brachten und die schweren Zeiten, die sie hatten überstehen müssen.

Solche Reaktionen erstaunen in ihrer Bandbreite und in ihrer Absurdität. Sie lösen auf beiden Seiten sofort negative Emotionen aus. Meist fühlen sich die manipulativen Eltern persönlich angegriffen und schwanken innerhalb von Minuten zwischen Niedergeschlagenheit und Wut.

Françoise hat solche übertriebenen Gefühle erlebt:

> »Die Gespräche, die in meinen Augen kontroverse Diskussionen und der Austausch von Meinungen waren, waren letztlich nur Versuche meiner Mutter, mich von ihrer Sicht der Dinge zu überzeugen. Und das mit einer Stimme, die immer schriller, kräftiger und lauter wurde.«

Sabrina schildert die Impulsivität und die überzogenen Reaktionen ihrer Mutter:

> »Einmal kam meine Mutter zu mir ins Zimmer, als ich gerade ein Buch las, das ich im Bücherregal meiner Eltern entdeckt hatte. Das war, nachdem mein Vater uns verlassen hatte; ich muss ungefähr 17 gewesen sein. Das Buch war ein älterer Roman, dem Stil nach zu urteilen etwa

vom Ende des 19. Jahrhunderts, mit vielen erotischen Passagen. Meine Mutter und ich haben nie über Sexualität gesprochen und sie ist auch nie mit mir zum Frauenarzt gegangen. Wie wahrscheinlich in vielen Familien war das Thema bei uns tabu. Als sie erkannt hatte, welches Buch ich da las, stürmte sie wutentbrannt auf mich zu. Sie hat mich einfach angeschrien, das sei ein Buch meines Vaters und sie habe ihn auch einmal dabei ertappt, wie er es heimlich las. Ich verstehe, dass das ungute Erinnerungen in ihr geweckt hat, aber ich verstehe nicht, warum sie vor lauter Wut dermaßen auf mich eingeschlagen hat, dass ich irgendwann zusammengekauert in einer Ecke des Zimmers saß und mir schützend die Arme vors Gesicht gehalten habe.

Der zweite Vorfall hat sich etwa zur selben Zeit ereignet. Ich war mittlerweile ziemlich ratlos, wie ich mit den Stimmungsschwankungen und den Depressionen meiner Mutter umgehen sollte. Obwohl wir bis dahin nie wirklich über unsere Gefühle gesprochen hatten, dachte ich, es könnte helfen, wenn wir miteinander reden würden. Also habe ich sie einmal, bevor wir uns zum Abendessen setzten, um ein Gespräch gebeten. Ich habe ihr dargelegt, welche Gefühle ihr Verhalten bei mir hervorrief, und mich dabei bemüht, nicht zu vorwurfsvoll zu klingen, damit sie sich nicht angegriffen fühlte und um keine lawinenartigen Reaktionen auszulösen. Vielleicht habe ich mich trotzdem ungeschickt angestellt; ich war diese Art von Austausch einfach nicht gewohnt. Je länger das Gespräch dauerte, desto wütender wurde meine Mutter, obwohl ich ganz ruhig blieb. An den Inhalt kann ich mich nicht mehr genau erinnern, wohl aber an das Ende. Als mir klar wurde, wie emotionslos unser Gespräch war, bin ich vom Tisch aufgestanden. Meine Mutter ist ebenfalls aufgestanden, hat weiter herumgeschrien, hat die Glasplatte mit dem Braten genommen und sie vor mir auf den Boden geworfen. Ich war völlig sprachlos und mir war klar, dass solche Versuche der Annäherung absolut keinen Sinn hatten.«

Widerspruch ist zwecklos

Die absurden Aussagen, die verblüffende Unreife, das abwegige Verhalten, die ständig wechselnden Standpunkte, die Lügen, das unbegreifliche Verschweigen von Tatsachen, die völlig überzogenen emotionalen Reaktionen – all das macht uns sprachlos. Dass dann oft die Zeit stehen zu bleiben scheint, bestätigt die Verwirrung, die Manipulierer in ihrem Umfeld auslösen. Ihre Aussagen, die sie so selbstsicher vorbringen, lassen die Betroffenen häufig ratlos zurück. Manche formulieren es auch genauso: »Er (Sie) hat mir das Hirn vernebelt.« Wir sind verdutzt, oft auch schockiert, und finden keine schlagfertige Erwiderung, keine angemessene Reaktion. Es gelingt uns nicht, auf die Schnelle eine passende Antwort zu finden. So vergehen wertvolle Sekunden, und der manipulative Mensch kann weiterhin Informationen, Gedanken und Behauptungen verbreiten, die falsch, absurd, unlogisch oder böswillig sind, ohne dass irgendjemand einschreitet.

Erst viele Minuten, Stunden, Tage oder sogar Jahre später erkennen manche Beteiligte, wie wahnwitzig diese Aussagen waren und wie unerträglich die Situation war – wie etwa im Fall einer Mutter, die ihren Kindern gegenüber, bis diese alle um die 50 waren, fortwährend behauptet hat: »Ich habe euch ganz allein großgezogen.« Erst nach 30 Jahren ist den Kindern durch gegenseitigen Austausch klar geworden, dass ihre Mutter das Haus *nie* hatte allein führen müssen, nicht vor ihrer Scheidung und auch nicht danach. Denn schon ein Jahr nach der Scheidung (als das älteste Kind zehn war) war ihr Freund Teil der Familie geworden. Die Kinder, die das alles aus nächster Nähe mitbekommen hatten, hatten der Behauptung ihrer Mutter nie widersprochen, obwohl sie rundheraus falsch war. Auch gegenüber ihren Kunden, den Nachbarn und sogar fremden Personen hat sie sich aus einem narzisstischen Geltungsbedürfnis heraus als ehemals alleinerziehende Mutter präsentiert, wie um sich einerseits als Opfer darzustellen und sich andererseits besondere Geltung zu verschaffen. Dies ist eine beliebte Strategie, um sowohl Mitleid als auch Bewunderung zu erregen.

Dass wir auf solche verblüffenden Äußerungen nichts entgegnen, liegt zum einen daran, dass sie eben so verblüffend sind und uns sprachlos machen.

Doch es gibt noch einen zweiten, nicht weniger gewichtigen Grund: *Einem Narzissten zu widersprechen, ist sinnlos.* Es führt zu überhaupt nichts!

Ein manipulativer Mensch duldet nicht den geringsten Zweifel. Seine Ichbezogenheit lässt nicht zu, dass er infrage gestellt wird. Manipulative Eltern können mit Vorwürfen ihrer Kinder nicht umgehen.

Im Alter von 22 Jahren hat Denis seiner Mutter einen Brief geschrieben, in dem er ihr dargelegt hat, wo in ihrer Beziehung die Probleme lagen. Damit hatte er keinen Erfolg. In den Augen seiner Mutter war der Brief nur ein Beweis dafür, dass bei Denis »psychologisch irgendetwas nicht stimmte«.

Ein Narzisst weist jede Form der Kritik zurück. Dabei lassen sich unter anderem folgende Reaktionen beobachten:

1. Er reagiert mit einem plötzlichen Gefühlsausbruch (Herumschreien, Wutanfall, Tränen, Beleidigtsein usw.).
2. Er streitet sofort ab, etwas gesagt oder getan zu haben, was

Sie einige Sekunden zuvor selbst gehört oder gesehen haben: »Das habe ich nie gesagt!«

3. Er greift Sie persönlich an und beschimpft Sie als »paranoid«, »dünnhäutig«, »unerträglich«, »bösartig« oder »aggressiv« und macht Ihnen Vorwürfe: »Du hast nichts von dem verstanden, was ich gesagt habe!«
4. Er unterstellt Ihnen, dass Sie ihm immer nur übelwollen, egal, was er sagt oder tut. Er hält Ihnen vor, Sie hätten eine falsche, vorgefasste Meinung von ihm, und betont andauernd, dass er nicht begreift, warum Sie ihn nicht verstehen.
5. Er läuft aus dem Raum und schleudert Ihnen entgegen: »Mit dir kann man einfach nicht reden!«, oder: »Immer musst du recht behalten!«, und entwertet damit alles, was Sie zum Gespräch beitragen.
6. Er bleibt im Raum und schmollt.
7. Wenn Sie am Telefon miteinander sprechen, legt er unvermittelt auf, ohne sich zu verabschieden.

Kurz: Sie haben nicht die geringste Chance, die Dinge richtigzustellen!

David erzählt von einem Ereignis, das sich zugetragen hat, als er zwölf war:

> »Mein Vater und ich hatten eine Auseinandersetzung über einige Mitglieder der Familie meiner Mutter. Er machte ein paar unhaltbare Bemerkungen, worauf ich entgegnete, dass ich die Familie (aufseiten meiner Mutter) besser kenne als er. Das ist auch so. Im nächsten Moment machte er kehrt – wir waren gerade auf einem Spaziergang – und redete den ganzen restlichen Tag kein Wort mehr mit mir. Seine Frau (ebenfalls eine manipulative Persönlichkeit) nahm mich mit bedeutungsvoller Geste beiseite, um mich

> zurechtzuweisen. Sie machte mir so lange ein schlechtes Gewissen, bis ich wegen meines ›Fehlverhaltens‹ in Tränen ausbrach.«

Ist es nicht verwunderlich, dass so gut wie niemand solchem Verhalten offensiv entgegentritt und sich dagegen wehrt? Nun, nicht alle Betroffenen halten still. Viele reagieren, doch angesichts eines so irrationalen Verhaltens machen sie sich irgendwann nicht mehr die Mühe, etwas dagegen zu unternehmen. Manche erkennen sofort, welche verlogenen Spielchen der Manipulierer spielt. Wenn sie ihn nicht damit konfrontieren, dann nicht, weil sie vor Verblüffung regelrecht gelähmt sind, sondern weil sie aus Erfahrung wissen, dass sie dadurch nur einen unproduktiven Konflikt verursachen, für den es keine Lösung gibt. Außerdem haben sie immer wieder erlebt, dass ihr hypernarzisstischer Elternteil keinerlei Veranlassung sieht, sein Verhalten auch nur im Geringsten zu ändern.

In einem Brief an ihre Mutter schildert Caroline Ereignisse aus der Vergangenheit und benennt, was sie ihrer Mutter – erfolglos – vorwirft:

> »Um nicht wieder einen Anfall auszulösen, habe ich schlimme Erlebnisse mit dir meistens so behandelt, wie man mit verwirrten Menschen umgeht: ›Ganz genau, du hast recht; du machst das alles richtig; ja, es ist genauso, wie du sagst; mach es so, wie du willst …‹
> Ich weiß noch, wie ihr uns nach der Geburt unserer Tochter besucht habt, Vater und du. Als wir beim Aperitif saßen, hast du immer wieder kurz aufgelacht. Dann bist du aufgestanden, bist zu mir gekommen und hast mir ins Ohr geflüstert: ›Wenn dir der andere (damit meintest du meinen Exfreund) die Kleine gemacht hätte, würde sie

bestimmt weniger weinen!‹ Ich habe mich nicht gerührt und auch nichts gesagt, als mein Mann mich gefragt hat, was dich so amüsiert. Ich habe mich für deinen Irrsinn und deine Boshaftigkeit geschämt. Als Papa mich am Tag danach gefragt hat, was denn los sei, habe ich ihm gesagt, was du mir ins Ohr geflüstert hattest. Daraufhin hat er dich gefragt: ›Hast du das wirklich gesagt?‹, und du hast angefangen zu heulen und gesagt: ›Ich kann mich nicht mehr erinnern …‹ Als ich den verzweifelten Blick meines Vaters gesehen habe, habe ich die Sache auf sich beruhen lassen, auch weil ich ein wenige Wochen altes Baby hatte, das mir wichtiger war.

Vieles an deinem Verhalten macht mich sprachlos und bestätigt mich in der Ansicht, dass du ein schweres psychisches Leiden hast, mit dem du in deinem Umfeld schon viel Schaden angerichtet hast. Du wirfst mir vor, dass ich dir nicht genug Respekt entgegenbringe und mich nicht ausreichend zurückhalte – lass dir gesagt sein, dass ich mich, seit ich elf bin, zurückhalte, um dich nicht totzuschlagen! In meinem Tagebuch von damals steht eine solche Bemerkung. Mein ganzes Leben warte ich auf eine Bitte um Vergebung, eine großzügige Geste, eine Entschuldigung, darauf, dass du endlich erkennst, was du da tust … Du kannst dir gar nicht vorstellen, wie ich mich immer zurückgehalten habe!«

Was ist auf diesen Brief hin geschehen? Etwas durchaus Überraschendes: Carolines Mutter – die ich nicht kenne – hat sich veranlasst gesehen, mir kurzerhand ein ganzes Bündel Briefe zu schicken, um mir zu beweisen, dass ihre Tochter eine manipulative Persönlichkeit hat und dass sie (die Mutter) sich nun endlich von ihr befreit hat! Aus dem Briefwechsel zwischen Mutter und Tochter konnte ich erkennen, dass genau das Gegenteil der Fall ist. Mit anderen Worten: Obwohl ihr ihre Tochter Episoden aus dem gemeinsamen Leben und ihr jeweiliges Verhalten in Erinnerung ruft, führt das bei der Mutter, die durch und durch manipulativ ist, zu keinerlei Erkenntnis, und sie ändert auch ihr Verhalten nicht.

Zum Abschluss dieses Kapitels möchte ich darauf hinweisen, dass es genauso abwegig ist, einem Menschen mit narzisstischer Persönlichkeit immer wieder Glauben zu schenken wie zu versuchen, seine Liebe oder auch nur Wertschätzung zu gewinnen. In beiden Fällen ist die Mühe fast immer vergebens. Für Kinder manipulativer Eltern ist dieses Gefühl der Ohnmacht besonders schwer zu ertragen, weil sie zeit ihres Lebens auf eine Veränderung warten, und komme sie auch noch so spät. Irgendwann verliert sich dieses Ohnmachtsgefühl und macht der Erkenntnis Platz, dass man sich erstens seine Eltern nicht aussuchen kann und dass zweitens pathologisches Verhalten in jeder Familie vorkommen kann und niemand daran schuld ist.

Die angeblich schwache Gesundheit

Wenn es um gesundheitliche Probleme geht, seien es die eigenen oder die der anderen, verhalten sich manipulative Väter und Mütter auf unterschiedliche Weise.

Vor allem für manipulative Frauen ist Gesundheit ein Thema von zentraler Bedeutung. Doch auch hier ist Vorsicht geboten: Wenn Ihre Mutter häufig über gesundheitliche Beschwerden klagt, ist sie deshalb nicht zwangsläufig manipulativ. Halten Sie sich stets die Liste mit den 30 Merkmalen der manipulativen Persönlichkeit vor Augen, wenn Sie jemanden in dieser Hinsicht einschätzen möchten. Vor allem ältere Menschen versuchen Aufmerksamkeit zu gewinnen, indem sie über gesundheitliche Beschwerden klagen. Ich bin mir nicht sicher, ob sie dadurch bei ihren Mitmenschen Mitleid erregen oder Schuldgefühle hervorrufen wollen, aber Ernährung und Gesundheit sind die beiden Themen, die sie am meisten beschäftigen. Gleichwohl behalten manipulative Eltern auch im vorgerückten Alter die pathologischen Züge ihrer Persönlichkeit bei.

Wie wir im Folgenden sehen werden, sind Gesundheit und Krankheit für hypernarzisstische Mütter weitaus mehr ein Thema als für Väter mit einem vergleichbaren Persönlichkeitsprofil.

Ihre Mutter zweifelt an Ihren Beschwerden

Jede narzisstische Frau, sei sie Mutter oder nicht, begegnet gesundheitlichen Problemen ihrer Mitmenschen mit äußerster Gleichgültigkeit. Allerdings ist ihr Verhalten paradox. Sie zeigt sich sehr wohl interessiert, wenn es sich um Menschen außerhalb des engeren Familienkreises handelt (und gibt dann auch gerne gute Ratschläge), und spielt gegenüber Fremden geschickt die Mitfühlende und Hilfsbereite. Doch wenn die eigenen Kinder (oder der Ehepartner) krank sind, ist davon nichts zu hören.

Wenn eines ihrer Kinder Anzeichen einer Krankheit zeigt, vor allem wenn die Symptome ungewöhnlich und besorgniserregend sind, redet die manipulative Mutter systematisch alles klein. Man könnte auch sagen: *zu* systematisch. So sehr nämlich, dass diese Reaktion eindeutig die hypernarzisstische Persönlichkeit der Mutter verrät. Wenn man ihr vorwirft, dass sie nichts unternimmt, ihrem Kind nicht hilft oder ihm schlicht nicht genug mütterliche Liebe entgegenbringt, antwortet sie, sie sei eben eine »unverbesserliche Optimistin«. Doch diese Erklärung ist nicht stichhaltig. Optimismus kann sich auf vielerlei Weisen ausdrücken. Aber zu behaupten, man sei eben über die Maßen optimistisch, und dabei die Realität zu verkennen, bedeutet hier nichts anderes, als dass man sich einfach eines Problems entledigt, mit dem man sich auf keinen Fall herumschlagen will. Wenn Sie also Ihrer manipulativen Mutter von Ihren gesundheitlichen Schwierigkeiten erzählen, wird sie sich auf einige simple Ratschläge beschränken (wie etwa: »Nimm ein bisschen Vitamin C!«, oder: »In deinem Zustand solltest du nicht in Urlaub fahren«).

Eine manipulative Mutter zieht auch häufig die von Ärzten gestellten Diagnosen in Zweifel. Sie weiß es besser als die Fachleute! In der Regel fallen ihre Prognosen aber nicht schlechter, sondern besser aus. Anders gesagt: So krank sind Sie doch gar nicht! Weil sie Ihre Mutter ist, ist sie davon überzeugt, Sie so gut zu kennen wie niemand sonst.

Ich sehe zwei mögliche Erklärungen dafür, dass eine solche Mutter bei ihren Kindern eine möglicherweise ernste Erkrankung nicht erkennen will: Zum einen will sie ihre Ruhe haben und ihre eigenen Interessen verfolgen. Sie hat daher keine Lust, sich um ihre Kinder zu kümmern oder sich auch nur zu ihrer Verfügung zu halten.

Genau das musste Sophie erleben:

> »Mit 23 wollte ich mich einer Operation unterziehen, um mir ein abstehendes Ohr anlegen zu lassen. Meine Mutter hat davon abgeraten, weil sie sich dann verpflichtet gefühlt hätte, sich um mich zu kümmern. Dabei war das doch gar keine Krankheit! Ich habe es trotzdem getan, und zwar, während meine Eltern auf Reisen waren.«

Zum anderen kann diese ablehnende Haltung daher rühren, dass die Mutter Krankheiten als »Konstruktionsfehler« ansieht und diese auf sich selbst und ihr fehlerhaftes Erbmaterial zurückführt.

Eine manipulative Mutter schenkt einer professionell gestellten Diagnose keinen Glauben, sondern bringt mit befremdlicher Schnelligkeit eine ganz andere Diagnose vor.

Virginie hat dies am eigenen Leib erlebt:

> »Ich war 40, als ich krank geworden bin. Ich fühlte mich völlig entkräftet und konnte mich kaum noch auf den Beinen halten. Ich war mehrfach in stationärer Behandlung, in der Abteilung für innere Medizin bei Professor B. Noch bevor die multiple Sklerose diagnostiziert

war, habe ich mich einmal zu meinen Eltern geschleppt, in der einfältigen Hoffnung, sie würden mich trösten. Ich erzählte meiner Mutter von meiner Angst. Sie beharrte darauf, dass ich ›völlig gesund‹ sei und dass Professor B. mich andauernd zu Untersuchungen auf seiner Station haben wollte, weil er ein Auge auf mich geworfen hätte. Meine Mutter hatte ihn nie kennengelernt und mich auch nie im Krankenhaus besucht. Ich glaube, eigentlich wollte sie mir mit dieser irrwitzigen Behauptung sagen: ›Glaub bloß nicht, dass mich deine Gesundheit interessiert!‹«

Die Zweifel an Ihrer Krankheit können so weit gehen, dass Ihre Mutter Ihnen vorwirft zu simulieren (was ja selbst eine ihrer Stärken ist).

Fabienne berichtet:

»Meine Mutter hat für kranke Menschen nichts als Verachtung übrig. Auch ihrer Schwester, die in ihrer Nähe lebt und immer wieder gesundheitliche Probleme hat, bringt sie nicht das geringste Mitgefühl entgegen. Sie unterstützt sie in keinerlei Hinsicht, obwohl sie ein Auto hat und ihr damit einiges abnehmen könnte. Dass sie ihr nicht hilft, begründet sie damit, dass sie an den Aussagen ihrer Schwester zweifelt, die ihrer Ansicht nach simuliert (›Von wegen krank! Wenn du ihr vorschlägst, shoppen zu gehen, springt sie herum wie ein junges Reh!‹). Sie versucht auch, den Rest der Familie zu überzeugen, weil sie hofft, dass wir dann alle ihrer Schwester vorwerfen, dass sie simuliert.

Aber wenn meine Mutter verärgert ist (das passiert meistens, wenn sie nicht das bekommt, was sie will), dann geht es ihr katastrophal schlecht … Sie klagt über Migräne, schafft es, dass alle um sie herum sie bemitleiden, und meine Tante ist die Erste, die ihr Hilfe anbietet (was meine Mutter wiederum wütend ablehnt).«

Ihr Vater zweifelt an Ihren Ärzten

Ein manipulativer Vater bringt seine Zweifel an den Leiden seiner Kinder auf etwas andere Weise zum Ausdruck, seien es Depressionen oder andere psychische Probleme, Bewegungs- oder Lernstörungen oder auch organische Erkrankungen. Auch er spricht abschätzig und ohne Mitgefühl über ihre Beeinträchtigungen, aber sehr viel mehr hat er es auf die Vertreter der Ärzteschaft abgesehen. Jedem, der sich seinen Kindern nähert, spricht er ungeniert die Glaubwürdigkeit ab, sei es hinsichtlich körperlicher oder seelischer Erkrankungen.

Wie auch immer die Diagnosen lauten – er akzeptiert sie nicht. Er ist davon überzeugt, dass er besser Bescheid weiß als die Spezialisten. Er tut so, als sei er in der Wissenschaft bewandert, und erfindet die aberwitzigsten Dinge. Er versucht zu erreichen, dass die Behandlung seines Kindes abgebrochen wird. Er verlangt, dass seine Einschätzung als zutreffend akzeptiert und sein Kind anders oder überhaupt nicht behandelt wird. Mit dieser Strategie des Abstreitens verfolgt er seine eigenen Interessen und Ziele und versucht, seine Prinzipien durchzusetzen. Dabei hat er niemals das Wohl des Kindes im Blick.

David erinnert sich daran, wie sein Vater einen Arzt, der vermutlich ebenfalls kaum moralische Skrupel hatte, auf seine Seite gezogen hat:

»Als Kind litt ich an einer Schuppenflechte auf einem Daumennagel, die morgens, mittags und abends behandelt werden musste. Daher wollte meine Mutter, dass ich weiter die städtische Schule besuchte, die in der Nähe lag. Als ich neun Jahre alt war, legte mein Vater vor Gericht ein Gefälligkeitsgutachten von Dr. S. vor, der mich nur ein einziges Mal gesehen hatte. Darin behauptete dieser, mein Gesundheitszustand sei ausgezeichnet, und aus medizinischer Sicht spreche nichts dagegen, dass ich die jüdische Schule besuchte. Diese lag jedoch weiter entfernt, sodass die Behandlung nicht hätte fortgesetzt werden können. Aber mein Vater wollte aus Prinzip unbedingt sein Ziel erreichen.«

Sobald es um gesundheitliche Probleme seiner Kinder geht, weigert sich der manipulative Vater kategorisch, gemeinsam einen Therapeuten oder Arzt aufzusuchen. Meist wirft er seiner Frau vor, sie habe sich nicht ausreichend um die Kinder gekümmert. Besuche bei Ärzten lehnt er ab, unter dem Vorwand, er hätte so viel Arbeit, oder mit der Begründung, das würde »nichts bringen«. Er verkündet laut und deutlich, dass der Arzt oder Psychotherapeut, der ihm für sein Kind empfohlen wurde, eine Niete ist, unfähig, käuflich oder ein Scharlatan – ohne dass er ihn je gesehen hat.

Wenn die Eltern geschieden sind, lehnt er Therapien oder Ärzte, die seine Exfrau vorschlägt, rundheraus ab. Weil er sich unaufhörlich dagegen sperrt, vergehen oft Jahre, bis das Kind die richtige Behandlung erfährt. Das kann die Auswahl eines Logopäden betreffen, aber auch die eines Chirurgen, eines Kinderpsychiaters oder eines Zahnarztes.

Blandine war gerade von ihrem manipulativen Ehemann geschieden worden, als sie mit zweien ihrer drei Kinder Folgendes erlebte:

»Der Kinderpsychiater Dr. H. war ein Freund der Familie. Mein Exmann ertrug die Vorstellung nicht, dass Dr. H. die Kinder weiter betreute, ohne dass er (mein Exmann) alles unter Kontrolle hatte. Er hat versucht, die Kinder zu manipulieren, damit sie das Vertrauen in Dr. H. verloren. Er hat ihnen eingeredet, Dr. H. würde mir alles weitererzählen, weil er ein Freund von mir sei. Dr. H. und ich haben versucht, dem entgegenzuwirken, auch weil wir der Meinung waren, dass die Kinder auf jeden Fall ärztliche Betreuung brauchten. Mein Exmann ist sogar so weit gegangen, dass er an die Ärztekammer geschrieben hat, um durchzusetzen, dass Dr. H. die Kinder nicht mehr behandelte. Er berief sich dabei auf ein Gesetz, auf das ihn sein Anwalt hingewiesen habe und das besage, dass er zwar nicht der Behandlung seiner Kinder widersprechen könne, wohl aber der Behandlung durch einen bestimmten Arzt.«

Doch nicht nur mit Ärzten geht ein manipulativer Vater so um, sondern auch mit Judo-, Klavier- oder Tanzlehrern, die seine Exfrau ausgesucht hat. Entweder es läuft so, wie er will, oder gar nicht! Und er legt nicht nur aus völlig abwegigen Gründen sein Veto ein, um seine Macht zu demonstrieren, sondern weigert sich auch zu zahlen. Die Kosten einer medizinischen Behandlung schrecken ihn zutiefst ab. Er fürchtet Ausgaben für Honorare, die die Krankenkasse nicht übernimmt, Fahrtkosten, »verlorene« Zeit oder Verdienstausfall während der Zeit, in der er sein Kind zum Arzt oder zum Sport begleitet.

Um seine Kinder nicht begleiten zu müssen, bringt er diese Ausreden in den eigenen vier Wänden meist klar und deutlich und völlig unverfroren vor. Außerhalb des engsten Familienkreises präsentiert sich der manipulative Vater jedoch wieder ganz anders. Er gibt vor, sich um die Gesundheit seiner Kinder zu sorgen und alles zu tun, um das beste Vorgehen zu finden.

Zu Hause spricht er häufig davon, dass er »diesen selbst ernannten Experten« nicht vertraut. Aber so ist es nicht. Seine Haltung hat nichts mit mangelndem Vertrauen in medizinisches Fachpersonal zu tun. In den meisten Fällen hat er nie mit ihnen gesprochen und weiß nichts über die vorgeschlagenen Behandlungsmethoden. Er ist also selten in der Lage, sich ein Urteil zu bilden. *Ein Manipulierer fühlt sich ganz allgemein von jedem Menschen bedroht, der einen höheren Bildungsabschluss hat oder über mehr Kenntnisse oder Erfahrungen verfügt als er.* Für einen manipulativen Vater gibt es sogar etwas noch Bedrohlicheres: wenn jemand, den er nicht ohne Weiteres beeinflussen oder durch seine Verführungskünste auf seine Seite ziehen kann, mit seinem Kind in Kontakt kommt. Er fürchtet, das Kind könnte Dinge sagen, die dann, weil er keine Kontrolle darüber hat, die Runde machen.

Man kann seinen Widerstand allerdings überwinden: entweder durch Beharrlichkeit oder indem man einfach ohne sein Wissen eine Entscheidung trifft und ihn, je nach Sachlage, erst im Nachhinein informiert. In manchen Ländern ist es gesetzlich vorgeschrieben, dass beide Eltern einer Behandlung beim Kinderpsychiater oder Kinderpsychologen zustimmen müssen. Die meisten Ärzte und Therapeuten befolgen diese Vorschrift, was allerdings den besorgten und bemühten Elternteil, der sich eine rasche Lösung für die Probleme seines Kindes wünscht, in Schwierigkeiten bringt. Vielen Kinderpsychiatern ist jedoch bewusst, dass es manchmal schlimmer sein kann, eine Behandlung aufzuschieben, als die Vorschriften zu missachten. Und viele Kinder sind durchaus in der Lage, dem widersprechenden Elternteil zu verschweigen, dass sie zu »dem Mann« oder »der

Frau« gehen und mit ihm oder ihr reden oder »Spiele machen«. Manchmal muss man eben Prioritäten setzen …

Wenn ein narzisstischer Vater dann doch einmal mit einem Arzt oder Therapeuten spricht, verhält er sich meist auf eine der beiden folgenden Arten:

Er verstellt sich. In diesem Fall hört er zu und vermittelt seine Zustimmung, stellt aber keine Fragen. Er tut so, als sei er mit allem einverstanden und habe keinerlei Einwände. Der Arzt kann den Gesprächspartner in solchen Fällen nur schwer einschätzen. Sobald der Vater den Raum verlassen hat, nimmt er gegenüber seiner Frau und seinem Kind, wenn es anwesend ist, eine völlig andere Haltung ein. Er zeigt sich mit nichts mehr einverstanden. Er zweifelt die Diagnose an und lehnt die Behandlung ab. Er stellt die Kompetenz des Arztes infrage, dessen Unbefangenheit und dessen Aufrichtigkeit. Diese Behauptungen dienen ihm als Vorwand, sich nicht mehr um Lösungen zu bemühen, die seinem Kind helfen könnten, und sich nicht weiter zu engagieren. Er verkündet, dass er von Anfang an recht damit hatte, diesen Leuten zu misstrauen und um so ein »kleines Wehwehchen« nicht viel Aufhebens zu machen.

Die andere Haltung gegenüber Ärzten oder Therapeuten ist offene Aggression. Der manipulative Vater unterbricht den Arzt in seinen Ausführungen, stellt sinnlose und unpassende Fragen, spricht seine Zweifel an den Antworten aus oder bringt sie zumindest durch seine Mimik zum Ausdruck. An jeder vorgeschlagenen Behandlungsmethode hat er etwas auszusetzen. Wie im Umgang mit seiner Frau will er um jeden Preis recht haben. Und wer recht haben will, muss aufbegehren! Auch wenn das bedeutet, dass man sich absolut irrational und lächerlich verhält und gegebenenfalls sogar die körperliche oder seelische Gesundheit seines Kindes in Gefahr bringt.

Wenn der Sohn oder die Tochter volljährig ist, der Vater aber noch immer starken Einfluss auf ihn oder sie ausübt, werden sich diese Verhaltensweisen nicht ändern. Vor allem, wenn das Kind noch zu Hause wohnt.

Noémie erzählt von einem Gespräch mit ihrer Psychiaterin, an dem auch ihr Vater teilnahm. Sie war damals 19. Ihr Vater hat eine manipulative Persönlichkeit, was sie aber zum Zeitpunkt der folgenden Ereignisse noch nicht wusste:

> »Dieses Gespräch mit meiner Psychiaterin, meiner Mutter und meinem Vater ist mir in schrecklicher Erinnerung. Frau Dr. A. hatte meine Eltern hinzugebeten, um ihnen zu erläutern, woran ich litt: an Depressionen, Angstzuständen und Beklemmungen. Anfangs hatte mein Vater gesagt: ›Deswegen fahre ich doch nicht nach Paris!‹ Nachdem wir lange auf ihn eingeredet hatten, kam er schließlich doch widerwillig. Während des Gesprächs sagte er zu der Psychiaterin: ›Sie machen sie doch erst krank! Es ist doch normal, dass man hin und wieder Angst hat. Ich komme doch nicht hierher, um Ihnen dabei zuzuhören, wie Sie meiner Tochter erklären, dass es an der Angst liegt, wenn sie keine Lust hat, zur Uni zu gehen. Das ist doch grotesk!‹ Er fiel ihr auch dauernd ins Wort oder sah zum Fenster hinaus. Ich war in Tränen aufgelöst. Ich sah immer nur Dr. A. an, war traurig, verzweifelt, entsetzt und fühlte mich hilflos. Auch meine Mutter war ratlos und wusste nicht mehr, was sie tun oder sagen sollte. Es war schlimm für sie, mich so leiden zu sehen und das Verhalten meines Vaters mit ansehen zu müssen. Einmal hat Dr. A. meinem Vater entgegnet: ›Ihre Gefühle sind allein Ihre Sache. Und bitte unterbrechen Sie mich nicht.‹
>
> Seitdem macht sich mein Vater über mich lustig, wenn ich zu Hause bin und wir zusammen essen oder uns un-

terhalten. Er verspottet mich, weil ich zu einer Psychiaterin und einer Psychologin gehe. Er lacht mich aus! Meine Eltern verstehen sich überhaupt nicht mehr, und oft äußert er sich sehr verächtlich über meine Mutter: ›Eher sollte deine Mutter mal zum Seelenklempner gehen, die hätte es wirklich nötig!‹ Oder: ›Und für diesen Unsinn werfen wir eine Menge Geld zum Fenster hinaus!‹ Dabei weigert er sich, auch nur einen Cent für meine Behandlung auszugeben. Meine Mutter kommt für alles auf, für die Gespräche mit der Psychiaterin und die Gruppentherapie zur Selbstachtung und zum Selbstwertgefühl. Und ich brauche diese Treffen unbedingt!
Das Widersprüchliche an seinem Verhalten ist, dass er gleichzeitig seiner Schwester gegenüber (die von meinen Leiden weiß und es gut findet, dass ich mir Hilfe hole) einen völlig anderen Standpunkt einnimmt. Zu ihr sagt er, das sei alles genau richtig so. Ihn so zu hören, tut mir sehr weh, denn sobald sie weg ist, fängt er wieder an, sich aufzuregen und sich über mich lustig zu machen.
Er sagt auch, die Medikamente wären zu nichts nütze und ich sollte sie nicht mehr nehmen. Letztes Jahr habe ich das gemacht und die Angstlöser von heute auf morgen abgesetzt. Damals wusste ich nicht, dass mein Vater ein Manipulierer ist, und habe auf ihn gehört. Daraufhin wurde es immer schlimmer, bis ich zu nichts mehr Lust hatte. Ich schloss mich jeden Tag in mein Zimmer ein und weinte stundenlang. Mein Vater ließ das einfach geschehen. Er fand nichts dabei, dass ich mich so verhielt. Er saß in aller Ruhe vor dem Fernseher, kochte und machte sich überhaupt keine Sorgen, dass mir etwas passieren könnte. Auch zu meiner Mutter ist er oft richtig fies. Dr. A. sagt, dass er seelischen Missbrauch betreibt. Einmal, als wir

alle vier beim Essen saßen, hat er sie angefahren: ›Du warst nicht einkaufen! Du hast überhaupt nichts besorgt! Schämst du dich nicht, deinen Kindern nur Dreck vorzusetzen?‹«

Gespieltes Mitgefühl

Wer eine narzisstische Mutter hat, stößt oftmals auf Schwierigkeiten, wenn er den Menschen in seinem Umfeld, also auch im erweiterten Familienkreis, klarmachen will, wie die Persönlichkeit dieser Frau, die viele von ihnen schon seit der Kindheit kennen, in Wahrheit beschaffen ist.

Leider stellt sich nicht immer der erhoffte Erfolg ein, wenn man die manipulative Mutter als Schauspielerin entlarvt. Viele Freunde und Familienmitglieder sperren sich unbewusst dagegen, das Bild von der sympathischen Frau aufzugeben, die sich um die anderen sorgt, stets hilfsbereit ist und sich die Probleme der anderen zu Herzen nimmt. Es fällt schwer, sich auf einmal einzugestehen, dass ein Mensch, den man bis jetzt für aufrichtig gehalten hat, tatsächlich ein Gefühlsschwindler ist. Schlimmer noch: Festzustellen, dass jemand, der durch und durch normal wirkt, nicht die geringste Spur von Mitgefühl im Herzen trägt, kann unerträglich sein.

Wenn Sie also den Leuten die Augen öffnen wollen, die Ihnen wichtig sind und die Sie davor bewahren möchten, »betrogen« zu werden, müssen Sie sich auf ablehnende Reaktionen gefasst machen. Aber vielleicht sät Ihr Bemühen ja doch erste Zweifel.

Pauline wollte die Verhaltensweisen ihrer Mutter publik machen, die nur wenige Menschen in ihrem Umfeld kennen:

»Ich habe oft versucht, nahen Angehörigen, wie etwa meiner Tante, die Psychologin ist, oder auch entfernteren Verwandten zu erklären, was ich erlebt habe. Offenbar war ich aber wenig überzeugend. Für Außenstehende war meine Mutter einfach nicht so, wie ich sie ihnen beschrieb. Für sie war sie eine kluge Frau, studierte Medizinerin mit hervorragendem Abschluss und eine kultivierte Person. Sie kümmerte sich um Menschen, denen es schlecht ging. Einen ihrer Neffen, der einen Verkehrsunfall hatte, hat sie hundertmal im Krankenhaus besucht, aber bei mir, ihrer Tochter, bei der kürzlich multiple Sklerose diagnostiziert wurde, erkundigt sie sich so gut wie nie, weil ›Telefonieren so teuer ist‹!«

Wir haben bereits gesehen, dass Manipulierer gegenüber manchen Menschen, selbst fremden, Mitgefühl heucheln können, dass sie sich aber weit öfter als Opfer darstellen, um selbst Mitgefühl zu erregen, besondere Aufmerksamkeit auf sich zu ziehen, den anderen ein schlechtes Gewissen zu bereiten oder sie sich verfügbar zu halten. Nicht zuletzt deshalb halte ich es für notwendig, präzise und mit Beispielen darzulegen, wie ein Manipulierer in der Familie mit jedem Einzelnen sein ganz eigenes emotionales Spielchen treibt. Dabei besteht das Risiko, im Umfeld auf taube Ohren zu stoßen, aber eben auch die Chance, Gehör zu finden.

Opfer sind die Manipulierer, sonst niemand!

Manipulative Eltern streiten zwar eine Erkrankung ihres Kindes ab, niemals jedoch ihre eigene. Ganz im Gegenteil! Nicht selten vergleichen sie sich mit ihrem Kind und präsentieren sich als kränker oder schwerer verletzt als ihr Kind.

Das nächste Beispiel ist in dieser Hinsicht erhellend. Caroline ruft ihrer Mutter in einem Brief dabei folgendes Ereignis in Erinnerung:

> »Du hast mich nie getröstet, wenn ich körperliche Schmerzen hatte oder es mir seelisch nicht gut ging (du hast mir sogar vorgeworfen, ich sei ›selber schuld‹!). Wenn ich mich schwerer verletzt hatte, war dein einziger Ratschlag, ich solle tapfer sein und nicht jammern. Einmal wurde mir im Krankenhaus ohne Narkose sechsmal Knochenmark entnommen. Auf dem Nachhauseweg wolltest du, dass ich fahre, trotz des Verbands und der Wunden im Rücken, weil du ›von dieser Schlächterei noch ganz mitgenommen‹ warst.«

Nicht immer wird das Ziel, sich als Opfer mit anfälliger Gesundheit auszugeben, so deutlich. Wie schon mehrfach betont: Narzissten verhalten sich im engeren Familienkreis oft ganz anders als in Gegenwart Dritter. Ich vermute, Carolines Mutter hätte sich ohne ein Wort selbst ans Steuer gesetzt, wenn noch jemand anders dabei gewesen wäre.

In Verbindung mit wenig Mitgefühl für die eigenen Kinder kann diese Ichbezogenheit zu grotesken Situationen führen. Sophie hat erst vor Kurzem erkannt, dass die pathologische Persönlichkeit ihrer Mutter für ein bestimmtes Verhalten verantwortlich ist:

> »Wenn ich von meinem Gesundheitszustand oder dem meiner Kinder spreche, redet sie davon, wie krank die anderen sind! Sie hört überhaupt nicht zu, wenn ich von den schlimmen Erkrankungen spreche, unter denen ich und ihre Enkel leiden. Einmal hatte ich eine Bauchfellentzündung und einmal eine Lähmung in einem Bein. Meine

Kinder haben Depressionen und eine belastende hormonelle Wachstumstherapie durchgemacht. Wenn ich meiner Mutter davon erzählt habe, wie sehr wir alle mit unseren Beschwerden zu kämpfen hatten, hat sie das völlig ignoriert.«

David hat bei seinem manipulativen Vater eine ähnliche Reaktion beobachtet:

»Mit 16 war ich wegen äußerst starker Bauchschmerzen (deren Ursache nie geklärt wurde) im Krankenhaus. Eine Woche, nachdem ich entlassen worden war, erzählte ich meinem Vater, wie sehr mir der Bauch wehgetan hatte. Er hat das unwirsch abgetan und mir entgegengehalten, seine Rückenschmerzen seien viel schlimmer.«

Eine manipulative Persönlichkeit macht sich ihre Wehwehchen zunutze

Wenn eine narzisstische Frau verärgert ist, zeigt sie das meist durch nonverbale Äußerungen, durch die sie Aufmerksamkeit erregen und den anderen ein schlechtes Gewissen machen will. Sie schmollt, zieht eine missbilligende Miene, gibt sich gleichgültig, betont aber auch ihre körperlichen Gebrechen (indem sie langsamer geht, auf ihre Beschwerden beim Gehen hinweist, hörbar seufzt oder plötzlich anfängt zu hinken). Es kann ziemlich komisch sein, im Nachhinein festzustellen, dass sie ihre Schwächen gezielt in einem ganz bestimmten Moment zur Schau stellt. Kinder manipulativer Mütter, die dieses Theater durchschaut haben, erkennen solch ein Verhalten sofort und wissen es richtig einzuschätzen. Sie eilen der »kranken Mutter« nicht mehr zu Hilfe, auch auf die Gefahr hin, als undankbar zu gelten.

Carole hat aus Naivität und schlechtem Gewissen die Spielchen ihrer Mutter lange Zeit mitgemacht:

> »Zehn Jahre lang wollte sie mich jedes Mal, wenn wir im Urlaub waren (der ohnehin nie länger als zwei Wochen dauerte), dazu bringen, wegen meiner angeblich kranken Großmutter früher zurückzufahren. Und jedes Mal war meine Großmutter in bester Verfassung, als wir nach Hause kamen!
> Später hat sie sich jedes Mal, wenn ich – auf Reisen oder zu einem Kongress – im Ausland war, wegen angeblicher Funktionsstörungen in der Notaufnahme vorgestellt.
> Wenn ich ihr meine Hilfe verweigert habe, hat sie eine ihrer Freundinnen dazu gebracht, mich anzurufen, mir ein schlechtes Gewissen zu machen und mir zu erklären, dass ich eine so bewundernswerte Mutter überhaupt nicht verdient hätte.«

Der Gesundheitszustand der manipulativen Mutter, sei er nun tatsächlich oder nur angeblich angegriffen (Arthritis, Herzschwäche, eine kürzlich erfolgte Operation, Spätfolgen, Krebs usw.), verschafft ihr hervorragende Möglichkeiten, ohne größere Anstrengung in die Rolle des Opfers zu schlüpfen. Manipulative Männer dagegen wenden diese Strategie nur selten an. In ihren Augen sind Krankheit und Leiden eher Anzeichen von Schwäche. Weil sie diese Art von Schwäche nicht über lange Zeit hinweg zeigen wollen, kommt es für sie nicht infrage, ein bestimmtes Leiden zu betonen und darüber zu klagen.

Wenn ein manipulativer Elternteil einmal eine Zeit lang in den Genuss von Hilfe oder Besuchen gekommen ist (etwa während eines Krankenhausaufenthaltes), erwartet er, dass dieser

Zustand auch weiterhin anhält. Dahinter steht keine aufrichtige Bitte um Hilfe. Er will, dass die anderen sich für ihn aufopfern, auch über das nötige Maß hinaus. Er behandelt die anderen, als stünden sie ihm in jeder Hinsicht uneingeschränkt zur Verfügung.

Nicole kann zu diesem Thema eine kleine Anekdote berichten:

> »Einige Tage, bevor meine Mutter aus dem Krankenhaus entlassen werden sollte, sagte sie zu den Schwestern: ›Das Abendessen werde ich nicht im Wohnheim einnehmen. Meine Tochter und mein Schwiegersohn werden abends für mich kochen.‹ Nur wussten weder Tochter noch Schwiegersohn davon!«

Doch die manipulative Mutter kann auch durch gegensätzliches Verhalten überraschen: Sie redet ihre Erkrankung klein, beschreibt sie aber bis ins letzte Detail. Sie sagt Ihnen, Sie bräuchten sich keine Sorgen zu machen, benennt aber die Diagnose nicht mit den eindeutigen medizinischen Begriffen (was bei Ihnen Besorgnis auslöst, weil Sie nicht wissen, was genau los ist). Danach spricht sie nicht mehr darüber. Dieses Schweigen ist in der Regel ein Test, ob Sie sich aktiv nach ihren gesundheitlichen Problemen erkundigen, die ja so beunruhigend auch wieder nicht waren. Wenn Sie sich nun keine Sorgen machen, haben Sie auch keinen Grund nachzufragen. Insgeheim wird Ihre manipulative Mutter Ihnen das übel nehmen. Elefanten haben bekanntlich ein gutes Gedächtnis. So auch Manipulierer, wenn man ihr Ego nicht ausreichend stärkt …

Mir scheint, dass manipulative Mütter – anders als die meisten Menschen – nicht noch niedergeschlagener werden, wenn sie ihre Leiden detailliert schildern, sondern daraus *neue Energie* gewinnen.

Damit nicht genug: Wenn ihr Ehemann mit langwierigen gesundheitlichen Problemen zu kämpfen hat, zeigt sich eine narzisstische Frau in bester Verfassung! Sicher kennen viele von Ihnen dieses sonderbare Phänomen, für das die Wissenschaft noch keine Erklärung gefunden hat.

Auch Françoise war irritiert angesichts dessen, was sich zwischen ihrem Vater und ihrer Mutter abspielte:

> »Ich besuchte meine Eltern alle vier bis sechs Monate. Seit Jahren konnte ich verfolgen, wie der Zustand meines Vaters immer schlechter wurde, während meine Mutter, trotz ihrer nicht geringen Behinderung (sie hinkt und kann den linken Arm nicht bewegen), zunehmend jünger, kräftiger und gesünder wirkte.
> Freunde und Familienangehörige behaupteten, meine Mutter sei sehr ›krank und depressiv‹. Ich frage mich, ob das stimmte oder ob dieses Verhalten wieder nur eine manipulative Strategie war, um sich als Opfer hinzustellen.«

Ob die Erkrankung nun echt oder gespielt ist: Die manipulative Mutter schlägt auf jeden Fall Profit daraus. Wenn sie im fortgeschrittenen Alter ist und allein lebt, vernachlässigt sie oft ihre Gesundheit. Fehlt ihr vielleicht eine treue Seele an ihrer Seite, die sich gewissenhaft um sie kümmern und ihr beweisen würde, dass sie diese Aufmerksamkeit verdient? Die Ratschläge ihrer Kinder, auch wenn diese schon erwachsen sind und sich wohlüberlegt äußern, weist sie barsch zurück. Gleichzeitig müssen die Menschen in ihrem Umfeld die Folgen dieser mangelnden Disziplin ertragen. So muss man in ihrer Begleitung langsamer gehen oder sogar ganz darauf verzichten, zu Fuß zu gehen, weil sie übergewichtig ist oder an einer anderen körperlichen Einschränkung leidet, der sie nicht rechtzeitig entgegengetreten ist, sei es durch medizinische Behandlung, Bewegung oder eine Ernährungsumstellung.

Die manipulative Mutter kümmert sich mit größter Sorgfalt um ihre äußere Erscheinung (Kleidung, Accessoires, Make-up, Frisur …), verlangt aber von anderen (oder von der Krankenkasse, von der sie teure Behandlungen in Anspruch nimmt), für ihre Gesundheit zu sorgen, während sie wohlwollende Ratschläge der Familie ablehnt.

Denis ist angesichts des verantwortungslosen Verhaltens seiner Mutter inzwischen ratlos:

> »Meine Mutter macht alleine keinen Schritt mehr. Sie sitzt oft tagelang zu Hause vor dem Fernseher, was ihr meiner Meinung nach überhaupt nicht guttut. Sie klagt unter anderem über Schmerzen im Knie, macht aber die Streckübungen nicht, die ihr doch, wie sie selbst sagt, helfen. Sie sagt auch immer, dass sie sich einen Arzt suchen müsste, dem sie vertrauen kann, unternimmt aber nichts in der Richtung.«

Wenn Sie bei Ihrer Mutter solche Verhaltensweisen feststellen (und diese sich nicht durch eine andere Erkrankung wie etwa Schizophrenie erklären lassen), sollten Sie sich fragen, welchen sekundären Krankheitsgewinn sie daraus zieht.

Was versteht man unter sekundärem Krankheitsgewinn? Allgemein gesprochen werden damit die Privilegien bezeichnet, die man aufgrund gesundheitlicher Beschwerden genießt. Wer zum Beispiel an Platzangst leidet und daher nicht mehr allein aus dem Haus geht oder sich nur noch in einem bestimmten Umkreis um sein Zuhause bewegt, zieht daraus den Nutzen, dass Ehepartner oder Kinder stets bei ihm sind, wenn er diesen Umkreis verlässt. Die Erkrankung und die Abhängigkeit liefern ihm einen geeigneten Vorwand, um die Familie an sich zu binden und sie auf unterschwellige Weise zu kontrollieren. Das erklärt unter anderem, weshalb Menschen, die an Platzangst leiden, im Durchschnitt erst nach 15 Jahren einen spezialisierten Therapeuten aufsuchen.

Wenn ein Manipulierer – das gilt vor allem für manipulative Mütter – sich als Opfer anderer Menschen oder einer Ungerechtigkeit hinstellt oder auf seine Krankheit oder seine Behinderung hinweist, erwartet er Unterstützung, die er auch erhält, und zwar mehr, als er bräuchte. Diese Unterstützung kann in der Anwesenheit anderer bestehen, kostenlosen Fahrtmöglichkeiten, Leistungen, für die nichts verlangt wird, oder in finanzieller Hilfe.

So hält etwa eine manipulative Mutter, die übergewichtig ist, eine ganze Gruppe auf, z. B. bei einer Besichtigung. Irgendwann kommt ihr jemand zu Hilfe, reicht ihr den Arm, setzt sich mit ihr hin, wenn sie sich ausruhen möchte, und unterhält sich mit ihr. Dadurch kann die helfende Person nicht mehr in ihrem eigenen Tempo gehen und vielleicht sogar ihre Runde nicht bis zum Ende durchführen. Die Mutter verfolgt dabei das egoistische Ziel, nicht allein zu sein, auch wenn die Zuneigung, die ihr entgegengebracht wird, teuer erkauft ist. Wenn sie in ihrer Leistungsfähigkeit nicht mehr eingeschränkt wäre, würde ihr niemand besondere Aufmerksamkeit widmen. Daher kommt es für sie überhaupt nicht wirklich infrage, Gewicht zu verlieren.

Andere körperliche Einschränkungen – seien sie tatsächlich schwerwiegend oder nur übertrieben präsentiert – bringen den Vorteil mit sich, dass man sich nicht mehr bewegen muss, die Einkäufe nicht mehr erledigen braucht, sich nicht mehr um den Haushalt kümmern oder einer Arbeit nachgehen muss. Weitere

Folgen können sein, dass man Zahlungen von sozialen Leistungsträgern erhält oder selbst kein Geld mehr ausgibt, sondern andere die Rechnungen bezahlen lässt.

Natürlich kann jeder Manipulierer seinen Gesundheitszustand verbessern, indem er die Ratschläge der Ärzte befolgt. Aber wenn die Vorteile der Krankheit die Nachteile überwiegen, wird er nichts in dieser Richtung unternehmen. Und er wird weiterhin seine Erkrankungen schlimmer darstellen, als sie sind, und über Beschwerden klagen, die ihn in Wirklichkeit vielleicht gar nicht plagen.

Eine manipulative Persönlichkeit klagt ständig über Müdigkeit

Wie schafft man es, die anderen in die Verantwortung zu nehmen und sich den eigenen Verpflichtungen als Ehefrau und Mutter vollständig zu entziehen? Wie verschafft man sich größtmögliche Ruhe, wenn man keine Aufgaben übernehmen will? Alle manipulativen Frauen kennen hierfür das Patentrezept: die eigene Erschöpfung betonen!

Durch diese Zauberformel stehen die eigenen Bedürfnisse sofort an erster Stelle. Das Kind, das um Aufmerksamkeit bittet, weil es ein gelerntes Gedicht aufsagen möchte, bekommt ein Seufzen zu hören: »Was ist denn schon wieder? Nein, das ist mir jetzt zu anstrengend ...«

Wie viele manipulative Mütter machen sich die Mühe und unterstützen ihre Kinder bei den Hausaufgaben? Ich spreche hier von *unterstützen* – und nicht nur von *überprüfen,* indem man fragt: »Hast du deine Hausaufgaben gemacht?« (Diese Frage ist rasch gestellt; man braucht nur zwei Sekunden lang die Lippen zu bewegen.) Anders als manipulative Väter, die ihre Kinder der totalen Kontrolle unterwerfen, interessieren sich solche Mütter nicht im Geringsten für dieses Thema.

Wenn die Mutter Müdigkeit vorschützt, müssen alle in ihrem Umfeld sich anders organisieren und sich der neuen Situation anpassen. Auch Unternehmungen, denen sie zugestimmt oder die sie sogar selbst vorgeschlagen hat (ein Spaziergang oder ein Museumsbesuch), fallen wegen der plötzlichen Erschöpfung der Mutter kürzer aus. Der Besuch einer Veranstaltung wird möglicherweise im letzten Moment abgesagt, ein abendliches Treffen mit Freunden oder Bekannten vorzeitig abgebrochen. Und das mit erstaunlicher Regelmäßigkeit.

Wenn Sie aus der Position des neutralen Beobachters nach Gründen für diese Müdigkeit und vor allem für ihre häufige Wiederkehr suchen, werden Sie feststellen, dass es keine Gründe gibt!

Die Mutter von Denise setzt ihren Gesundheitszustand sehr häufig ein, um der ganzen Familie ein schlechtes Gewissen zu machen:

> »Wenn sie verärgert war, etwa wegen der Schulnoten meines Bruders, schloss sie sich weinend in ihr Zimmer ein, sodass mein Vater und ich uns schuld an ihrem Erschöpfungszustand fühlten. Dann kümmerte sie sich ein oder zwei Tage um überhaupt nichts und mein Vater musste für uns kochen.«

Welche Absichten stecken wirklich hinter einem solchen Vorgehen? Erstens will die manipulative Person in egoistischer Manier die Aufmerksamkeit möglichst vieler Angehöriger (oder einer bestimmten Personengruppe) auf sich ziehen, die sich dann aus Mitgefühl nach ihr richten. Zweitens will sie ihr Umfeld dazu bringen, an ihrer Stelle tätig zu werden und dadurch ihre Trägheit auszugleichen. Drittens rechtfertigt sie auf diese Weise, dass sie ein Engagement verweigert, das ihr – ohne dass sie das jemals deutlich sagen würde – zu anstrengend ist. Die manipulative Strategie ist noch erfolgreicher, wenn die Müdigkeit »ganz plötzlich« auftritt. Dadurch erweckt die Manipuliererin den Anschein, dass sie ursprünglich mit vollem Einsatz dabei sein wollte, nun aber Opfer einer unerwarteten Erschöpfungsattacke geworden ist, gegen die sie nicht ankommt.

Der kurze Satz »Ich bin müde« rechtfertigt in ihren Augen ihre Untätigkeit, und die Betroffenen sehen das genauso. Wie viele Eltern kochen für ihre Familie, obwohl sie erschöpft sind? Wie viele fragen ihre Kinder noch die Hausaufgaben ab, lassen ihnen ein Bad ein und gehen auf die Fragen ihrer Kinder ein, obwohl sie einen langen Arbeitstag hinter sich haben?

Caroline schreibt ihrer Mutter:

> »Weißt du noch, dass du immer extrem müde warst, obwohl du eigentlich nie viel gemacht hast? Du hast immer gesagt, du hättest ›schwache Nerven‹, und solche Sachen. Komischerweise warst du nicht zu müde, um überall dein Gift zu streuen, und schon gar nicht, um regelmäßig fürstlich zu tafeln!«

Sophie hat Ähnliches beobachtet:

> »Seit ich klein war, hat meine Mutter immer gesagt, sie sei ›müde‹. Zurzeit behauptet sie, sie sei ›verängstigt‹. Dadurch wirft sie uns indirekt vor, dass wir uns zu selten erkundigen, wie es ihr geht. Ich kann das nur schwer glauben, denn oft sagt sie das genaue Gegenteil und spielt ihr Leiden herunter.«

Die manipulative Mutter ist »müde« – und damit werden Sie Ihr Leben lang zurechtkommen müssen. Wenn Sie ihr Spiel mitmachen, werden auf lange Sicht *Sie* keine Kraft mehr haben. Daher ist es wichtig, dass Sie auf sich achten und Grenzen setzen, damit Sie diese immense Last nicht tragen müssen, die aus vorgetäuschten, »chronischen« gesundheitlichen Problemen besteht, die unter Umständen auch *Ihre* Gesundheit beeinträchtigen können.

Übermäßig egozentrische Eltern

Alle manipulativen Menschen sind Egozentriker. Das heißt, dass sich alles nur um sie dreht, dass sie alles auf sich beziehen und nach den eigenen Interessen beurteilen. Egoisten haben nur den eigenen Lustgewinn im Blick und verfolgen nur die eigenen Ziele, ohne Rücksicht auf die Interessen anderer. Manche Manipulierer erweisen sich als offen egoistisch, andere dagegen geben sich altruistisch und auch großzügig, falls es ihnen gelegen kommt, wenn sie also Profit daraus schlagen können.

Die egozentrische Prägung manipulativer Persönlichkeiten hat zur Folge, dass eine authentische und aufrichtige Kommunikation mit ihnen nur schwer möglich ist. Ein Gespräch mit einem manipulativen Elternteil hat kaum begonnen, bis sich plötzlich alles nur noch um ihn dreht und er so den Eindruck vermittelt, Ihr Befinden sei ihm völlig egal. In Wirklichkeit merkt er sich ganz genau, was Sie ihm von sich erzählen, auch wenn er nichts entgegnet, was Ihren Erwartungen entspricht. Innerhalb weniger Sekunden oder Minuten kann damit eine angespannte Gesprächssituation entstehen, wie das folgende Beispiel zeigt.

Véronique hatte ihre manipulative Mutter nie um Unterstützung gebeten. Dennoch sagte diese einmal wie aus heiterem

Himmel zu ihr: »Ihr könnt euch wirklich nicht beschweren. Immerhin müsst ihr mich nicht finanziell unterstützen. Heutzutage haben viele Kinder ihre Eltern am Hals.«

Véronique antwortete: »Das stimmt, aber andersherum ist es genauso. Ich weiß von vielen Eltern, die jetzt ihre Kinder unterstützen müssen. Du musst das nicht, ich komme alleine klar.«

Die manipulative Mutter entgegnete prompt: »Ganz genau. Dann kann meine Erziehung ja nicht so falsch gewesen sein.«

Kennzeichnend für einen Manipulierer ist ebenfalls, dass er eine Diskussion über ein Thema anzettelt, das überhaupt nicht zur jeweiligen Situation passt. Dann fühlen sich die anderen verpflichtet, auch etwas dazu zu sagen. Aber egal, was von den anderen kommt: Er behält immer recht!

Uninteressiertes Zuhören

Die Erlebnisse der anderen, vor allem die schönen Dinge und die Erfolge, interessieren einen Manipulierer im Grunde kein bisschen. Denis beschreibt das Verhalten seiner manipulativen Mutter:

> »In den ersten Stunden unseres Besuchs hat mein Freund versucht, über etwas anderes zu sprechen als die immer gleichen Themen, über die meine Mutter redet. (Zum Beispiel ihr schlechter Gesundheitszustand, gegen den sie aber auch nichts unternimmt, weil ihre Pläne angeblich von anderen Leuten durchkreuzt werden, die niemals das tun, was sie tun sollten. Dabei kündigt sie jedes Mal an, diese Leute anzurufen und zur Schnecke zu machen.) Sie hat ihn sofort unterbrochen und unverblümt gesagt: ›Das interessiert mich alles nicht!‹«

Anders als in diesem Beispiel bringt ein Manipulierer sein Desinteresse meist nicht so deutlich zum Ausdruck. Er hört vielmehr auf eine bestimmte Weise zu, die man als »uninteressiertes Zuhören« bezeichnen kann. Während Sie von sich erzählen, schaut er auf den Fernseher, sieht sich in der Umgebung um, blättert seine Post durch, starrt auf den Bildschirm seines Computers usw. Er sieht Sie nicht an, weil seine Blicke an anderem hängen. Dadurch bekommen Sie unweigerlich den Eindruck, dass ihn das, was Sie sagen, nicht interessiert oder dass Sie ihn stören. Diese Botschaft vermittelt er Ihnen auf unterschwellige Weise. *Sie interessieren ihn nicht.* Gänzlich perplex sind Sie, wenn Sie ihn darauf ansprechen: »Hörst du mir überhaupt zu? Was habe ich gerade gesagt?«, und er daraufhin Ihren letzten Satz Wort für Wort wiederholt. Doch in einem echten Gespräch kommt es nicht darauf an, sich wortwörtlich zu merken, was der andere sagt, sondern sich ernsthaft für ihn zu interessieren und ihm dies auch zu zeigen (indem man zustimmt, mit Gesten und Worten seine Anteilnahme ausdrückt, Fragen stellt oder die Aussagen des anderen mit eigenen Worten formuliert oder ergänzt). Ein Narzisst hört nur selten auf diese Weise zu. Manchmal tut er nicht einmal so, als höre er Ihnen zu. Er unterbricht Sie, ohne sich vorher dafür zu entschuldigen, und spricht von etwas völlig anderem.

Kinder solcher Eltern sind dieses Verhalten irgendwann leid und erzählen nicht mehr von den schönen Dingen, die sie erlebt haben. Sie sprechen nur noch über Dinge, die den jeweiligen Elternteil interessieren.

Ein Sohn beschreibt das Verhalten seiner Mutter:

> »Seit einigen Jahren will sie, wenn wir telefonieren, nichts mehr von mir hören oder von dem, was mich wirklich bewegt. Sie interessiert sich nur noch für das, was sie

betrifft (und das sind meistens ihre gesundheitlichen Probleme). Also halte ich mich zurück und rede übers Wetter. Aber auch dann macht sie mir Vorwürfe und sagt, ich würde Ausflüchte machen. Eine paradoxe Ansage …«

Kein echtes Interesse am Leben der anderen

Dem Manipulierer fehlt jedes echte Interesse an Ihnen. Ehrlich ist nur sein Desinteresse! Weil er nur die eigenen Belange im Blick hat, fehlt es ihm durch und durch an Mitgefühl. Ihr Wohlergehen, Ihre Gefühle und Ihre Emotionen kümmern ihn nicht. Hier liegt der Kern der gesamten Problematik: sein krankhafter Narzissmus.

David berichtet von einer Reaktion seines Vaters, die ihn sehr getroffen hat:

> »Als ich meinen Vater angerufen habe, um ihm mitzuteilen, dass meine Großmutter gestorben war, war ich ganz durcheinander und erhoffte mir ein paar tröstende Worte. Er hat reagiert, als hätte ich ihm irgendetwas völlig Belangloses erzählt.«

Auch in folgendem Verhalten kommt das Desinteresse des Vaters für den Sohn zum Ausdruck:

> »Während der Sommerferien sollte ich jeweils einen Monat bei meiner Mutter und bei meinem Vater verbringen. Aber oft schickte mich mein Vater für die Zeit, die ich bei ihm sein sollte, in ein Ferienlager. Das führte dazu, dass ich ihn in den Wochen, in denen er sich um mich hätte kümmern sollen, nicht ein einziges Mal gesehen habe!«

Die List des Manipulierers besteht darin, der Welt das genaue Gegenteil seiner Gefühle vorzuspiegeln, nämlich dass ihm sehr wohl an den anderen gelegen sei. Wir haben bereits gesehen, wie er die anderen über seine wahre Natur hinwegtäuscht, indem er sich ihnen gegenüber warmherzig und menschlich gibt.

Im engeren Familienkreis wird der Mangel an moralischen Prinzipien, Mitgefühl und aufrichtigem Interesse für die Mitmenschen besonders deutlich. Hier zeigt der manipulative Elternteil sein wahres Gesicht. Man könnte vermuten, dass er zumindest mit seinen Kindern anders umgeht. Doch weit gefehlt! Um seine Einsamkeit zu überspielen, will er, dass sie ihn besuchen oder in seiner Nähe sind. Aber darüber hinaus zeigt er keinerlei Interesse für das Leben seiner Kinder und die Probleme, mit denen sie vielleicht zu kämpfen haben. Allerdings misst er auch hier mit zweierlei Maß, je nach dem emotionalen Stellenwert, den das betreffende Kind bei ihm hat. Das kann dazu führen, dass er eines der Kinder bevorzugt und ihm mehr Zuneigung zeigt. Aber sind diese Zuneigungsbekundungen aufrichtig? Sie sind es unter Umständen, oder doch zumindest zeitweise, solange das Kind die Bedürfnisse des hypernarzisstischen Elternteils erfüllt. Ein Einzelkind kann den Eindruck gewinnen, im Zentrum der Aufmerksamkeit der Eltern zu stehen (dies gilt vor allem für Töchter, die von ihrer Mutter schon in sehr jungen Jahren zur Vertrauten und Freundin gemacht werden). Aber wenn das Kind plötzlich eine Leidenschaft für jemand anderen entwickelt, kann es damit sehr schnell vorbei sein.

Traurige Kinder, herablassende Eltern

Manipulierer reagieren auf die Gefühle anderer in merkwürdiger Weise: Freude empfinden sie als störend, Wut erfüllt sie mit Begeisterung, Angst erregt sie und angesichts von Traurigkeit werden sie herablassend. Wenn jemand unter Tränen seine Traurigkeit zum Ausdruck bringt, kontert der Manipulierer mit einem Monolog, der keinen Trost spendet, sondern im Gegenteil von Aggressivität und Verachtung geprägt ist.

Die 18-jährige Laurence musste das erleben, als sie eines Abends versuchte, ihrem Vater zu erklären, weshalb es ihr seit zwei Jahren nicht gut ging:

> »Mein Vater hat mir kategorisch verboten, in seinem Haus zu weinen. Er weigerte sich, über Themen zu sprechen, bei denen ich in Tränen ausbrechen könnte, er wollte sich nicht ›mit seiner weinenden Tochter herumschlagen‹, und er hatte nicht das geringste Verständnis dafür, dass ich ›in seinem Haus herumheulte, wo ich doch alles hatte, was ich wollte‹. Natürlich hat er mir kein bisschen zugehört. Während des ganzen Gesprächs, das auch zu überhaupt nichts führte, hat er mich nicht ein einziges Mal angeschaut. Er saß nur da, verschlossen wie ein Grab. Als ich ihn gefragt habe, ob er sich überhaupt für mich interessierte, hat er barsch geantwortet, ohne den Blick vom Fernseher zu wenden: ›Wenn ich jetzt Nein sage, dann verziehst du dich doch wieder nur heulend auf dein Zimmer.‹
> Kurz darauf ist er in mein Zimmer gekommen, hat das, was ich gesagt hatte, völlig verdreht wiedergegeben und mir wieder einen Monolog gehalten, diesmal über mein ›emotionales Wesen‹. Anschließend hat er gesagt: ›Wenn du dich nicht änderst und wir endlich miteinander auskommen, dann musst du darüber nachdenken, ob du nicht …‹ Dann war ich es, die in rauem Ton und ohne ihn anzusehen geantwortet hat: ›Dann nehme ich mir eine Wohnung in der Stadt.‹ Daraufhin hat er zu einem drit-

ten Monolog angesetzt, in dem er mir ausgemalt hat, wie schlimm das werden würde: ›Du wirst schon sehen, was es heißt, eine eigene Wohnung zu haben, zu arbeiten und zu studieren.‹ Er hat betont, dass es am besten wäre, wenn ich bei ihm wohnen bleiben würde, und dass er mich keinesfalls unterstützen würde, wenn ich eine eigene Wohnung hätte. ›Du weißt überhaupt nicht, wie gut du es hier hast.‹ Das hat er an dem Abend fünfmal gesagt.«

Dieses Beispiel ist in zweierlei Hinsicht aufschlussreich. Einerseits verursacht die Traurigkeit seiner Tochter bei dem manipulativen Vater ganz deutlich äußerstes Unwohlsein, andererseits lösen die Absicht der (noch sehr jungen) Tochter, von zu Hause auszuziehen, sowie die Vorstellung, allein zu bleiben, geradezu Panik bei ihm aus. Schlagartig ändert er seine Haltung, um seine Tochter zum Bleiben zu überreden. Und das innerhalb weniger Sekunden! Der weitere Gesprächsverlauf ist ebenfalls interessant. An ihm lässt sich erkennen, wie ein Manipulierer sprunghaft das Thema wechselt, um die Integrität seines Kindes in Zweifel zu ziehen und die Kontrolle zu behalten.

Der Vater von Laurence fährt fort:

»Mit deinem Bruder komme ich gut aus. Mit dem gibt es nie Probleme. Aber du, wenn du weiterhin mit mir streiten willst oder meinst, dass es dir hier nicht gut geht, dann solltest du mal zum Psychologen gehen.«
Laurence blickte vom Computer auf, sah ihren Vater so eindringlich wie möglich an und sagte, ohne eine Miene zu verziehen: »Genau das werde ich tun. Sobald ich angefangen habe zu studieren, gehe ich zu einem Psychologen.«

Die Überraschung in den Augen ihres Vaters war nicht zu übersehen. Er fing an, Laurence zu beschimpfen und herunterzumachen. Wenn sie wirklich zu einem Psychologen gehen wolle, dann könne sie sich »in den Armen eines Unbekannten ausweinen und ihm erzählen, wie unglücklich sie war, obwohl das doch gar nicht stimmte«. Wieder einmal führte das Gespräch zwischen Vater und Tochter zu nichts …

Noch schlimmer wird es, wenn der narzisstische Vater es mit einem weinenden jungen Sohn zu tun hat. Dann potenzieren sich bei ihm Wut und Verachtung. Er hat nicht das geringste Verständnis dafür, dass sein Kind solche »Schwächen« zeigt. Dieser Sohn, von dem er glaubt, er sei charakterschwach und ihm daher kein bisschen ähnlich, löst bei ihm regelrecht Hassgefühle aus. Das erträgt er nicht. Er brüllt herum, schüttelt seinen Sohn, bestraft und misshandelt ihn. Der Vater wendet dabei seelische Gewalt an, unter der das Kind während seiner ganzen Kindheit leidet oder sogar, wenn es den Kontakt zum Vater hält, für den Rest seines Lebens. Zu allem Überfluss bemüht sich der Sohn in einem solchen Fall meist um die Anerkennung und das Wohlwollen des Vaters. Dadurch kann er sich unbewusst sein eigenes Leben zerstören. Dann ist eine Psychotherapie schon in jungen Jahren angezeigt. Der manipulative Vater darf davon allerdings nichts erfahren, denn er lehnt es ab, dass andere sich in *seine* Erziehung einmischen. Er sieht das als Einflussnahme und als Bedrohung an.

Um nicht mehr unter der Ablehnung durch den Vater zu leiden, muss der Junge zum einen verstehen, dass das Verhalten seines Vaters krankhaft ist, und sich von dem Gefühl befreien, er sei dafür verantwortlich. Zum anderen muss er lernen, seine unbewussten Sabotageakte einzustellen, um als Erwachsener ein glückliches Leben führen zu können. Ohne Hilfe von außen oder die Möglichkeit, eine gesunde Widerstandskraft gegenüber den herrschenden Umständen zu entwickeln, stehen die Zukunftsaussichten eines solchen Kindes schlecht.

Dieselbe Verachtung bringt ein narzisstischer Vater seinem Baby entgegen, wenn dieses an einer organischen Krankheit leidet oder körperlich behindert ist. (Ist Letzteres der Fall, verlässt er Mutter und Kind, ohne auch nur zu versuchen, sein Kind zu erziehen. Er lehnt sein Kind vielmehr rundheraus ab.) Er zeigt keinerlei Mitgefühl für ein krankes Baby, erträgt solche Schwächebekundungen nicht (die in seinen Augen kein gutes Omen für die Zukunft sind) und ebenso wenig die Tränen des Kindes.

In anderen Situationen führt die übersteigerte egozentrische Haltung des Manipulierers dazu, dass er spontan eine Position bezieht oder eine Entscheidung trifft, die gegen die Normen des sozialen Miteinanders verstößt. Solche Verhaltensweisen und solche Äußerungen erscheinen noch weitaus abwegiger, wenn man bedenkt, dass verwandtschaftliche Beziehungen, also auch die zwischen Eltern und Kindern, in ihrem Kern von Liebe bestimmt sein sollten.

Manipulative Eltern bemühen sich nicht um die Familie

Wenn wir in einer Familie, einer Paarbeziehung oder einer anderen Form von Gemeinschaft leben, müssen wir uns anpassen und Zugeständnisse machen und die Bedürfnisse der anderen respektieren.

Ein Manipulierer nimmt auf die Bedürfnisse der anderen nur dann Rücksicht, wenn ihn das nicht stört, oder auch nur dann, wenn er sich etwas davon verspricht. Der Gedanke, sich Mühe zu geben, um dem Ehepartner oder den Kindern eine Freude zu machen oder für ihr Wohlergehen zu sorgen, löst bei ihm kategorischen Widerstand aus. Und die Familie muss seine Stimmungsschwankungen ertragen …

Denis berichtet:

> »Wenn meine Mutter längere Zeit nichts von ihrem verheirateten Geliebten gehört hat (den sie selbst nicht anrufen darf), wird sie uns gegenüber unerträglich, ohne uns irgendetwas zu erklären oder sich zu entschuldigen. Sie zieht sich vollkommen zurück, sitzt vor dem Fernseher und ignoriert uns auf ganzer Linie. Ich habe lange gebraucht, um den Zusammenhang zu verstehen.«

Auffallend oft berichten Betroffene davon, dass narzisstische Eltern ihre schlechte Stimmung nicht zurückhalten, wenn ihre erwachsenen Kinder sie besuchen. Oft ist die Atmosphäre nur während der ersten Stunden normal, herzlich, freundlich und warmherzig. Im besten Fall hält sie drei Tage lang an. Hierin zeigt sich meiner Ansicht nach die Unfähigkeit, Gefühle wie Wut oder Traurigkeit im Zaum zu halten, die in der Regel nicht durch störendes Verhalten der anderen Anwesenden ausgelöst werden. Das stellt Sie als Betroffene vor ein Problem, weil Sie sich diese schlechte Stimmung nicht erklären können und sich fragen, wodurch Sie sie verursacht haben könnten. Es gibt jedoch keine Hinweise darauf, dass die Eltern sich mit Absicht so verhalten. Hypernarzisstische Eltern drängen ihre erwachsenen Kinder oft dazu, sie zu besuchen, sind sich aber nicht unbedingt im Klaren darüber, dass diese gemeinsam verbrachte Zeit für die Kinder äußerst unangenehm ist.

Der manipulative Vater von Yvan wollte nicht, dass sein Sohn seine Freundin Lyna heiratet, mit der Begründung, ihm würden aus dieser offiziellen Verbindung »finanzielle Verpflichtungen« gegenüber seiner Frau und seinem Kind erwachsen.

Lyna schildert den Hergang der Ereignisse:

»Trotz der Einwände von Yvans Vater hatten wir uns entschlossen, unserer Beziehung ›eine ordentliche Form zu geben‹ und im Dezember zu heiraten, wenn ich im siebten Monat wäre. Wir hatten vor, nur standesamtlich und auch nur im kleinen Kreis zu heiraten (mit unseren Eltern, Großeltern und meinem Bruder) und anschließend in ein erstklassiges Restaurant zu gehen. Aber dann mussten wir alles absagen, weil Yvans Vater zu der Zeit beim Skifahren war! Damit konnten wir nicht mehr vor der Geburt des Kindes heiraten. Also haben wir die Hochzeit auf den folgenden Sommer verschoben.
Unser Sohn kam Anfang Februar zur Welt. Die Geburt war entsetzlich, ich wäre dabei fast gestorben. Danach war ich vier Monate in intensiver ärztlicher Behandlung, bevor ich wieder einigermaßen gesund wurde. In dieser Zeit hat sich mein Verhältnis zu Yvans Eltern noch weiter verschlechtert. Sie wollten, dass er die Wochenenden mit dem Kind bei ihnen verbrachte. Unter der Woche war Yvan allein zu Hause (um seine Doktorarbeit zu schreiben). Ich war mit dem Kind bei meinen Eltern, 130 Kilometer entfernt. Ich musste zweimal täglich zum Arzt und konnte mich daher nicht um das Baby kümmern. Yvan kam nur an den Wochenenden zu mir. Wenn er mit dem Kind zu seinen Eltern gefahren wäre, hätte er keine Zeit mit mir verbringen können. Die Ärzte hatten eine stationäre Behandlung vermieden, damit ich bei meinem Kind sein konnte, aber mein Gesundheitszustand war weiterhin schwierig. Natürlich hätten Yvans Eltern zu mir kommen können, um ihren Enkel zu sehen. Aber dafür hätten sie 130 Kilometer fahren müssen, und das wollten sie nicht!«

Manipulative Eltern tun nur widerwillig einen Gefallen

Manipulative Eltern tun ihren Kindern so gut wie nie einen Gefallen. Dazu müssten sie sich ja Mühe geben, sich anders organisieren und Zeit investieren, wozu sie nicht bereit sind. Dass sie durch ihre Hilfe die Kinder entlasten würden, spielt für sie keine Rolle.

Milena hat dieses Verhalten bei ihrer narzisstisch gestörten Mutter oftmals beobachten können:

> »Einmal habe ich ihr Geld dagelassen und sie gebeten, Bücher abzuholen, die ich bestellt hatte, sowie meinen Führerschein. Auch für das Porto habe ich ihr Geld dagelassen. Natürlich hat sie es nicht gemacht, und ich musste mich bei einem meiner seltenen Besuche selbst darum kümmern (und das im Ausland!).«

Marion, die aus Griechenland stammt, hat diesen Widerwillen zu helfen bei ihrer Mutter und bei ihrem Bruder erlebt, die beide manipulative Persönlichkeiten sind:

> »Ich habe meine Mutter und meinen Bruder gebeten, sich ein bisschen um meine kleine Wohnung in Griechenland zu kümmern, zumal sie ja beide regelmäßig dort waren. Das war für sie immer *sehr* anstrengend! Und meistens musste ich von Frankreich aus eine Lösung finden. Das war natürlich viel aufwendiger für mich, weil ich nie genau wusste, wie weit die einzelnen Angelegenheiten jeweils fortgeschritten waren: kleinere Renovierungsarbeiten, die Klimaanlage, die Gartenpflege …«

Ein Manipulierer kann durchaus Menschen in seinem Umfeld helfen, die Unterstützung brauchen. Aber gegenüber seinen Kindern tut er dies selten aus freien Stücken und aus ehrlicher Hilfsbereitschaft.

Narzisstischen Eltern sind die materiellen Bedürfnisse ihrer Kinder vollkommen gleichgültig, und sie haben dabei überhaupt kein schlechtes Gewissen. Die Folgen ihrer Tatenlosigkeit kümmern sie nicht im Geringsten. Diese Weigerung zu helfen kann auch den Charakter einer Sanktion haben, eines Druckmittels, dem zugleich eine Botschaft innewohnt. Außer freilich, sie hat rein egozentrische Motive!

Im Fall von Sabrina können beide Erklärungsversuche helfen:

»Mein Auto ist auf meine Mutter zugelassen. Also werden ihr der Steuerbescheid und auch die Strafzettel zugestellt. Die ersten Strafzettel kamen, als ich schon von zu Hause ausgezogen war. Also wusste ich nicht, dass ich welche bekommen hatte. Sie hat sie mir nicht an meine neue Adresse nachgeschickt, obwohl ich sie ihr mitgeteilt hatte. Daher vermute ich, dass sie das absichtlich unterlassen hat. Dann wollte ich das Auto ummelden. Dazu brauchte ich viele Dokumente, die noch bei meiner Mutter waren, sowie eine schriftliche Einverständniserklärung von ihr. Ich habe ihr mit der Post eine Liste der Dokumente geschickt und sie gebeten, mir diese zukommen zu lassen. Dabei habe ich ihr noch einmal meine neue Anschrift mitgeteilt. Danach habe ich ein Jahr lang nichts von ihr gehört! Ich habe den Leuten in der Behörde die Situation erklärt, aber sie haben mir gesagt, sie könnten ohne diese Dokumente nichts tun. Ich fühlte mich nicht in der Lage, meine Mutter anzurufen, um die Sache zu besprechen.

Dann stand eines Tages ein Polizist vor meiner Tür. Er war gekommen, um mir die Beschwerde meiner Mutter hinsichtlich der Strafzettel und der Ummeldung zu überbringen. Zum Glück hatte ich Kopien sämtlicher Dokumente, die ich ihr geschickt hatte. Ich habe ihm detailliert erklärt, was ich bis dahin alles unternommen hatte, und dass meine Mutter nicht reagiert hatte. Der Polizist hat mir mitgeteilt, dass meine Mutter inzwischen umgezogen war und daher die Dokumente vielleicht gar nicht bekommen hatte. Sich einer dritten Person zu bedienen und mich zu erpressen – das war typisch für die Art, wie sie mich behandelte.«

Die anderen müssen sich ihrem Willen beugen

Narzisstische Persönlichkeiten, Männer wie Frauen, haben das Bedürfnis, immer recht zu behalten, ihre Entscheidungen auch gegen den Willen der Mehrheit durchzusetzen, bedient zu werden, wie früher Könige bedient wurden, und fühlen sich nicht an die Regeln gebunden, die von der Gesellschaft, von Behörden und sonstigen Einrichtungen aufgestellt werden. Anders gesagt: Sie sind ständig damit beschäftigt, dass die anderen ihnen zu Willen sind. Dass diese Erwartungshaltung egozentrisch ist, lässt sich leicht daran ablesen, dass Narzissten sich nicht im Geringsten bewusst sind, welche Risiken diese Haltung für die anderen mit sich bringt, oder auch nur, wie diese dadurch in ihrem Alltag beeinflusst sind.

Fabienne schildert hierfür ein Beispiel:

»Wenn ich auf Dienstreise war, hat meine Mutter mich gebeten, ihr die Duschhauben mitzubringen, die es in den

Hotels gibt, weil sie engmaschiger sind als die, die man üblicherweise kaufen kann. Wenn ich zurückkam, hat sie immer gleich danach gefragt und sich überschwänglich bei mir bedankt. Aber irgendwann hat diese Bitte einen Keil zwischen uns getrieben, denn als ich die Duschhauben einmal vergessen hatte, hat sie völlig übertrieben reagiert: ›Wie konntest du das nur vergessen? Es ist doch wirklich keine große Sache! Wirklich sehr zuvorkommend, wie du an mich denkst!‹ Ich hatte ein schlechtes Gewissen, und bei der nächsten Reise habe ich die Duschhauben mit einem Eifer eingesammelt, als wäre das Ganze eine Staatsaffäre. Aber ich fühlte mich unwohl dabei, als säße ich in der Falle. Ich fühlte mich verpflichtet, bei jeder Kleinigkeit an meine Mutter zu denken, auch wenn wir weit voneinander entfernt waren. Sie lenkte aus der Ferne mein Handeln und brachte mich dazu, stillschweigend zu akzeptieren, dass es nichts Wichtigeres gab, als ihren Wünschen zu entsprechen.«

Fabiennes Mutter wendet eine effektive Methode an, um ihre Ziele zu erreichen. Sie weiß, dass ihre Tochter großen Wert darauf legt, ihre Versprechen zu halten. Also nimmt sie ihr, ganz die manipulative Mutter, ein Versprechen ab, nur um sie später daran zu erinnern, dass Versprechen immer eingehalten werden müssen. Die Machenschaften manipulativer Menschen haben nur dann Erfolg, wenn die Betroffenen an bestimmten Prinzipien festhalten, an die die Manipulierer sie im geeigneten Moment wie nebenbei erinnern. Diese Prinzipien sind meist Regeln für ein geordnetes Miteinander. Weil Fabienne ihre Zusagen aus Überzeugung einhält, gilt sie als zuverlässig. Das ist eine sehr schätzenswerte Eigenschaft, aber weil Fabienne ihre Überzeugung zum Prinzip erhebt, wird sie in ihrem Handeln unflexibel und kann nicht mehr auf die jeweiligen Gegebenheiten reagieren. Prinzipien stehen in keinem Zusammenhang mit einer konkreten Situation. Sie gelten immer, unabhängig von den Umständen. Und das ist die Falle! Anders gesagt: Wenn Fabienne ein Versprechen abgibt, das sie dann aber in einer konkreten Situation nicht einhalten kann, wird sie alles versuchen, die Hindernisse aus dem Weg zu räumen, wodurch sie sich selbst in die Zwickmühle bringt.

Fabienne beschreibt eine von Manipulierern häufig angewandte List, durch die ihre Mutter sie zu einer Zusage nötigt, die sie nicht aus freien Stücken gibt:

> »Meine Mutter holt Versprechen ein, indem sie das Gewünschte einfach benennt, statt ausdrücklich darum zu bitten, was ja die Gefahr bergen würde, dass ihr Wunsch abgelehnt wird. Zum Beispiel: ›Wenn du angekommen bist, rufst du mich an.‹ Sie sagt das in einem Ton, der keinen Widerspruch duldet, und sie erwartet auch gar keine Bestätigung. Sie sagt es, und damit gilt es. Wenn ich einmal nicht sofort nach meiner Ankunft anrufe, hält sie mir vor, dass ich es doch versprochen habe, dass man seine Versprechen halten muss, dass das wirklich nicht sehr rücksichtsvoll von mir ist usw.«

Wie viele andere wird Fabienne erst Jahre später erkennen, dass sie ihre Versprechen nicht freiwillig gegeben hat, sondern dass ihre Mutter sie ihr aufgezwungen hat.

Der Manipulierer benutzt Ihre Prinzipien, um zu erreichen, dass Sie sich so verhalten, wie er es will. Er gibt sich den Anschein, dass diese Überzeugungen für ihn einen ebenso hohen Wert haben wie für Sie. Doch wenn Sie genau hinschauen – und das können Sie innerhalb des engeren Familienkreises –, werden Sie feststellen, dass sein Handeln oftmals im Widerspruch zu diesen Überzeugungen steht.

Das folgende Beispiel zeigt, wie dabei zwei egozentrische Haltungen zusammenspielen: falsche Versprechen, damit das Gegenüber seinen Widerstand aufgibt und der Manipulierer seinen Willen durchsetzt, sowie die ganz persönliche Vorstellung, selbst außerhalb geltender Regeln zu stehen (die nach Ansicht des Manipulierers ohnehin nur von Dummköpfen beachtet werden).

Fabienne berichtet von folgender Episode:

> »Als meine Mutter mit ihrem Hund ein Museum besuchen will, wird ihr der Zutritt verwehrt, weil Hunde im Museum verboten sind. Sie ist empört darüber, dass auch sie sich an die Vorschriften halten soll. Anfangs ereifert sie sich noch: ›Aber das ist doch lächerlich! Was soll mein Hund denn schon anrichten?‹ Der Museumswärter lässt sich nicht umstimmen und sagt immer wieder in höflichem Ton, dass es ihm leidtut, aber dass so nun einmal die Vorschriften sind. Ich schlage meiner Mutter vor, den Hund im Auto zu lassen. Sie wirft mir einen vernichtenden Blick zu, als hätte ich sie auf perfideste Weise verraten, läuft rot an und sagt, dass das überhaupt nicht infrage kommt und sie dann lieber auf den Museumsbesuch verzichtet. Ich rechne also damit, dass wir wieder gehen. Da sagt sie auf einmal mit sanfter Stimme und freundlichem Lächeln zum Museumswärter: ›Aber er ist doch gar kein richtiger Hund, so klein, wie er ist!‹ Der Wärter lacht erheitert. ›Und wenn ich ihn auf dem Arm trage, lassen Sie mich dann hinein? Ich verspreche Ihnen, dass ich ihn die ganze Zeit tragen werde. Er wird nichts kaputt machen.‹ Angesichts dieser Charme-

offensive knickt der Wärter zu meiner großen Überraschung ein.

Wir betreten also das Museum, und kaum hat sich die Tür hinter uns geschlossen, setzt meine Mutter den Hund auf den Boden! Mir verschlägt es fast den Atem und ich sage zu ihr: ›Aber du hast doch dem Wärter gerade versprochen, ihn auf dem Arm zu behalten!‹ Sie sieht mich an, ernsthaft überrascht über so viel Naivität. ›Ja und? Das ist mir doch egal!‹ Und ich frage mich, ob vielleicht ich diejenige bin, die nicht ganz richtig im Kopf ist.«

Manipulierer nehmen Ihr Territorium in Besitz

Sicher haben viele von Ihnen einen Schlüssel bei Verwandten, Nachbarn oder Freunden hinterlegt, meist aus einem ganz einfachen Grund: als Vorsichtsmaßnahme für den Fall, dass Sie Ihren Schlüssel verlieren oder vergessen, aber auch, damit sich im Notfall jemand Zugang zu Ihrer Wohnung verschaffen kann. Das alles ist ganz normal. Solange es keine Probleme gibt, kommt der Schlüssel nicht zum Einsatz. Kein Freund, kein Nachbar und niemand aus Ihrer Familie wird ohne Grund und ohne Ihr Einverständnis in Ihr Heim eindringen.

Wenn Sie manipulativen Eltern Ihre Schlüssel anvertrauen

Sobald Sie jedoch die Wohnungsschlüssel aus Sicherheitsgründen Ihrer manipulativen Mutter anvertrauen, wird Ihr Reich zu dem Ihrer Mutter. Als sei es das Selbstverständlichste der Welt …

Denise hat damit schlechte Erfahrungen gemacht:

»Als ich im selben Haus wie meine Eltern gewohnt habe, hatte ich bei ihnen einen Wohnungsschlüssel hinterlegt, für den Fall, dass ich mich einmal aussperren sollte. Irgendwann habe ich festgestellt, dass meine Mutter in meine Wohnung kam, wenn ich nicht da war, und sich benommen hat, als wäre sie bei sich zu Hause. Sie hat alle möglichen Ausreden erfunden, um in meine Wohnung zu gehen, wie etwa, dass sie meine Waage benutzen wollte, weil sie selbst keine hatte! Aus dem, was sie gesagt hat, habe ich auch geschlossen, dass sie in meinen Unterlagen gewühlt hatte. Deswegen habe ich den Schlüssel wieder an mich genommen, was sie mir sehr verübelt hat.«

Auch Marion hat Ähnliches erlebt:

»Am Ende des Sommers haben meine Mutter und mein Bruder die Schlüssel meiner Athener Wohnung eigenmächtig behalten. Ihrer Ansicht nach kam es gar nicht infrage, sie mir zurückzugeben. Ihr Vorwand war, dass sie sich um die Wohnung kümmern würden, weil ich ja nicht da war. Mein Bruder, der seine Kinder dreimal in der Woche sehen durfte, hat mir – ohne mich um Erlaubnis zu fragen – am Telefon mitgeteilt, dass er die Zeit mit den Kindern in meiner Wohnung verbringen würde: ›Du bist ja sowieso nicht in Griechenland. Also gehe ich mit den Kindern in die Wohnung.‹ Ich habe geantwortet: ›Ich freue mich, wenn ich dir einen Gefallen tun kann, mein lieber Bruder. Ich liebe meine Neffen und will alles tun, damit sie glücklich sind.‹ Dabei muss man bedenken, dass er sich zuvor dreimal die Woche mit einem Fünf- und einem Siebenjährigen auf Spielplätzen herumtreiben musste … Er hat sich nie bei mir bedankt.

Aber auch darüber hinaus nutzten er und meine Mutter meine Wohnung ganz nach Belieben, ohne Rücksicht darauf, dass sie eigentlich mir gehörte. Als ich für eine Woche Urlaub nach Griechenland kam, war die Wohnung völlig auf den Kopf gestellt. Die Möbel waren umgeräumt, die Ausstattung verändert, die Hausschuhe meines Bruders lagen verstreut im Wohnzimmer, überall standen mit Schrauben gefüllte Gläser – kurz: Ich fühlte mich dort überhaupt nicht mehr zu Hause. Ich habe zwei Tage gebraucht, bis die Wohnung wieder so aussah wie zuvor und ich die Ruhe und den herrlichen Ausblick aufs Meer genießen konnte.«

Wenn manipulative Eltern Ihre Privatsphäre ignorieren

Das ungefragte Eindringen in Ihr Reich wird noch beunruhigender, wenn die manipulative Mutter auch vor der Privatsphäre keinen Halt macht.

Auch Françoise hatte ihrer manipulativen Mutter die Schlüssel ihres Hauses anvertraut:

»Meine Mutter hatte die Schlüssel zu unserem Haus, weil sie die Kinder nach der Schule nach Hause brachte, um dort mit ihnen zu essen. Ihr seltsames Verhalten führte ich damals auf einen Schlaganfall zurück, aber ich hätte nie geglaubt, dass sie so etwas absichtlich machte. Sie wohnte nur wenige Minuten zu Fuß entfernt, und oft betrat sie unser Haus – die Schlüssel hatte sie ja –, ohne zu läuten! Diese unerwarteten Besuche waren jedes Mal eine Überraschung, und mein Mann fühlte sich allmählich unwohl. Nachdem ich ihr einige Grundregeln verdeutlicht hatte (etwa wann sie morgens kommen durfte, oder dass sie im Bad nichts zu suchen hatte, wenn ich noch duschte), hat es sich wieder einigermaßen eingerenkt.

Eine Sache konnte ich ihr allerdings nicht austreiben. Wenn wir mit ihr im Urlaub waren (als ich noch verheiratet war), kam sie oft ohne anzuklopfen in unser Schlafzimmer, um uns zu wecken, wie sie behauptete. Weil die Zimmertür sich nicht absperren ließ, blieb mir nichts anderes übrig, als vor ihr aufzustehen.«

Auch wenn man im Kreis der Familie ist – die Betroffenen leiden unter so einem Verhalten. Drückt sich darin unterschwellig die Absicht aus, die Bedürfnisse der anderen abzustreiten oder gar ihre Existenz infrage zu stellen?

Denis hat das Verhalten seiner Eltern so erlebt:

»In den Jahren vor dem Tod meines Vaters, als ich schon erwachsen war, kamen meine Eltern, wenn ich bei ihnen zu Besuch war, ins Bad, ohne vorher anzuklopfen. Es interessierte sie überhaupt nicht, wenn ich ihnen unmissverständlich klarmachte, dass ich das nicht wollte. Ich war fassungslos und verstand nicht, warum sie das taten. Auch nach dem Tod meines Vaters machte meine Mutter keine Anstalten, damit aufzuhören. Ich habe es dann irgendwie hinbekommen, sie davon abzuhalten. Mit meinem Zimmer war es genauso: Sie kam einfach herein, wenn ich am späten Vormittag noch im Bett lag oder während meiner Depressionen, die ich zwischen 19 und 24 hatte, einen langen Mittagsschlaf machte. Ich glaubte damals, sie wollte mich wachrütteln und etwas gegen meine Depression unternehmen. Aber ich wollte das nicht, ich empfand ihr Handeln als übergriffig.

Sie ging sogar noch weiter: Sie führte auch Leute in mein

> Zimmer, als läge ich nicht dort im Bett! Sie kündigte das nicht an, erklärte mir nichts, sagte mir vorher nicht, dass ich aufstehen sollte, sondern kam einfach mit Leuten herein, als wäre ich nicht da. Dem Schreiner, der meine Fensterläden reparieren sollte, war das äußerst peinlich. Auch mir war es extrem unangenehm, als sie einmal, aus welchem Grund (oder Vorwand) auch immer, zwei Mädchen aus dem Ort mitbrachte, die ich nur flüchtig kannte. Daraufhin habe ich versucht, die Tür zu blockieren, indem ich einen Stuhl unter die Klinke geklemmt habe. Aber meine Mutter kam trotzdem herein – ohne ein Wort über den Stuhl zu verlieren! Und bei unserem letzten Besuch kam sie ohne anzuklopfen herein, als mein Freund und ich im Bett lagen!«

Dass Eltern in die Intimsphäre eines Kleinkindes eindringen, ist nicht ungewöhnlich, ja sogar notwendig. Sie müssen die Körperpflege leisten, zu der Kinder bis mindestens zum Alter von vier Jahren nicht selbst in der Lage sind. Nach und nach werden die Kinder aber immer selbstständiger und stecken ihr eigenes Territorium ab. In der Vorpubertät hängen sie Zettel an ihre Zimmertür, mit denen sie Respekt vor dem eigenen Reich einfordern (»Vor Eintreten klopfen!«, »Zutritt verboten!« usw.), und durchleben in jeder Hinsicht tief greifende Veränderungen. Sie erkennen, dass es Bereiche gibt, die die Eltern nichts angehen. Vertraulichkeit pflegen sie nur noch im Umgang mit Freunden (beziehungsweise Freundinnen) oder dem Tagebuch. Vor allem für Mädchen in der Pubertät sind diese beiden Bezugspunkte wichtig. Die Eltern lassen das zu, weil sie wissen, dass dieses Verhalten weder gegen sie noch gegen sonst jemanden oder etwas gerichtet ist, sondern zum Erwachsenwerden einfach dazugehört.

Manipulative Mütter dagegen können dies nur schwer akzeptieren. Um sich zu beruhigen, verhalten sie sich, als wären die Kinder schon ganz und gar selbstständig (außer sie haben nur ein Kind), doch andererseits wollen sie weiterhin die Kontrolle über deren Innenleben behalten. Sie wollen sämtliche Geheimnisse ihrer Kinder erfahren, als wollten sie sich ihrer Seelen bemächtigen (so wie sie es mit ihren Ehepartnern schon getan haben). Sie stellen nicht nur aufdringliche Fragen, auf die die pubertierenden Kinder nur widerwillig antworten, sondern belauschen auch ihre Telefongespräche, wollen unbedingt auf Facebook oder in anderen sozialen Netzwerken zu ihren »Freunden« gehören, lesen ihre E-Mails, wenn sie den Computer nicht ausgeschaltet haben, und schnüffeln sogar in ihren Tagebüchern.

Auch Sabrina musste entdecken, dass ihre Mutter sich so verhält:

> »Einmal spielte meine Mutter beim Abendessen auf etwas an, was sie nur wissen konnte, wenn sie mein Tagebuch gelesen hatte. Ich weiß nicht mehr genau, was es war, aber es war wohl eine kritische Bemerkung über ihre Person. Ich kann mich noch gut an ihren Blick erinnern, der vorwurfsvoll war, in dem aber auch Rachsucht und beißender Spott lagen. Sie hat danach nie abgestritten, dass sie meine Tagebücher las, obwohl ich mich bemühte, sie zu verstecken. Jedenfalls fühlte ich mich nicht nur schuldig, weil ich meine Mutter ›verraten‹ hatte, sondern ich kam mir auch selbst verraten vor. Mir schien es, als hätte ich keine Möglichkeit mehr, mich ihr zu entziehen, und keinerlei Privatsphäre mehr. Das war sehr beängstigend.«

Wenn Heranwachsende erleben müssen, dass die Mutter sich über Grenzen hinwegsetzt und in ihr Leben eindringt, befällt sie oftmals die Angst, die Mutter könnte *alles* erfahren. Sie haben das unerträgliche Gefühl, ständig beobachtet und betrogen zu werden und nichts mehr verbergen zu können. Weil sie sich dieser Überwachung entziehen wollen, fangen sie an, Dinge geheim zu halten, selbst banale Sachen. Sie entziehen sich, laufen davon, lügen, sprechen in Rätseln, gehen strategisch vor usw. Dabei ist ihnen jedes Mittel recht, das ihnen erlaubt, ihre Privatsphäre zu wahren, ohne dabei resolut werden zu müssen.

Als Fabienne 20 ist, will sie von zu Hause ausziehen. Ihren Eltern gehört eine Wohnung im selben Gebäude, ein Stockwerk tiefer. Sie schlagen ihr vor, dort einzuziehen, was Fabienne auch macht, um ihr Medizinstudium nicht zu gefährden, weil sie so keine Miete zahlen muss. So etwas sollte man bei einer manipulativen Mutter unbedingt vermeiden. Doch Fabienne weiß zu dem Zeitpunkt noch nicht, dass sie solch eine Mutter hat. Mit dem Verweis darauf, dass ihr die Wohnung ja gehöre, betritt die Mutter die Wohnung, wenn Fabienne nicht da ist, öffnet ihre Post, auch die private, und sieht sich ihre Kontoauszüge an. Als Fabienne das bemerkt, wirft sie ihrer Mutter vor, ihre Privatsphäre zu missachten. Die Mutter entgegnet nur lachend: »Ach, mein Gott! Als hättest du irgendwelche Geheimnisse!« Der vollauf gerechtfertigten Reaktion ihrer Tochter begegnet sie mit Spott und Ironie. Anschließend wechselt sie das Thema und geht zu einem heftigen Gegenangriff über. Diese Strategie wenden Narzissten häufig an, wenn sie in die Enge getrieben werden und eigentlich zugeben müssten, dass sie unrecht haben – was sie natürlich nie tun. Die Mutter wirft Fabienne völlig ungerechtfertigt vor, die Wohnung sei unordentlich und verdreckt. Außerdem zieht sie ihren Ehemann mit hinein, der von der Angelegenheit sicher nichts weiß, und behauptet: »Dein

Vater findet auch, dass es hier komisch riecht.« Eines Tages platzt Fabienne der Kragen, und am nächsten Tag zieht sie aus. Es dauert Jahre, bis ihre Mutter ihre neue Adresse erfährt.

Man könnte meinen, dass Fabienne aus dieser schmerzlichen Erfahrung ihre Lehren gezogen hat, nie mehr zuzulassen, dass ihre Mutter sich in ihre Angelegenheiten einmischt. Doch Jahre später, als sie längst erwachsen und ausgebildete Ärztin ist, gibt sie ihrer Mutter eine zweite Chance. Ein Fehler, wie sich herausstellen wird:

> »Meine Mutter wohnt 350 Kilometer von uns entfernt, hatte aber lange Zeit einen Schlüssel zu unserem Haus. Wie kam es dazu? Sie hat argumentiert, es sei einfacher für sie, die Schlüssel zu behalten, statt sie jedes Mal, wenn sie mich besuchte, bei mir im Büro (das fünf Minuten zu Fuß entfernt liegt) abzuholen.
>
> Immer wenn sie da war, räumte sie die Möbel um und stellte mir irgendwelche Einrichtungsgegenstände ins Haus. Sie kaufte Übertöpfe und Pflanzen, ohne zu fragen, ob sie mir gefielen, hängte neue Vorhänge auf und drapierte Decken auf dem Sofa. Sie kaufte auch Teller und andere Dinge des täglichen Gebrauchs. Dabei ging sie keineswegs wahllos vor: Sie sah, was ich brauchte, und kam mir dann mit den Anschaffungen zuvor und nahm mir damit den Wind aus den Segeln. Ich saß vor einem Stapel scheußlicher Teller, die wegzuwerfen ich mich nicht traute, aus Respekt vor meiner Mutter, die so freundlich gewesen war, mir das zu schenken, was ich ja tatsächlich brauchte. Sie nistete sich bei mir ein, machte aus meinem Haus so etwas wie ihre ›Filiale‹ und drängte mir ihre Entscheidungen und ihren Geschmack auf, sodass ich schließlich ›bei ihr‹ wohnte.

Wenn ich sie kritisierte, bekam sie das natürlich sofort in den falschen Hals, und was ich sagte, wies sie als ›lächerlich‹ und ›albern‹ zurück. Wenn ich darauf bestand, etwas anders zu machen, als sie es wollte, reagierte sie mit völlig unangemessenen und unverständlichen Wutanfällen. Jeder vernünftige und besonnene Mensch hätte angesichts dieses launenhaften Verhaltens die Waffen gestreckt.

Sobald sie abgereist war, brachte ich das Haus wieder in Ordnung. Doch beim nächsten Besuch fing sie wieder von vorne an, ohne ein Wort zu sagen oder meine Einwände zu beachten.«

Manipulative Eltern machen sich Ihr Heim zu eigen

Sie reichen ihr den kleinen Finger, und sie nimmt die ganze Hand! Wenn Ihre manipulative Mutter bei Ihnen zu Gast ist und Sie sie mit der Aufforderung »Fühl dich ganz wie zu Hause!« begrüßt haben, können Sie sicher sein, dass sie sich nicht im Geringsten um die Regeln scheren wird, die bei Ihnen gelten. Sie wird überall ihre Bücher, ihre Zeitschriften, ihre Schuhe und ihre Jacken herumliegen lassen, wird an jeder verfügbaren Steckdose ihre elektronischen Geräte wie Mobiltelefon oder Laptop aufladen – und das alles, ohne Sie um Erlaubnis zu bitten.

Innerhalb weniger Tage wird Ihre manipulative Mutter Ihren Lebensraum eingenommen haben. Schon bald wird sie an der Einrichtung herummäkeln, für ein Bild einen anderen Platz vorschlagen und Ihnen zu verstehen geben, dass die Wohnzimmervorhänge wieder einmal gewaschen werden sollten. Sie werden diese Anmerkungen nicht als vernünftige und wohlwollende Vorschläge empfinden, sondern als das genaue Gegenteil. Für Ihre Mutter ist das eine willkommene Gelegenheit, Ihnen zu signalisieren, dass Sie im Leben noch immer nicht zurechtkommen, obwohl Sie erwachsen und selbstständig sind. Und genau das bringt Sie auf die Palme. Noch ein paar zusätzliche Bemerkungen, und Sie gehen in die Luft ... Und natürlich versteht Ihre Mutter nicht, warum Sie so gestresst und verärgert sind!

Manchmal entwickeln sich die Dinge noch schlimmer, und Ihre manipulative Mutter bleibt länger bei Ihnen als geplant. Die Anspannung, die sie dadurch auslöst, stört sie selbst überhaupt nicht. Die Gründe, wegen derer sie angeblich vorerst nicht nach Hause zurückkehren kann, erscheinen Ihnen zunächst plausibel. Durch Ihr Mitgefühl und Ihre Gutmütigkeit zeigen Sie sich weitaus großzügiger, als es erforderlich wäre. Sie stellen Ihr Wohlergehen (und das Ihres Partners) hintenan und verhalten sich zwar altruistisch, aber nur, weil die Situation und Ihr Unmut Sie dazu bewegen. Der Dank dafür ist nur ein Lippenbekenntnis. Aber das Schlimmste kommt zum Schluss: Die Atmosphäre kann so unerträglich werden, dass Sie Ihr eigenes Zuhause verlassen müssen, um wieder frei atmen zu können.

Milena musste das erleben:

> »Als ich anfing, in Bulgarien zu arbeiten, war ich in jeder Hinsicht selbstständig. Eines Tages kehrte meine Mutter zusammen mit ihrem Ehemann aus Russland zurück, um sich in Bulgarien niederzulassen. Aber erst einmal haben sie sich bei mir eingenistet! Ich hatte damals nur ein großes Zimmer, in dem ich wohnte und arbeitete. Beide haben entsetzlich viel geraucht, obwohl sie wussten, dass ich Asthma habe. Irgendwann hat eine Kollegin, die allein wohnte, mir angeboten, zu ihr zu ziehen. Das war meine Rettung!
> Mittlerweile habe ich Bulgarien verlassen und eine französischsprachige Familie aus Brüssel gefunden, bei der ich als Au-pair-Mädchen arbeiten kann.«

Wie kann man eine solche »Belagerung« vermeiden? Handeln Sie vorausschauend! Wenn Sie feststellen, dass Ihre Mutter Ihre Wohnung oder Ihr Haus in Beschlag nimmt und Sie in Ihrem Alltagsleben stört, sorgen Sie dafür, dass das aufhört. Am besten dadurch, dass Sie sie einfach nicht mehr einladen. Falls es sich doch einmal nicht vermeiden lässt, etwa wegen eines Familientreffens oder eines anderen Ereignisses, verhalten Sie sich so, als wäre sie zum ersten Mal bei Ihnen. Geben Sie ihr strikte Anweisungen. Ja: strikte Anweisungen. Zeigen Sie sich pedantisch und unnachgiebig, geben Sie den Ordnungsfanatiker, zeigen Sie, dass Sie schmutzige Toiletten und Badezimmer nicht akzeptieren, und stellen Sie unmissverständlich klar, dass Sie in Ihrem Haus kein Durcheinander dulden und immer alles aufgeräumt sein muss. Selbst wenn das alles nur vorgegaukelt ist, sollte Sie die Reaktion auf Ihren Offizierston nicht kümmern. Die Urteile, die manipulative Menschen über andere fällen, sind auch immer von der jeweiligen Situation bestimmt. Wenn Ihre Mutter Sie also heute als nachlässig, unordentlich und unreif ansieht, können Sie sicher auch damit leben, dass sie Sie morgen für zwanghaft und halsstarrig hält, oder nicht?

Zeigen Sie ihr, wo Ihre Putzutensilien sind, wie sie das Geschirr in die Spülmaschine einräumen soll, wie man den Fernseher einschaltet und wie man die anderen Haushaltsgeräte bedient. Machen Sie ihr von Anfang an klar, dass sie Sie nicht wegen jeder Kleinigkeit zu belästigen braucht. Eine hypernarzisstische Mutter neigt dazu, immer so zu tun, als hätte sie nicht verstanden, wie ein bestimmtes Gerät funktioniert, oder als käme sie mit bestimmten Dingen – nämlich solchen, die ihr lästig sind – nicht zurecht. Unter diesem Vorwand bittet sie regelmäßig andere darum, Sachen für sie zu erledigen. Dabei bringt sie ihre Bitte nur selten deutlich zum Ausdruck. Meist sagt sie Sätze wie: »Weißt du, wie dieses Ding hier funktioniert?« Aber Sie wollen ja nicht mehr ihr Handlanger sein. Sagen Sie das nicht ausdrücklich, denn dann geraten Sie in Gefahr, diese Entscheidung rechtfertigen zu müssen, was wiederum nur fruchtlose Diskussionen zur Folge hat.

Kurz gesagt: Sorgen Sie dafür, dass sie nicht mehr gerne zu Ihnen kommt, einfach weil Sie nicht mehr zu ihren Diensten stehen. Sie werden sehen: In Zukunft wird sie sich anders organisieren und, falls sie eine Unterkunft braucht, bei Ihren Geschwistern oder bei Bekannten wohnen. In ein Hotel wird sie allerdings nie gehen – das wäre viel zu teuer und sie wäre dort ganz allein ohne persönlichen Anschluss!

Was die Schlüssel betrifft, rate ich Ihnen, sie bei Nachbarn oder guten Freunden zu hinterlegen, sie aber niemals Ihrer Mutter anzuvertrauen. Wenn es nicht anders geht, verlangen Sie von ihr in angemessenem Ton, dass sie Sie jedes Mal informiert, bevor sie zu Ihnen kommt, und dass sie an der Tür läutet.

Bislang kenne ich nur einen Fall, in dem ein Vater die Möglichkeit ausgenutzt hat, nach Belieben die Wohnung eines seiner erwachsenen Kinder zu betreten. Anders als bei manipulativen Müttern kann ich diese Beobachtung nicht verallgemeinern, solange es nicht mehr Belege dafür gibt.

In schwierigen Situationen bleibt Unterstützung aus

Narzisstische Eltern verweigern ihren Kindern nicht nur materielle Unterstützung, sondern sind ihnen auch in moralischer und emotionaler Hinsicht keine Hilfe. Wie schon erwähnt, sind im Umgang mit Menschen, die nicht zur Familie gehören, ihre Aussagen und ihre Handlungen häufig mitfühlend und verständnisvoll. Daher erkennen Außenstehende oft nicht, welche gravierenden Schwächen Narzissten aufweisen und wie es um ihre Persönlichkeit in Wahrheit bestellt ist. Narzissten haben zwei Gesichter, und ihr Handeln ist ausschließlich von ihren Interessen geleitet sowie von dem Gewinn, den sie sich von den anderen für die eigene positive Selbstdarstellung versprechen.

Françoise erinnert sich, wie ihre Eltern ihr während der Schwangerschaft die Unterstützung versagt haben:

> »Als ich meinen Eltern von meiner ersten Schwangerschaft erzählte, teilten sie mir mit, dass sie einige Wochen später endgültig nach Portugal ziehen würden. Ich sah der Schwangerschaft und der Geburt mit Sorge entgegen. Ich fand es gerechtfertigt, dass ich mir für diese Zeit die Nähe meiner Mutter wünschte. Als ich sie darauf angesprochen habe, bekam ich zur Antwort: ›Wir wollen jetzt endlich das Leben genießen!‹, und sogar: ›Es ist doch nicht meine Aufgabe, meine Enkel großzuziehen. Ich habe schon euch großgezogen. Jeder hat sein Kreuz zu tragen!‹ Ich verstand das einfach nicht: Wie konnten sie nicht stolz darauf sein, dass sie Großeltern wurden, und sich darauf freuen, Zeit mit ihren Enkeln zu verbringen? Diese Reaktion war sehr schmerzhaft für mich und hat mich sehr geprägt.
> Als meine beiden Söhne zur Welt kamen, haben meine Eltern uns jedes Mal besucht. Auch später haben sie sich bemüht, die Verbindung zu den Kindern zu halten, und haben sie etwa im Sommer für ein paar Wochen zu sich genommen. Aber ich bin nie über ihr damaliges Verhalten hinweggekommen, das sich angefühlt hat, als würde ich ein zweites Mal verlassen.«

Auch Lyna und Yvan mussten damit zurechtkommen, dass ihnen die Unterstützung verweigert wurde, und das in den vier Monaten nach Lynas Niederkunft, während derer sie an drei schweren Krankheiten litt und am meisten Hilfe gebraucht hätte:

»Als meine Schwiegereltern eine Woche Urlaub hatten, hat Yvan ihnen vorgeschlagen, zu uns zu kommen und Zeit mit ihm und dem Kind zu verbringen. Sie hätten sich trotzdem ausruhen können (vor allem nachts). Natürlich haben sie abgelehnt. Yvans Vater sagte, er wolle ›richtig‹ Urlaub machen, und schlug vor, was sie immer vorschlugen: Yvan sollte die Wochenenden mit dem Kind bei ihnen verbringen, damit der Kleine ›ihr Haus kennenlernte‹. Ich malte mir schon aus, dass ich vielleicht sterben würde, ohne mein Kind aufwachsen zu sehen, und dass mein Mann allein ein Kind durchbringen müsste, ohne schon eine Anstellung zu haben. Ich konnte nicht noch weitere Belastungen ertragen und habe es meinen Schwiegereltern sehr übel genommen, dass sie die Einladung abgelehnt haben. Ihr Sohn wollte kein Geld von ihnen, sondern nur emotionale Unterstützung. Aber nicht einmal die hat er bekommen!«

Manipulative Eltern schützen ihre Kinder nicht

Auf ähnliche Weise stehen hypernarzisstische Eltern ihren Kindern nur selten zur Seite, wenn es gilt, diese vor anderen, krankhaft veranlagten oder sexuell übergriffigen Erwachsenen zu schützen. Solche Eltern können die Leiden und körperlichen Schmerzen ihrer Kinder weder erkennen noch ernst nehmen.

Das führt meist zu einer Verweigerungshaltung oder dazu, dass sie sogar dem Kind die Schuld zuweisen (»Du hast es doch provoziert.«).

Françoise berichtet:

> »Dass meine Mutter mich beschützen könnte, habe ich spätestens an dem Tag nicht mehr geglaubt, an dem ich herausgefunden habe, dass einige Leute aus meinem Umfeld sie darauf hingewiesen hatten, dass ich sexuell belästigt wurde. Sie hat sich weder darum bemüht, zu erfahren, was passiert war, noch hat sie versucht, mich zu beschützen. Sie hat das Leiden des vier- oder fünfjährigen Mädchens, das ich damals war, rundheraus abgestritten.«

Betroffene berichten häufig davon, dass manipulative Mütter Inzest, sexuellen Missbrauch oder Vergewaltigungen kategorisch abstreiten. Meist liegen die Vorfälle schon lange zurück. Lässt sich diese Realitätsverleugnung dadurch erklären, dass die Mutter ihr Selbstbild einer unbescholtenen Person aufrechterhalten will? Ist ihr der Gedanke unerträglich, dass sie ihre Kinder nicht beschützt hat, und verdrängt sie diese Tatsache, um sich keine Vorwürfe machen zu müssen?

Das ist sehr wahrscheinlich, wie das Beispiel von Alice zeigt:

> »Ich habe zwei Schwestern; eine ist acht Jahre jünger als ich, die andere 15 Jahre jünger. Als sie 17 war, hat die Mittlere erzählt, dass unser Großvater väterlicherseits sie jahrelang sexuell missbraucht hatte. Daraufhin ist auch der Jüngsten nach längerem Nachdenken wieder eingefallen, dass sie dasselbe erlebt hatte. Ich habe erst Jahre später davon erfahren, zum Zeitpunkt meiner Scheidung.

Niemand hatte etwas unternommen, sich an die Polizei oder einen Psychologen gewandt. Unvorstellbar, oder? Nur meine Mutter ist einmal zu einer Psychologin gegangen, und das auch nur, um sich von aller Schuld reinzuwaschen!

Ich bin sicher, dass meine Mutter, wenn sie aufmerksamer und weniger narzisstisch gewesen wäre, mitbekommen hätte, was da passierte, zumal sie meine Schwestern zwei Jahre lang in ihrer Klasse hatte. Ich unterrichte selbst am Gymnasium und werde sofort hellhörig, wenn Kinder so wirken, als würden sie unter etwas leiden. Oft stoße ich dabei auf furchtbare Geschichten. Dann versuche ich den Kindern zu helfen, vor allem, wenn es die Eltern sind, die ihnen Schaden zufügen.«

Die manipulative Mutter sieht auch deshalb weg, weil sie nicht in der Lage ist, sich mit den ernsthaften und schwerwiegenden Problemen des Lebens auseinanderzusetzen. Sehr selten kommt es auch vor, dass eine ausgesprochen krankhafte Mutter vor einem sexuellen Vergehen in der Familie oder ihrem Umfeld die Augen verschließt, weil sie selbst einen gewissen Lustgewinn daraus zieht.

Klarer ist die Situation, wenn die Mutter wartet, bis ihr Mann nach Hause kommt, der gewalttätig und seinen Kindern gegenüber unnachgiebig ist und ihnen eine Strafe verpassen soll, die sie nie vergessen werden. Diese besteht – man ahnt es – in Schlägen mit der bloßen Hand, einem Gürtel oder einem Stock. Auf diese Weise vermeidet die Mutter, ihre Kinder selbst zu schlagen.

Manipulative Mütter mit nur einem Kind verhalten sich in der Regel anders. Aus den Berichten der Betroffenen geht hervor, dass solche Mütter ihr Kind vielmehr in übertriebener

Weise beschützen, wodurch sie sich den Zugriff sichern und die Kontrolle behalten. Anders gesagt: Je schwächlicher, verletzter oder kränker der Sohn oder die Tochter ist, desto präsenter ist die Mutter, desto mehr Kontrolle übt sie aus und desto mehr genießt sie die Vorstellung, die Einzige zu sein, die ihr armes Baby versteht, die es unterstützen und ihm helfen kann, selbst wenn es schon längst erwachsen ist.

Eigentlich wollte eine manipulative Mutter keine Kinder

»Kinder ändern alles!« Für die meisten Menschen, die Eltern werden, trifft das zu, nicht jedoch für einen Manipulierer. Bei ihm ändert sich überhaupt nichts! Im Gegenteil, seine Kinder müssen zusehen, dass sie sich an *ihn* und seine befremdliche Persönlichkeit anpassen.

Eine manipulative Mutter benutzt ihre Mutterschaft, um sich Geltung zu verschaffen (abgesehen davon, dass sie von Anfang an bei jeder Gelegenheit über »Müdigkeit« klagt). Indem sie Kinder (oder auch nur eines) zur Welt bringt und großzieht, nimmt sie eine allgemein anerkannte soziale Rolle an. Das gilt natürlich für Milliarden Frauen auf dieser Welt, allerdings mit dem Unterschied, dass der Lebensentwurf manipulativer Frauen nicht vorsieht, ihren Kindern eine wirkliche Mutter zu sein. Sie bringen sie zur Welt, das ja. Doch sich dann ernsthaft und mit Liebe um sie zu kümmern, ist den meisten von ihnen viel zu anstrengend.

Martine berichtet:

> »Hätte unsere Mutter mit ihrer Kleinmädchenattitüde meine Schwester und mich doch nur wie zwei Kätzchen

aufgezogen und nicht wie Goldfische! Sie hätte ihre Kätzchen verwöhnt, gestreichelt und liebkost, und sie hätte uns gezeigt, wie man sich hübsch macht. Aber sie blieb auf Distanz und betrachtete uns in unserem Aquarium, ohne uns jemals zu berühren, zeigte uns nichts vom Leben, glaubte, dass unser kleiner Lebensraum ausreichend sei und dass draußen nur Gefahr lauere. Vieles auf der Welt hielt sie für überflüssig, und ihre Freunde fand sie unterhaltsamer als ihre Familie. Für unsere Ehemänner und später unsere Kinder interessierte sie sich kaum. Sie scheint sich in unserer Gegenwart nicht wohlzufühlen, während es ihr bei ihren Freunden immer sehr gut geht. Ich bin mir ziemlich sicher, dass sie es bedauert, geheiratet zu haben, und dass sie eigentlich keine Kinder wollte. Meine Kinder empfinden das genauso. Man kann also durchaus sagen, dass sie ein verlogenes Leben führt.«

Ich bestreite nicht, dass es auch bei Manipulierern Momente aufrichtiger Warmherzigkeit geben kann, aber auf lange Sicht stellt sich dadurch keine Liebe ein.

Welche Verantwortung es bedeutet, Kinder zur Welt zu bringen, wird einer hypernarzisstischen Frau erst klar, wenn sie schwanger ist oder das Kind dann da ist. Dann begreift sie, dass das Kind nicht nur ihre Freiheit einzuschränken droht, sondern sie noch dazu durch seine bloße Anwesenheit vom Sockel stößt. Was Letzteres betrifft, gewinnt sie allerdings sehr schnell wieder die Oberhand!

Manipulierer sind ausgesprochen *unreif*. Eine manipulative Mutter will den Eindruck erwecken, weitaus mehr als andere Menschen auf Hilfe und Unterstützung angewiesen zu sein. Sie manipuliert ihre Familie, sodass ihr Lebenspartner eine »Mutter« für das Kind, aber auch für sie selbst wird. Was sie über die

Verantwortung sagt, die sie jetzt als Mutter hat, steht im Gegensatz zu ihrem Verhalten und ihrer Einstellung. Wenn sie behauptet, die Geburt ihres Kindes habe sie verändert, so stimmt das nicht. Wenn sie beteuert, sich verantwortlich für das Wohlergehen ihres Kindes zu fühlen, so stimmt das ebenfalls nicht. Höchstens für seine Erziehung (wohlerzogene Kinder zu haben, stärkt ihr Selbstwertgefühl), aber sicher nicht für sein Glück und seine gedeihliche Entwicklung. Das Kind stellt eine Bedrohung für ihre Makellosigkeit dar, und diese Bedrohung wird sie den Rest ihres Lebens begleiten.

Anne hat von Geburt an darunter gelitten:

»Als kleines Kind, ab dem Alter von acht Monaten, wurde ich hin- und hergeschoben. Ich pendelte zwischen Paris und Brüssel und verbrachte die meiste Zeit bei meinen Großeltern. Mein Vater war Pilot, also reiste ich allein, in der Obhut einer Stewardess. Meiner Mutter war ich zu anstrengend, und ich war auch der Grund für ihr Unglück und ihr Unwohlsein.

Ich habe immer versucht, mich dieser Vorstellung zu widersetzen, und alle Kräfte zusammengenommen, um mich der Wirklichkeit zu stellen. Sehr früh habe ich erkannt, dass meine Familie nicht normal war. Nach einem missglückten Selbstmordversuch im Alter von sechs Jahren (ich hatte alle Tabletten aus dem Medikamentenschränkchen geschluckt) kam ich angesichts des Ergebnisses (Misserfolg, Gleichgültigkeit der Eltern und einen Tag lang heftiges Erbrechen) zu dem Schluss, dass dies nicht die richtige Entscheidung gewesen war, sondern dass ich besser daran tat, einen Weg zu finden, wie ich überleben konnte.

Die Illusion, ich hätte eine Mutter, habe ich sehr bald

aufgegeben. Sie hat mir oft mit Absicht Schaden zugefügt.
Meine Eltern leben beide nicht mehr. Mein Vater (der auch ein Manipulierer war) wurde ermordet, und meine Mutter ist an Lungenkrebs gestorben, wofür sie natürlich mich verantwortlich gemacht hat.«

Nicht immer ist die Ratlosigkeit einer krankhaft veranlagten Mutter angesichts eines Kindes, das nichts verlangt, als ins Leben geführt zu werden, so offenkundig wie in diesem Beispiel. Wenn das Kind der Mutter zeigt, dass es von ihrer Zuneigung abhängig ist, und sich unablässig darum bemüht, ihr zu gefallen, wird sie sich ihm irgendwann zuwenden – um sich am eigenen Spiegelbild in seinen Augen zu erfreuen. Eine narzisstische Mutter empfindet erst dann Zuneigung für ihr Kind (und glaubt, es zu lieben), wenn das Kind ihr seine Liebe zeigt.

Erst musst du mich lieben!

Ein weiteres typisches Handlungsprinzip der manipulativen Mutter ist die Maxime: *Ich liebe dich nur, wenn auch du mich liebst!* Das gilt auch für ihre eigenen Kinder.

Wenn ihre Kinder nichts oder nichts mehr zur Stärkung ihres Ego beitragen, sind sie für die manipulative Mutter nicht mehr von Interesse, unabhängig von ihrem Alter. Liebe und wohlwollende Zuwendung sind ihr nicht angeboren. Der mütterliche Instinkt scheint ihr zu fehlen. Trotzdem erzählt sie überall herum und sagt es selbst ihren Kindern ins Gesicht, dass diese das Wichtigste in ihrem Leben waren beziehungsweise sind, auch wenn die Fakten jahrzehntelang eine andere Sprache sprechen. Die Kinder sind ihr nicht so wichtig wie ihr Image in der Gesellschaft, ihre Karriere, das Geld, ihre Freiheit, ihre Müdigkeit …

Ihr überdimensioniertes Ego muss täglich gestärkt werden, sei es durch andere (ganz egal, durch wen) oder in Gegenwart von anderen (auch hier tut es der nächstbeste Mitmensch). Besonders nahrhaft für das Ego von Manipulierern sind Komplimente. Machen Sie Ihrer manipulativen Mutter ein Kompliment (oder bedanken Sie sich bei ihr in übertriebener Weise), und Sie haben für mehrere Stunden Ruhe vor ihren aggressiven Anfeindungen. Wenn Sie nichts sagen, werden Sie das Vergnügen haben, ihr dabei zuzuhören, wie sie stundenlang in den höchsten Tönen von sich selbst spricht, sei es von heute oder von der Vergangenheit. Ein solches Verhalten ist zwanghaft, und diese mit Lügen gespickten Selbstbelobigungen nehmen noch zu, wenn andere Menschen anwesend sind, auf die das alles äußerst befremdlich wirkt.

Liebe, die an Bedingungen geknüpft ist

Die Vorstellung erscheint Ihnen wahrscheinlich seltsam: Liebe, die an Bedingungen geknüpft ist. Ich sehe das genauso. Wir lieben oder wir lieben nicht. Die Liebe entsteht in unserem Inneren, und meist können wir nicht sagen, weshalb wir jemanden lieben. Liebe ist also nicht an Bedingungen geknüpft. Dennoch möchte ich diese Vorstellung einer Liebe, die an Bedingungen geknüpft ist, ein wenig näher beleuchten, damit Sie verstehen, dass die positiven Gefühle, die manipulative Menschen Ihnen entgegenbringen, doppeldeutig sind.

In diesem Buch möchte ich zeigen, dass narzisstische Eltern, also Menschen mit einer schweren Persönlichkeitsstörung, ihre Kinder im Grunde *nicht lieben*. Diese Vorstellung erschreckt uns, denn wir glauben gerne, dass alle Eltern dieser Welt ihre Kinder lieben und ihnen gegenüber daher grundsätzlich eine positive Haltung einnehmen. Doch bei manipulativen Eltern liegen die Dinge anders.

Christine gewährt uns Einblick in einen Brief, den ihre manipulative Mutter an Christines 17-jährigen Sohn Maximilien geschrieben hat. Dieser leidet an einer schweren, genetisch bedingten Stoffwechselerkrankung, an Mukoviszidose. Dies ist im Folgenden von Bedeutung:

»Mein lieber Enkel Maximilien,
heute ist der 14. Januar, und seit dem 1. habe ich nichts von dir gehört, außer durch deine Mutter, deinen Cousin und deine Cousine.
Wir wohnen in derselben Stadt, aber du kommst mich nie besuchen, außer donnerstags zum Essen.
Daraus schließe ich, dass du nichts von mir wissen willst und dass es dich auch nicht interessiert, wie es mir geht.
Schon mit 15 habe ich mich um meine Geschwister gekümmert, später um meine Kinder und dann um *dich*. Dabei war ich immer um euer Wohlergehen bemüht.
Ich liebe dich sehr, ja vielleicht zu sehr, denn deine Mutter hat beschlossen, mich aus eurem Leben fernzuhalten.
Und bei dir habe ich den Eindruck, dass du mich nicht mehr liebst und dass ich dir nur noch Schweigen wert bin oder höchstens eine zurechtweisende Bemerkung.
Nun gut, wenn du es so willst! Ich respektiere dein Verhalten und will mich nicht dagegen wehren, und damit du dich nicht länger in irgendeiner Weise gegängelt fühlst, brauchst du ab sofort donnerstags nicht mehr zum Essen zu kommen.
Ich bin jetzt 65, Maximilien, und ich habe in meinem Leben so viel gegeben, dass ich nun auch das Recht habe, ein wenig davon zurückzubekommen. Ein Telefonanruf

dauert nur eine Minute, also kannst du dich nicht mit Hausaufgaben oder Freunden herausreden.
Ich habe dir immer mehr gegeben als deinen Cousins und Cousinen, und das immer mit der größten Liebe. Aber jetzt ist Schluss damit. Das bricht mir das Herz, aber ich werde es verwinden.
Die Entscheidung liegt bei dir. Du musst für dich herausfinden, ob ich es verdient habe, so von dir behandelt zu werden.
Meiner Liebe jedenfalls kannst du sicher sein.
Oma.«

Dieser Brief offenbart zahlreiche Charakteristika narzisstischer Persönlichkeiten:

1. *widersprüchliche Aussagen:* »Ich habe nichts von dir gehört, außer durch deine Mutter, deinen Cousin und deine Cousine« – es haben der Großmutter also drei Menschen berichtet; »Du kommst mich nie besuchen, außer donnerstags zum Essen« – also kommt ihr Enkel mindestens einmal die Woche zu ihr; »Ich liebe dich sehr, ja vielleicht zu sehr, denn deine Mutter hat beschlossen, mich aus eurem Leben fernzuhalten« – damit unterstellt sie, eine Großmutter, die ihren Enkel über die Maßen liebt, stelle eine Bedrohung für die eifersüchtige Mutter dar, und dies sei die einzig denkbare Erklärung für den Rückzug;
2. *provokante Behauptungen:* »dass du nichts von mir wissen willst«;
3. *Umkehrung der Rollen, was den Ernst der jeweiligen persönlichen Lage angeht.* Die Großmutter schreibt: »dass es dich auch nicht interessiert, wie es mir geht«, während ihr Enkel an Mukoviszidose leidet, was sie nicht ein einziges Mal erwähnt;

4. *egozentrisches Denken;*
5. *Selbstlob:* »Schon mit 15 habe ich mich um meine Geschwister gekümmert, später um meine Kinder und dann um *dich*. Dabei war ich immer um euer Wohlergehen bemüht«; »ich habe in meinem Leben so viel gegeben«;
6. *häufiges Betonen der eigenen Liebe:* »Ich habe dir immer mehr gegeben als deinen Cousins und Cousinen, und das immer mit der größten Liebe«; »Ich liebe dich sehr, ja vielleicht zu sehr«;
7. *Selbststilisierung zum Opfer:* »ob ich es verdient habe, so von dir behandelt zu werden«; »Meiner Liebe jedenfalls kannst du sicher sein«;
8. *Bestrafung:* »brauchst du ab sofort donnerstags nicht mehr zum Essen zu kommen«;
9. insgesamt eine sehr anschauliche Darstellung von *Liebe, die an Bedingungen geknüpft ist*, wie sie alle Kinder und Enkel manipulativer Eltern und Großeltern früher oder später kennenlernen. Manipulative Väter legen dabei dasselbe Verhalten an den Tag.

Der pathologische Egozentrismus solcher Menschen, also das ständige, nicht zu unterdrückende Bedürfnis nach Nahrung für das narzisstische Ego – wie auch immer diese beschaffen sein mag –, ist vermutlich der Grund dafür, dass solche Menschen selbst den eigenen Kindern weder mit Liebe noch mit Aufmerksamkeit begegnen.

In einem Brief wendet Caroline sich mit größtmöglicher Aufrichtigkeit an ihre Mutter, zu der sie keinen persönlichen Kontakt mehr hat:

> »Echte Kommunikation hat zwischen uns nie stattgefunden. Was du ›Kommunikation‹ nennst, bedeutet, dass ich

mir deine egozentrischen Monologe anhören muss, deine Ansichten über alle möglichen Leute (von denen ich die meisten gar nicht kenne) und deine Geständnisse, denen du den Anschein von Wahrheiten gibst. Warum hast du mir zum Beispiel, als ich 20 war (damals hast du so getan, als wärst du meine beste Freundin), Folgendes anvertraut: ›Als ich erfahren habe, dass ich mit deinem Bruder schwanger war, habe ich mir eingeredet, das sei nur eine Blinddarmentzündung, in der Hoffnung, er würde wieder verschwinden. Aber das hat nicht funktioniert. Vielleicht war der Arme deswegen andauernd krank?‹ Ich habe darauf nichts entgegnet. Das hätte auch nichts genutzt, du hattest deinen Müll ja schon über mir ausgeschüttet, und damit warst du zufrieden.

Du kennst nur eine Masche, um dich zu rechtfertigen: Du stellst dich als Opfer hin. Du wirst niemals reif und erwachsen genug sein, um zuzugeben, dass du niemals auch nur einen Funken mütterlichen Instinkt in dir hattest.«

Manche narzisstische Eltern zeigen nie oder so gut wie nie Fotos von ihren Kindern. Schämen sie sich für ihre Nachkommen und erwähnen sie deshalb nur selten? Ich glaube, sie vermeiden es, über ihre Kinder zu sprechen, wenn diese erfolgreicher als sie selbst werden. Die Eltern werden also nicht von Scham, sondern von Eifersucht getrieben, von Neid sowie der dumpfen Angst, mit ihren erwachsenen Kindern verglichen zu werden (und dabei den Kürzeren zu ziehen).

Fabienne kann davon berichten:

»Meine Mutter mag Fotos sehr gerne, und sie hat gerahmte Bilder von allen ihren Kindern und Enkelkindern

aufgehängt – außer von mir! Außerdem hat sie von meinem Sohn nur ein Foto, während sie von ihren anderen Enkeln jeweils mehrere Bilder hat.
Eines Tages fiel mir auf, dass eine der Aufnahmen eine seltsame Form hatte; sie wirkte zurechtgeschnitten. Als ich sie darauf angesprochen habe, hat sie geantwortet: ›Ach das! Auf der anderen Hälfte warst du drauf, aber ich habe dich abgeschnitten.‹ Als ich sie völlig entgeistert angesehen habe, hat sie hinzugefügt: ›Aber ja! Auf dem Foto hast du doof ausgesehen, das hast du doch selbst gesagt …‹«

Distanzierung von jetzt auf gleich

Die manipulative Mutter, die zunächst fortwährend Ihre Nähe sucht, kann Sie ganz plötzlich und völlig unerwartet von sich stoßen. Bis dahin mischt sie sich in Ihr Privatleben ein, verlangt von Ihnen, dass Sie zur Stelle sind, und will so oft wie möglich in Ihrer Nähe sein, selbst im Urlaub. Sie dringt in Ihr Leben ein, wirft Ihnen vor, dass Sie ihr nichts von sich erzählen, spielt die Beleidigte, wenn Sie ausweichend antworten, usw. Sie versucht, eine Bindung aufrechtzuerhalten, auch wenn diese konfliktbeladen ist oder auf Heuchelei beruht. Solange Sie sich beschwichtigend verhalten, können Sie die schmerzliche Erfahrung der Trennung oder Zurückweisung Ihrer Person vermeiden.

Sie hält eine Bindung nur unter bestimmten Bedingungen aufrecht und geht innerhalb kürzester Zeit wieder auf Distanz.

Wie viele andere manipulative Verhaltensweisen stößt uns auch diese vor den Kopf. Wie kann sich jemand so radikal von den eigenen Kindern abwenden? Wie kann jemand plötzlich die eigenen Kinder nicht mehr lieben? Wenn man sich vor Augen führt, dass narzisstische Eltern ihren Kindern niemals aufrichtige und tief empfundene Liebe entgegengebracht haben (spätestens seit der Geburt, oft aber auch schon vorher), dann wird das alles besser verständlich.

Stellen Sie sich vor, Sie haben sämtliche Erwartungen und Forderungen Ihrer Mutter erfüllt, Sie haben sie geschützt, indem Sie verschwiegen haben, wie aberwitzig sie sich oft benimmt, indem Sie ihren hanebüchenen Lügen nicht widersprochen haben, indem Sie ihr Beistand geleistet und dabei auf Zeit für sich oder mit Ihrer Familie verzichtet haben – und jetzt weist sie Sie ab, als hätten Sie niemals existiert!

Damit Sie die Mechanismen und Strategien besser verstehen, zitiere ich in diesem Buch immer wieder aus Berichten von Betroffenen. All diese Episoden untermauern eine zentrale Tatsache: Was auch immer Sie tun, wie auch immer Ihr Charakter beschaffen sein mag, was auch immer Sie Ihrem manipulativen Elternteil geben oder für ihn opfern: Nichts von alldem wird je etwas daran ändern, dass er an einer Persönlichkeitsstörung leidet.

Denis hat das irgendwann verstanden:

> »Meine Mutter sagte in meiner Gegenwart immer wieder, dass sie es sich angewöhnt habe, sich innerlich von ganzen Abschnitten ihres Lebens zu trennen, aber auch von Menschen, die sie enttäuscht hatten. Ich glaube, dass sie sich auch von mir innerlich losgesagt hat, seit ich nicht mehr mit ihr spreche. Irgendwann habe ich es mir sogar gewünscht. Mittlerweile berührt mich das überhaupt nicht mehr.«

Maximilien, der sich im oben zitierten Brief die Vorwürfe seiner Großmutter anhören musste, hat dieser in seiner Antwort durchaus Kontra gegeben. Seitdem haben er und seine Mutter nichts mehr von ihr gehört …

Wenn Sie die Wünsche Ihrer manipulativen Mutter ablehnen, ihr Grenzen setzen und ihr das nicht passt, wird sie Sie ziemlich schnell auf die eine oder andere Weise bestrafen (jetzt, wo Sie wissen, dass sie Sie nicht wirklich liebt, verstehen Sie dieses Handeln auch). Sie wird sich verhalten, als existierten Sie nicht mehr in ihrer Welt. Sie sind für sie nicht mehr »von Interesse«. Als hätte sie sich jemals für Sie interessiert …

Hier noch ein Auszug aus einem Brief, den eine manipulative Mutter an ihre Tochter gerichtet hat. Die Tochter ist erwachsen und lebt in einer Paarbeziehung:

> »Ich für mein Teil kann nur sagen, dass du für mich immer eine Freundin warst und nicht meine Tochter. Daher fühle ich mich dir auch nicht stärker oder inniger verbunden als meinen anderen Freundinnen. Doch leider hast du dich so sehr verändert, seit du von zu Hause ausgezogen bist, dass du für mich eine Fremde geworden bist. Du trägst nichts Positives zu meinem Leben bei. Ich kann dir nicht einmal sagen, dass ich dich liebe, einfach weil ich es nicht so empfinde.«

Solche Aussagen sind leider nicht ermutigend. Sie werden jedoch nur sehr selten in schriftlicher Form geäußert.

Kinder manipulativer Väter haben es nicht besser. Manchmal besteht eine Verbundenheit, doch die Beziehung ist nie von aufrichtiger, unbedingter Liebe getragen. Wenn manipulative Mütter ihren Kindern ihre unbedingte Liebe verweigern, leiden diese stärker und für längere Zeit darunter, als wenn manipulative Väter sich so verhalten, gerade so, als würden Väter ihre Kinder naturgemäß nur unter bestimmten Bedingungen lieben und als müssten diese ihren besonderen Wert unter Beweis stellen, um dafür geschätzt, also geliebt zu werden.

Eltern mit hochgradig gestörter Persönlichkeit

Die folgenden Berichte erzählen von Eltern oder Elternteilen, die ein noch deutlich krankhafteres Verhalten an den Tag legen, als wir es bis jetzt kennengelernt haben. Diese Menschen verfügen über eine ausgefeilte Einbildungskraft sowie einen erstaunlichen Erfindungsreichtum, mittels derer sie ungewöhnliche Methoden entwickeln, um ihre Mitmenschen zu unterdrücken und ihnen bewusst Leid zuzufügen. Eines ihrer Ziele – Gehorsam – erreichen diese hochgradig kranken manipulativen Eltern oftmals durch drakonische Strafen. Wenn Sie nicht selbst entsprechende Erfahrungen gemacht haben, werden die folgenden Berichte Sie vielleicht entsetzen. Und wenn Sie so etwas kennen, werden Sie vielleicht trotzdem schockiert sein …

Die Erinnerungen von Alice und ihrer Zwillingsschwester reichen bis ins Alter von zweieinhalb Jahren zurück:

> »Unsere Eltern haben uns den Gefahren des Kindergarten- und Schulwegs ausgesetzt: Schon mit zweieinhalb Jahren (!) mussten wir allein in den Kindergarten gehen, und das blieb so bis zum Ende der Kindergartenzeit. Zur Grundschule mussten wir dann fünf Kilometer gehen und dabei mehrere Straßen überqueren.

Wenn unsere Eltern abends ausgegangen sind, haben sie uns allein zu Hause gelassen – mit vier Jahren! Sie sagten, sie hätten Puder auf den Boden gestreut, und wenn wir auch nur einen Fuß aus dem Bett strecken würden, würden sie es sehen und uns schlagen wie noch nie!
Bis wir acht Jahre alt waren, wohnten wir im Großraum Paris. In dieser Zeit hatten wir das Glück, eine fabelhafte Tagesmutter zu haben. Sie war liebevoll, freundlich und behandelte uns mit Respekt. Nur ein einziges Mal hat sie unserer Mutter erzählt, dass wir nicht brav gewesen waren. Unsere Mutter hat das gleich unserem Vater weitererzählt. Am nächsten Tag hatten wir so viele blaue Flecken, dass die Tagesmutter gesagt hat: ›Nie wieder werde ich auch nur irgendetwas verraten, meine Lieben!‹ Als unsere Mutter es unserem Vater erzählt hat, wusste sie genau, was passieren würde.
Als wir acht waren, sind wir von heute auf morgen nach Marseille gezogen, sodass wir uns nicht einmal von unserer geliebten Tagesmutter und ihrem Mann verabschieden konnten. Als wir 18 waren, wollten wir wieder Kontakt mit ihnen aufnehmen. Aber unsere Eltern sagten nur: ›Sie sind umgezogen und haben uns ihre neue Anschrift nicht mitgeteilt.‹
Als ich 38 war, nach meiner Psychotherapie, beschloss ich, die beiden zu suchen. Dass wir unsere Kindheit einigermaßen heil überstanden haben, haben wir vor allem ihnen und ihrer Liebe zu verdanken. Also bin ich an den Ort meiner Kindheit zurückgekehrt und musste feststellen, dass sie noch immer dort lebten und nie umgezogen waren! Seither sehen wir uns regelmäßig und ich bin sehr froh, sie wiedergefunden zu haben.
Als wir nach Marseille gezogen waren – wie gesagt, wir

waren damals acht Jahre alt –, gaben uns unsere Eltern, weil wir ja keine Tagesmutter mehr hatten, die Hausschlüssel. Um Geld zu sparen, mussten wir putzen, kochen und bügeln. Oft holten wir auch unsere Mutter zu Fuß von der Arbeit ab. Auf dem Rückweg erzählte sie uns von ihren Problemen, natürlich ohne jemals zu fragen, wie es uns ging. Verkehrte Welt!«

Alice ist heute 47. Sie ist verheiratet, hat zwei Kinder und ist Anästhesistin. Wie aus ihrem Bericht hervorgeht, sind ihre Eltern nicht nur manipulativ, sondern auch sadistisch veranlagt. Solche krankhaften Charaktere verbergen sich oft hinter einem hohen sozialen Status und einer kultivierten Lebensführung. Diese beiden Merkmale finden sich sehr häufig bei charakterlich gestörten Manipulierern. Unter den sozial Schwachen sind solche Persönlichkeiten kaum verbreitet. Ein Manipulierer gibt sich nicht mit Mittelmäßigkeit zufrieden. Er will in den obersten Schichten der Elite glänzen, und in intellektueller Hinsicht hat er durchaus das Zeug dazu.

Der Vater von Alice und ihrer Schwester war gewalttätig, sadistisch und brutal, besaß aber auch eine andere, durchaus einnehmende Seite. Er zeigte sich immer hilfsbereit (wie üblich gegenüber Menschen außerhalb der Familie), sprach 15 (!) Sprachen und war ein kluger Mann. Er war Architekt, verlor aber mit 30 Jahren seine Anstellung, weil er gewalttätig geworden war. Danach hat er nie wieder gearbeitet. Er hat sich als depressiv ausgegeben und sich eingehend mit dieser Krankheit beschäftigt, um als arbeitsunfähig anerkannt zu werden. Er war sehr autoritär und in der ganzen Familie gefürchtet. Alices Mutter, ebenfalls charakterlich gestört, hieß es gut, wenn er die Kinder schlug. Sie war Produzentin beim Fernsehen und brachte es sogar zur Produktionsleiterin.

Nur wenige Menschen konnten ahnen, was sich in dieser Familie abspielte. Damit die Unterschiede zu klassischen manipulativen Eltern noch deutlicher werden, möchte ich weitere Passagen aus Alices Bericht anführen:

»Mit acht Jahren waren wir ohne Tagesmutter auf uns allein gestellt. Wenn unsere Eltern nicht da waren, hatten wir kaum etwas zu essen; oft gab es kein Abendessen, und Geld war auch keines da. Als wir mit 17 von zu Hause ausgezogen waren, konnten wir uns nicht jeden Tag etwas zu essen leisten. Wir mussten arbeiten, um das Studium und die Wohnung zu bezahlen.
Unsere Mutter hat sehr gut verdient, uns aber nie unterstützt. Wir haben geglaubt, das sei normal. Heute gibt sie alles aus, damit, wie sie sagt, für uns später nichts übrig bleibt.
Um unsere Gesundheit haben sich unsere Eltern überhaupt nicht gekümmert. Einmal habe ich mir die Hand gebrochen, und erst auf Drängen der Schule wurde nach einer Woche eine Röntgenaufnahme gemacht. Danach wurde ich behandelt und bekam einen Gips.
Unsere Eltern haben mit uns nie unseren Geburtstag gefeiert. Unsere Mutter wollte keine Glückwünsche zum Muttertag. Das kränkte uns, und wir waren enttäuscht.
Als ich unserer Mutter mit 17 ankündigte, dass wir ausziehen würden, weil wir die Gewalttätigkeit unseres Vaters nicht mehr ertrugen, sagte sie nur: ›Super! Dann kann ich ja euer Zimmer haben!‹
Mit fünf habe ich ihr gesagt, sie solle unseren verrückten Vater verlassen. Sie entgegnete: ›Aber niemals, meine Süßen! Ich muss doch wegen euch bei ihm bleiben!‹ Dann hat sie noch hinzugefügt: ›Ich war immer

die perfekte Mutter für euch! Ich habe mir nichts vorzuwerfen.‹

Unser Vater streitet die Misshandlungen rundheraus ab. Dabei hat er uns geschlagen, getreten, uns die Haare ausgerissen …

Mit 20 wurde meine Schwester von unserem Onkel vergewaltigt. Unsere Mutter hat keinen Finger gerührt, um ihr zu helfen. Sie sagte immer nur, wir sollten kein Wort darüber verlieren. Als meine Schwester öffentlich gemacht hat, dass unser Onkel sie vergewaltigt hatte – während unsere Mutter das noch immer unter den Tisch kehrte –, hat uns die gesamte Familie verstoßen. Wir waren damals 38. Seit damals haben wir keinen Kontakt mehr zu unserer Familie oder unseren Eltern.

Meine Therapeutin hat mich auf Ihre Bücher und auf die anderer Autoren hingewiesen. Bei der Lektüre ist mir auf einmal alles klar geworden. Es war, als würde ich noch einmal geboren. Endlich konnte ich leben! Heute genieße ich jeden Augenblick meines Lebens, meine Sinne sind geschärft und ich erkenne einen Manipulierer auf den ersten Blick. Ich habe Vertrauen in mich.

Dass ich eine Zwillingsschwester habe, ist ein großes Glück. Ohne sie wäre ich wahrscheinlich durchgedreht. Wenn man zu zweit ist, fällt es leichter, alle Brücken zu den Eltern abzubrechen. Denn ich glaube, das ist der einzige Weg. Auf Nimmerwiedersehen, ihr Gift-Eltern!«

Manipulierer mit dieser Art von Persönlichkeitsprofil sind hochgradig gestört. Ich bezeichne sie als »charakterlich perverse Manipulierer«. Sie sind Eltern geworden, ohne es zu wollen. Aus den Berichten von Alice und vielen anderen Betroffenen geht klar hervor, dass solche Paare in ihrer Beziehung – egal, ob diese gut ist oder nicht – nicht von Kindern belästigt werden wollen. Sie empfinden diese als massive Störung.

Diese charakterlich gestörten Menschen sind in einem narzisstischen Abgrund gefangen, weshalb sie nicht wahrhaben wollen, dass auch andere durchaus (gesunde) narzisstische Züge aufweisen. Das führt dazu, dass sie ihre eigenen Nachkommen förmlich vernichten wollen. Sie leiden nicht und empfinden keinerlei Schuld, wenn sie anderen Menschen Schmerzen zufügen, seien sie körperlicher oder seelischer Art. Wenn die Mutter der Zwillinge sagt, dass sie eine perfekte Mutter ist und sich nichts vorzuwerfen hat, so ist sie davon wirklich überzeugt. Für sie ist es unvorstellbar, dass sie eine schlechte Mutter sein könnte. Sie will nicht eingestehen, dass sie einen schlechten Charakter hat, am allerwenigsten sich selbst gegenüber. Solche Menschen sind leider kaum dazu zu bringen, sich in Behandlung zu begeben.

Im Gegensatz zu klassischen Manipulierern, die sich nicht immer bewusst sind, wie viel Unheil sie anrichten, wissen charakterlich Gestörte ganz genau, was sie tun und was sie sagen. Sie handeln weder in Trance noch im Wahn, auch wenn ihr Handeln oft als wahnsinnig erscheint. Ihr aggressives Auftreten sichert ihnen die Macht, und nur darauf kommt es ihnen an. Doch sie müssen jeden Tag aufs Neue darum kämpfen! Als Erstes trifft es den Lebenspartner und die Kinder. Unter Umständen schöpft jahrzehntelang niemand aus dem Freundeskreis oder dem beruflichen Umfeld Verdacht. Das muss allerdings nicht heißen, dass niemand den manipulativen Charakter der betroffenen Persönlichkeit erkannt hätte. Ich meine hier die sadistischen und abnormen Züge. Solche Menschen verfügen über eine durchschnittliche Intelligenz, und viele von ihnen studieren mit Engagement, erreichen anerkannte Abschlüsse und bekleiden verantwortungsvolle Positionen. In ihrer narzisstischen Werteordnung steht an erster Stelle, als außergewöhnliche Menschen angesehen zu werden.

Wie für klassische Manipulierer ist auch für charakterlich gestörte Manipulierer das Bild entscheidend, das sie nach außen abgeben. Dass sie dabei ihre Kinder misshandeln und traumatisieren, kümmert sie nicht. Hauptsache, alle außerhalb der Familie halten sie für großartig.

Solche Menschen stellen eine besondere Gefahr dar. Nicht nur der gesunde Partner, auch die Kinder können unter diesen Gegebenheiten erheblichen Schaden nehmen. Das kann so weit gehen, dass manche Kinder sich das Leben nehmen.

Wie alle Narzissten verbreiten sie ihr Gift und rauben ihren Angehörigen gleichzeitig sämtliche seelischen Kräfte. Dazu kommt, dass sie im Lauf der Zeit auch immer mehr körperliche und sexuelle Gewalt anwenden. Ihre Kinder nehmen sie dabei unmittelbar in Beschlag und sprechen ihnen eine eigene Persönlichkeit ab. Parallel fordern sie von ihnen viel zu früh absolute Selbstständigkeit, als müssten die Kinder so früh wie möglich wissen, worauf es im Leben ankommt.

Etwa 90 Prozent der charakterlich Gestörten sind Männer. Sind beide Elternteile charakterlich gestört, dann werden deren Kinder wirklich nicht anders als störend erlebt. So wie im Fall von Alice, ihrer Zwillingsschwester und ihren Eltern.

Eine Eigenschaft charakterlich Gestörter bleibt Menschen außerhalb des Familienkreises jedoch verborgen: ihre *zwanghafte Sexualität.*

Das kann die »offizielle« Lebenspartnerin zu spüren bekommen (allerdings selten schon zu Beginn der Beziehung), indem sie zum Beispiel erleben muss, dass sie schon nach wenigen Monaten nicht mehr begehrt wird, unter dem Vorwand, sie sei frigide. In diesem Fall wird sie wohl nicht gleich ahnen, dass sie es mit einem Sexbesessenen zu tun hat. Ihr Partner hat einen äußerst stark ausgeprägten Sexualtrieb, den er mit außerehelichen Beziehungen, regelmäßigen Besuchen bei Prostituierten oder mittels entsprechender Internetseiten befriedigt. Er muss seinen Bedürfnissen täglich nachkommen. Er (oder auch sie) hält sich in dieser Hinsicht für einen unvergleichlichen Experten und Lehrmeister. Das muss grundsätzlich nicht einmal falsch sein: Seine Vorstellungskraft und sein Ideenreichtum sind tatsächlich außergewöhnlich, oftmals hinsichtlich Sadomasochismus, Voyeurismus und Exhibitionismus. Seine Fantasien sind ziemlich ausgefallen, und ein einziger Mensch genügt nicht, um seine Begierden zu stillen. Daher praktiziert er oft Sex in Dreiergruppen und besucht Swingerklubs. Doch Vorsicht: Nicht alle Menschen, egal, ob Männer oder Frauen, mit ausgeprägter Fantasie und ungewöhnlichen sexuellen Vorlieben sind charakterlich gestört! In diese Kategorie fallen nur Personen, die mindestens 27 der 30 aufgelisteten Merkmale von Manipulierern aufweisen und darüber hinaus eine charakterliche Abnormität zeigen, die die Identität der anderen bewusst zerstören will.

Das Persönlichkeitsprofil eines charakterlich gestörten Menschen weist also neben der narzisstischen Persönlichkeitsstruktur noch weitere Merkmale auf. Ich will an dieser Stelle nur einen kurzen Überblick über diese weiteren Merkmale geben, damit Sie besser verstehen, wie solche Menschen »ticken« und wie sie vorgehen, ob sie nun Kinder haben oder nicht.

Wenn diese Menschen Mitgefühl zeigen, ist das in jedem Fall geheuchelt. Ihre Sexbesessenheit veranlasst sie oftmals, bestimmte Berufe zu ergreifen, wie den des Gynäkologen, des Sexualwissenschaftlers oder des Chirurgen. In diesen Berufen können sie über andere Menschen legitimierte Macht ausüben. Letztere müssen darauf vertrauen, dass die Angehörigen dieser Berufsgruppen gute Absichten in ihrem Tun verfolgen. Doch auch hier gilt wieder: Natürlich sind nicht alle Chirurgen oder

Gynäkologen charakterlich gestörte Manipulierer, selbst wenn für diese solche Berufe aufgrund ihrer Handlungsmöglichkeiten sehr attraktiv sind.

Charakterlich Gestörte machen keinen Unterschied zwischen den Generationen. Ihrer Ansicht nach müssen die Kinder nicht nur so früh wie möglich wissen, worauf es im Leben ankommt, sondern sie sollen auch schon in jungen Jahren ihren Platz in der Welt der Erwachsenen einnehmen. Und es ist Aufgabe der Erwachsenen, sie in diese Welt einzuführen. Wenn man nun noch bedenkt, dass diese Menschen in krankhafter Weise sexualisiert sind, wird klar, dass deren Kinder von Inzest bedroht sind – selbst wenn dieser zum Glück nicht sehr häufig auftritt. Bei klassischen Manipulierern liegen die Dinge anders: Diese schlagen ihre Kinder in der Regel nicht und neigen auch nicht dazu, sie sexuell zu missbrauchen.

Des Weiteren darf man nicht den falschen Schluss ziehen, dass alle Pädophilen Manipulierer oder charakterlich gestört wären. Pädophilie hat viele andere Ursachen.

Kinder, die sexuell missbraucht wurden oder werden, geben ihr Geheimnis oft während der Scheidung der Eltern preis, vor allem, wenn diese auf Initiative der gesunden Mutter erfolgt. Dann fühlen sie sich sicher genug, um diese Wahrheit auszusprechen. Der Vater beharrt in solchen Fällen darauf, dass das alles nur eine Erfindung der Mutter sei, die sich an ihm rächen wolle. Dann muss richterlich entschieden werden (gegebenenfalls nach polizeilichen Ermittlungen, wenn die Mutter Anzeige erstattet hat), ob der Vater als charakterlich gestört einzustufen ist. Trifft dies nicht zu, wird der Verdacht unter Umständen fallengelassen. Leider geben betroffene Frauen oft aus Scham nicht alle intimen Details preis, obwohl sie doch am besten darüber Auskunft geben könnten.

Ein charakterlich gestörter Mensch hält sich für gottgleich. Er fühlt sich nicht an gesellschaftliche Regeln und Gesetze gebunden. Er beachtet sie einfach nicht. Er lügt häufig, in den unterschiedlichsten Formen, und streitet unverfroren Tatsachen ab, die alle anderen als offenkundig ansehen. Unter dieser Verleugnung der Wirklichkeit leiden vor allem seine Kinder.

Darüber hinaus gebraucht er eine derbe, ordinäre, körperbezogene und sexualisierte Sprache, selbst vor seinen Kindern. Mit Vorliebe beschimpft er Frauen, etwa als »Schlampe«, »Hure« oder »Flittchen«, aber auch mit körperbezogenen Ausdrücken: »fette Kuh«, »die trägt ihren Hintern spazieren« usw. Eine charakterlich gestörte Frau behandelt andere Frauen, die sie alle als sexuelle Rivalinnen ansieht, in derselben Weise, beschimpft aber ebenso sehr die Männer im Allgemeinen und ihren Lebenspartner im Besonderen, zum Beispiel mit ordinären, verletzenden Ausdrücken wie »dreckige Schwuchtel«, »impotenter Kerl«, »Lass dir doch von deinen Nutten den Schwanz lutschen« usw. All das vor den Augen und Ohren der Kinder!

Das ist Frauenhass in Reinkultur, sowohl seitens der Frauen als auch der Männer. Während der Scheidung versucht der charakterlich gestörte Mann, seinen Sohn – wenn dieser ihm ähnelt, und sei es nur äußerlich – nach seinem Bild zu formen. Er trichtert ihm ein, die Frauen zu verachten, allen voran seine Mutter. Ab einem Alter von neun Jahren sind viele Jungen anfällig für diese Manipulation, weil sie – unbewusst – ihrem Vater gefallen wollen. Sie verhalten sich ihrer Mutter gegenüber zunehmend aggressiv und gehorchen ihr nicht mehr. Sie verspotten sie, äffen sie nach, ignorieren sie, geben ihr das Gefühl, abstoßend zu sein, geben unverschämte Antworten, beschimpfen sie mit den Worten ihres charakterlich gestörten Vaters usw. Auch wenn die Familie noch unter einem Dach lebt, entfremdet sich ein Kind damit bisweilen sehr vom gesunden Elternteil.

Viele gesunde Elternteile berichten davon, dass charakterlich Gestörte ihre Körperhygiene und vor allem die Intimhygiene (Reinigung der Geschlechtsteile und des Anus) stark vernachlässigen, die Toilettenschüssel nach Gebrauch nicht säubern und oft an einer Zwangsstörung leiden, vor allem was Ordnung und Sauberkeit in der Küche betrifft, aber auch in Regalen und bei allem, was mit Verschlüssen zu tun hat (Türen, Gashahn, Fensterläden, Autos usw.). Der Tod fasziniert sie, und weil in ihren Augen selbst die grundlegenden Gesetzmäßigkeiten des Lebens für sie nicht gelten, gehen sie bei Autofahrten unkalkulierbare Risiken ein, auch wenn ihre Familie dabei ist: Sie fahren zu schnell, überholen vor unübersichtlichen Kurven, obwohl es verboten ist, befahren den Straßenrand usw. Sie sind generell keine guten und besonnenen Autofahrer. Auffällig ist auch, dass etliche von ihnen Katzen hassen. Das liegt vermutlich daran, dass Katzen äußerst unabhängige Wesen sind und sich von niemandem etwas sagen lassen. Wenn sie sich unbeobachtet glauben, versetzen sie den Tieren Fußtritte und beschimpfen sie, wie sie Frauen beschimpfen. Manchmal ist die Katze auch unerklärlicherweise bei der Rückkehr aus dem Urlaub verschwunden …

Der folgende Bericht zeigt, was eine charakterlich gestörte Mutter ihren Kindern antun kann. Zwar fehlt im Verhalten solcher Mütter meist die sexuelle Dimension, doch dadurch treten die anderen Aspekte nur umso deutlicher hervor.

Astrid erinnert sich:

»Als wir Kinder noch klein waren, spielte sie oft ein Spiel: Sie holte uns zu sich, legte sich auf ihr Bett, sagte ›Ich sterbe‹ und machte sich ganz steif, als wäre sie tatsächlich tot. Mein Bruder und meine Schwester brachen in Tränen aus, während ich, die Älteste, mein Schluchzen hinunterschluckte und mit dem Gedanken spielte, sie nach einer

Weile zu kitzeln, obwohl ich mich vor der körperlichen Berührung ekelte.

Am Tag, als mein Vater starb (da war ich 21), sagte sie zu mir, ich hätte ihn umgebracht (aber sie sagte nicht, warum). Am Tag der Beerdigung hat sie das noch einmal gesagt. An diesem Tag hat sie auch zu mir und meinen Geschwistern gesagt, dass ihr Schicksal ›nun in unseren Händen liegt‹. Wir waren damals 21, 20 und 18 Jahre alt.

Am Tag der Beerdigung habe ich mich in mein Zimmer verkrochen und geweint. Während der Trauerfeier hatte ich nicht geweint. Kurz darauf kam meine Mutter in mein Zimmer und befahl mir, ich solle ›mit dem Theater aufhören und für die Gäste den Kaffee machen‹.

Folgende Ausdrücke hat sie beispielsweise benutzt, wenn sie wieder einmal eine Krise hatte, aber auch in anderen Situationen, unter vier Augen oder im kleinen Kreis (nach außen hin haben wir dagegen immer das Bild einer idealen Familie abgegeben):

›Ich reiß mir den Arsch auf, damit ihr das endlich kapiert‹;

›Ich scheiß dir gleich ins Gesicht‹.

Kürzlich hat sie gesagt, ohne dass es ihr erkennbar schlecht gegangen wäre: ›Dem kommt doch die Scheiße aus dem Mund‹ und ›Der quatscht mit seinem Arsch‹.

Als ich sie einmal nach ihrer Kindheit gefragt habe und danach, ob ihre Eltern sie geschlagen hätten, hat sie mich hasserfüllt angesehen und gesagt: ›Auf solche Rachegedanken kommst auch nur du!‹

Wir waren noch keine zehn Jahre alt, da hat sie unserem Vater in unserer Gegenwart damit gedroht, sich mit uns in die Seine zu stürzen.

Ich war auch noch klein, als ich sie gefragt habe, was ihr wichtiger war: das Gerede der Leute oder das Glück ihrer

Kinder. Sie hat geantwortet: ›Das Gerede der Leute‹. Danach könne man ja immer noch zusehen, wie man glücklich wird.«

Das Verhalten dieser Mutter lässt sich auf folgende Weise interpretieren:

1. Das Wohlergehen ihrer Tochter ist der Mutter egal.
2. Sie verstößt ihre Tochter mit deutlichen Worten, will aber nicht, dass die Öffentlichkeit davon erfährt. Ihr ist also bewusst, dass die anderen ihr Handeln nicht gutheißen.
3. Sie löst unter dem Deckmantel von Spiel und Witz starke negative Gefühle bei ihren Kindern aus, wobei ihr egal ist, welche Folgen das für die seelische Gesundheit der Kinder haben könnte. Vielleicht genießt sie es sogar, ihre Macht auszuspielen und andere in Verzweiflung zu stürzen. Darüber hinaus dient ihr dieses Spiel vielleicht auch als Mittel, ihre Kinder auf abnorme Weise auf die Probe zu stellen.
4. Sie gibt ihrer erst 21-jährigen Tochter unverhohlen die Schuld am Tod ihres Mannes. Damit weist sie jede Verantwortung für die Gesundheit ihres Mannes von sich. Charakterlich gestörte Menschen können auch ohne Waffe töten.
5. Beim Tod des Vaters dreht sie die Rollen um und entzieht sich der Pflicht, sich um ihre Kinder zu kümmern. Von heute auf morgen macht sie sich von einer Mutter wieder zum Kind.
6. Sie zeigt keinerlei Mitgefühl, als ihre Tochter den Tod ihres Vaters beweint. Sie interpretiert die Tränen ihrer Tochter auf ihre Weise und behauptet, diese mache »Theater«.
7. Außenstehende können nicht ahnen, was sich hinter den Türen ihres Hauses abspielt. Sie tut alles dafür, nach außen hin das Bild einer guten Mutter abzugeben.

8. Sie wirft mit Ausdrücken aus der Fäkalsprache und dem sexuellen Bereich um sich.
9. Sie unterstellt ihrer Tochter Absichten, die sie selbst hegt – Rache.
10. Sie droht in Gegenwart der Kinder mit Selbstmord, ja sogar damit, diese mit in den Tod zu reißen.
11. Sie gibt unverblümt zu, dass ihr ihr Image wichtiger ist als das Glück ihrer Kinder.

Jean Bergeret erwähnt in seinem Buch *La personnalité normale et pathologique*[8] eine Studie von Ey, Bernard und Brisset aus dem Jahr 1967. Darin beschreiben die Autoren eine Haltung, die sie »abnorme Impulsivität« (frz. *impulsivité perverse*) nennen und die, so Bergeret, dem charakterlich gestörten beziehungsweise »perversen« Verhalten entspricht. Sie ist durch folgende Merkmale gekennzeichnet: »Aggressiv angespannte Haltung, Impulsivität, Zorn, Ressentiments, Nervosität, Disziplinlosigkeit, Gefühlskälte, mangelnde Anpassungsfähigkeit, das Fehlen jeglicher Moralvorstellungen, Halsstarrigkeit, Eigensinn, Unempfänglichkeit für Liebe, Zuneigung, Respekt und Schmerz (bei sich selbst und bei anderen), Heimtücke, Rachsucht, Gewalttätigkeit, Widerspenstigkeit, Hinterlist, Verrat, Zynismus, Verlogenheit … Diese Aufzählung ließe sich noch beliebig fortsetzen. Sie entspricht offenbar den Persönlichkeitsbildern, die wir in der Kategorie ›charakterlich pervers‹ zusammenfassen.«

Meiner Ansicht nach bringt diese Aufzählung die pathologische Persönlichkeitsstruktur charakterlich gestörter Menschen in ihrer ganzen Komplexität sehr gut zum Ausdruck. Das Krankheitsbild eines (klassischen) Manipulierers ist, wie wir gesehen haben, bei Weitem nicht so furchteinflößend.

Nachdem wir die »dunklen Seiten« unseres Themas kennengelernt haben, nämlich wie manipulative (oder sogar charakterlich gestörte) Eltern Einfluss auf ihre Kinder nehmen, wollen wir uns nun den »hellen Seiten« zuwenden, also den Möglichkeiten, die die Betroffenen haben, sich dem Zugriff der Eltern zu entziehen und nach Jahren des Missbrauchs und des Leidens wieder zu sich selbst zu finden. Das folgende Kapitel behandelt nicht nur die gravierenden, unmittelbaren oder langfristigen Folgen elterlicher Manipulation für das Leben des Kindes (sowohl in jungen Jahren als auch im Erwachsenenalter), sondern zeigt auch mögliche Lösungen und Wege auf, wie man als Betroffener die Kontrolle über das eigene Leben zurückgewinnen und sich aus der schädlichen Beziehung mit den Eltern befreien kann.

Gibt es Auswege?

Nachdem wir die Persönlichkeitsstrukturen manipulativer Eltern in all ihren Facetten beleuchtet haben, wollen wir uns nun wieder den Söhnen und Töchtern zuwenden, die unter dem Verhalten ihrer Eltern leiden, sei es Tag für Tag oder, weil sie schon erwachsen und selbstständig sind, nur noch gelegentlich. Manipulative Eltern behandeln ihre Kinder unabhängig von deren Alter nie mit wirklichem Respekt und beanspruchen sie voll und ganz, sobald sie Zugriff auf sie haben. Von narzisstischen Eltern erzogen zu werden, ist alles andere als harmlos und hat gravierende Folgen. Doch zum Glück gibt es Wege aus der Misere, Wege zum Wohlbefinden und in eine glückliche Zukunft!

Schwerwiegende Folgen

In meinen ersten Büchern über manipulative Persönlichkeiten habe ich die Merkmale von Manipulierern sowie die Auswirkungen ihres Verhaltens auf andere Menschen beschrieben, unabhängig vom Geschlecht, zunächst im Allgemeinen und dann eingehender auf dem Gebiet der Paarbeziehung.[9]

Auf Menschen, die mit Manipulierern gelebt oder gearbeitet haben, kann sich dies in folgenden Punkten auswirken:

1. Sie gehen in Gedanken die Gespräche mit dem Manipulierer immer wieder durch.
2. Sie sprechen unentwegt von dieser sie verstörenden Person.
3. Sie werden ängstlich (oder noch ängstlicher, als Sie schon waren).
4. Sie leiden unter Schlafstörungen.
5. Sie zeigen psychosomatische Reaktionen, die zu chronischen Leiden werden können.
6. Sie verlieren ihr Selbstvertrauen und handeln nicht mehr spontan.
7. Sie zweifeln an ihren Wahrnehmungen und ihren eigenen Ansichten.
8. Sie äußern ihre Meinung nicht mehr unbefangen (oder nur noch selten).
9. Sie setzen keine Grenzen mehr und weisen keine Forderungen mehr ab.
10. Sie geben nach, wenn der Manipulierer beharrlich bleibt, obwohl sie anfangs noch Widerstand geleistet haben.
11. Sie treffen keine rationalen Entscheidungen mehr.
12. Sie fühlen sich hilflos.
13. Auseinandersetzungen kosten sie übermäßig viel Energie, und am Abend fühlen sie sich völlig erschöpft.
14. Sie leiden unter Konzentrationsschwierigkeiten und können nicht mehr die Leistung erbringen, zu der sie eigentlich fähig sind.
15. Sie leiden unter ihrer Befindlichkeit und schämen sich dafür, verbergen sie jedoch vor anderen.
16. Sie geben sich die Schuld an ihrer Situation und glauben, sie könnten aus eigener Kraft ihre innere Ausgeglichenheit wiederherstellen.
17. Sie hoffen auf eine Rückkehr zur Normalität, verfallen dabei aber, ohne es zu bemerken, in Depressionen.

18. Sie verspüren »Mordgelüste« oder stellen sich vor, wie der Manipulierer mit einem Schlag vom Erdboden verschwindet (meist durch einen Unfall).
19. Sie werden von Selbstmordgedanken geplagt.
20. Sie nehmen sich das Leben.

Wer mit einem narzisstischen Elternteil aufwächst, kämpft mehr oder weniger mit denselben Folgen, was das Verhalten sowie seelisches und körperliches Wohlergehen anbelangt. Das Leiden ist nur meist etwas gedämpfter. Die heimtückischen Machenschaften des Manipulierers machen die Familienmitglieder »schläfrig«, und jeder leidet für sich im Stillen unter vielen der oben genannten Folgen. Ich möchte daher nun etwas näher auf die Auswirkungen auf die Familie eingehen.

Auswirkungen auf Kinder

So unwahrscheinlich es klingen mag: Auch ein Kind, das mit einem manipulativen Elternteil aufwächst, kann schon in jungen Jahren Vertrauen in seine eigenen Wahrnehmungen entwickeln. Es vertraut auf das, was es mit den eigenen Augen und Ohren sieht und hört, speichert die Eindrücke unverfälscht ab und kann somit alle gesammelten Informationen in ungetrübter Erinnerung abrufen. Es erkennt dabei nicht, welche Gefahr dieses Vorgehen birgt. Es entscheidet sich ja auch nicht bewusst dafür. Und wenn es versucht, den widersinnigen Aussagen und Handlungen seines hypernarzisstischen Elternteils mit Verweis auf die Tatsachen zu begegnen, dann geht ein Donnerwetter über ihm hernieder! Solche Eltern ertragen nicht die geringste Kritik – von niemandem, und schon gar nicht von so einem Dreikäsehoch, der ihnen zu gehorchen hat …

Hält das Kind dann den Mund? Zumindest meistens. Es fügt sich und lässt Behauptungen im Raum stehen, auch wenn sie in seinen Augen falsch sind. Es bemüht sich, nicht zu provozieren.

Manche drücken ihr Inneres schriftlich aus, indem sie Gedichte schreiben oder die Ereignisse des Alltags in ihrem Tagebuch festhalten. So auch Antoine, der das folgende Gedicht mit zehn Jahren geschrieben hat. (Seine Mutter hat es entdeckt und ich gebe es hier wortgetreu wieder.)

Der König

Er trägt einen schneeweißen Mantel und glaubt,
Dass seine Augen Sterne sind.
Aber seine Seele leuchtet nur schwach.
Seine Finsternis ist größer als er.
Da kommt das Licht nicht hin.
Da, wo er denkt, sieht man nichts.
Er ist die reine Zerstörung.
Aber er kann auch gütig sein.
Niemand weiß, wie er wirklich ist.
Er wirkt unbesiegbar, aber vielleicht
Ist er ja doch gut, aber sein Herz
Ist vielleicht aus Stein und kommt in die
Hölle, wie Hades. Für ihn ist
Alles minderwertig!
Aber nur ein Pascha,
Der gut behandelt wird,
Kann sich den Menschen entgegenstellen,
Die ein reines Herz haben.
Trotz seiner Kraft und seines Mutes
Ist er im Vergleich zum Rest nur eine Mücke.
Manche meinen, er ist genau wie alle anderen.
Nichts kann Menschen besiegen, die zusammenhalten.

Antoines Eltern sind geschieden, sein Vater ist ein Manipulierer. Das weiß Antoine noch nicht, aber dennoch spürt er die Finsternis, die diesem Mann innewohnt.

Wenn ein Kind extrovertiert ist, kann es aber auch ganz anders reagieren, indem es ein so zerstörerisches Verhalten nicht hinnimmt und dem manipulativen Elternteil fortwährend die Stirn bietet. Weil dieser es nicht erträgt, auch nur im Geringsten infrage gestellt zu werden, fängt er an, sein Kind zu hassen. Dieses Kind ist oft das Erste der Geschwister, das von zu Hause auszieht. Und auch das geschieht, wie so vieles andere, viel zu früh.

Was wird aus solchen Kindern, die das Elternhaus zu früh verlassen? Manche erkennen und nutzen den Vorteil, wenn man während der Ausbildung für sich selbst verantwortlich ist, und bringen ihr Leben auf den Weg, fest entschlossen, trotz der fehlenden Liebe des einen Elternteils ein erfolgreiches Leben zu führen. Die Chancen hierfür stehen umso besser – auch wenn die Kinder kaum 18 sind und schon Schlimmes hinter sich haben –, wenn sie vom anderen Elternteil oder einem anderen, innerlich stabilen Familienmitglied emotional unterstützt werden. Dann erfahren sie, dass sie von anderer Seite geliebt werden, und können zuversichtlich ins Leben ziehen.

Andere Kinder narzisstischer Eltern kommen nicht so gut davon, weder in seelischer noch in materieller Hinsicht. Manche laufen in einem Anflug von Rebellion von zu Hause weg, ohne sich Gedanken zu machen, wie ihr Leben weitergehen soll. Sie irren herum, ohne die Unterstützung der anderen Familienmitglieder, und kommen in der Folge davon vielleicht mit Menschen aus fragwürdigen Kreisen in Kontakt. Manche flüchten sich in Alkohol oder Drogen. Andere »ernähren« sich von Psychopharmaka (Antidepressiva, Angstlöser usw.). Sie halten sich für minderwertig und unfähig. Sie verlieren sich in den Abgründen der Depression, und manche nehmen sich das Leben (oder versuchen es zumindest).

Auch wer täglich mit einem narzisstischen Elternteil zu tun hat, kann trotzdem weitgehend unbeschadet aufwachsen. Hierbei spielen mehrere Faktoren eine Rolle:

1. die unterstützende Gegenwart des anderen Elternteils (oder eines Stiefvaters oder einer Stiefmutter);
2. die Gegenwart eines Großelternteils, einer Tante oder eines Onkels, der oder die den emotionalen Mangel ausgleicht;
3. ein aktiver kritischer Geist (der »gesunde Menschenverstand«);
4. Vertrauen in die eigenen Wahrnehmungen und Urteile;
5. eine bestimmte genetische Veranlagung: ein temperamentvolles Gemüt, eine stabile seelische Verfassung, körperlicher Elan, geistige Gesundheit;
6. ein natürlicher Hang zum Optimismus und die Entschlossenheit, unter allen Umständen nach dem Glück zu suchen;
7. intellektuelle und emotionale Unterstützung durch Außenstehende;
8. und noch vieles mehr …

Valérie war erst 15, als sie mir einen Brief schrieb. Sie hatte gerade mein Buch *Les manipulateurs et l'amour*[10] gelesen. Hier sind ihre Worte von damals:

> »Bei der Scheidung meiner Eltern wurde entschieden, dass ich jedes zweite Wochenende bei meinem Vater verbringen soll. Aber er wohnt zusammen mit seiner Freundin in einer Einzimmerwohnung, und seine Freundin ist 18! Und er ist 45! Er wirft mir vor, dass ich nicht oft ge-

nug zu ihm komme, und behauptet, dass meine Mutter mich gegen ihn aufstachelt.
Wenn andere Leute da sind, beklagt er sich darüber, dass er mich so selten sieht, und sagt, dass ihn das traurig macht, dass er unglücklich ist und deswegen krank wird. Aber wenn ich dann bei ihm bin, beachtet er mich überhaupt nicht!
Ich habe mich immer gegen seine Manipulationen gewehrt, schon als ganz kleines Kind. Na ja, nicht wirklich gewehrt, aber ich habe mich dem, was er sagte, einfach entzogen. Mir war das immer alles völlig egal und ich habe einfach nichts gesagt. Er hat das wohl als Zustimmung oder so aufgefasst, jedenfalls hat er immer gedacht, ich wäre auf seiner Seite.
Irgendwann kam ich in die Pubertät, mit Identitätskrise, Selbstzweifeln usw. Und da hatte ich die Schnauze voll. Ich habe ihm alles hingerotzt, stundenlang habe ich ihm alles ins Gesicht geschrien. Das klang ungefähr so:
›Du willst immer, dass sich alles um dich dreht, und ich habe immer versucht, dir alles recht zu machen! Sag jetzt nicht, dass ich egoistisch bin; ich besuche dich doch nur *deinetwegen*! Ich hasse es, dich zu besuchen. Wenn ich bei dir bin, tust du so, als wäre ich gar nicht da. Hast du vergessen, dass ich immer noch so etwas wie ein Teil von dir bin? Und schieb jetzt nicht die Schuld auf Mama! Es geht hier um dich, nur um dich. Du bist nämlich nicht perfekt. Du bist nicht so kultiviert und besonnen, so empfindsam und verständnisvoll, wie du vor anderen immer tust. Du bist nichts, und du hast von nichts eine Ahnung! Du bist nicht der perfekte Mann, für den du dich hältst, mach dir das endlich klar! Ich habe keine Lust mehr darauf, dich zu besuchen und mir jedes Mal dieselbe Leier anhören zu

müssen: dass alles meine Schuld ist oder die Schuld von Mama! Seit über zehn Jahren weiß ich, dass du nur Lügen verbreitest! Ich habe schon immer gewusst, dass du einfach nie die Wahrheit sagst. Du kannst nur boshaft oder spöttisch sein. Du kommst alleine nicht klar und kannst überhaupt keine *Verantwortung* übernehmen. Ich habe immer gehofft, du würdest dich ändern; wir haben dir immer wieder die Chance gegeben, dich zu ändern, aber nein, so leicht kriegt man dich nicht, denn du bist ja nun mal perfekt, und die anderen merken bloß nicht, wie genial du bist. Aber wenn du wirklich so genial wärst, dann wärst du in der Lage, dich selbst zu hinterfragen, dann könntest du dich auch ohne verbale oder körperliche Gewalt ausdrücken!‹ Und zum Schluss habe ich ihm gesagt, dass er ein Manipulierer ist.

Seit diesem Streit (der stundenlang gedauert hat) besuche ich meinen Vater nicht mehr, aber er ruft immer noch bei meiner Mutter an. Er ruft mit unterdrückter Nummer an und belästigt uns, aber das wird auch immer weniger, weil er merkt, dass wir darauf nicht reagieren.

Sie können sich nicht vorstellen, wie gut es tut, die eigene Geschichte (oder zumindest Teile davon) jemandem zu erzählen, der versteht, wie es einem dabei geht, und der die Manipulierer und ihre Tricks kennt. Dieser Brief hat weiter keine Bedeutung, aber wie erleichternd ist es, das alles aufzuschreiben!«

Zehn Jahre später hat Valérie mir erneut geschrieben und berichtet, wie die Dinge sich entwickelt haben:

»In der Folge habe ich immer weniger von mir hören lassen, bis ich mich schließlich ganz von meinem Vater zurückgezogen habe, meine Telefonnummer geändert und mich tot gestellt habe.

Ich weiß, dass viele Leute so ein Verhalten für feige halten, aber für mich war es höchste Zeit, auf mich selbst zu achten. Ich war zu jung, um die Auseinandersetzung mit meinem Vater zu suchen, und wahrscheinlich hatte ich auch zu viel Angst. Ich wollte nur eines: auf Abstand zu diesem manipulativen und brutalen Vater gehen und eine neue Heimat in der neuen Familie finden, die meine Mutter und mein Stiefvater für mich darstellten und in der ich Stabilität und familiäre Geborgenheit erlebte, wie ich sie nie zuvor erfahren hatte. Manchmal ist die einfachste Lösung ja die beste. Ich wollte, dass er mich vergisst, also habe ich alles dafür getan.

Immer wieder kam es vor, dass er ›explodierte‹, wie meine Mutter und ich es nannten, wenn er wieder einmal wie aus dem Nichts heraus zu toben anfing: Er stellte sich vor unser Haus, schrie auf der Straße herum, beschimpfte uns, drosch auf die parkenden Autos ein und rief uns mitten in der Nacht an (irgendwie hatte er unsere Festnetznummer herausgefunden), ohne ein Wort zu sagen. Dann war einige Monate lang Ruhe, bevor es wieder losging.

Einige Jahre lang habe ich die Zeit und das Schweigen ihre Wirkung tun lassen. Ich habe nichts mehr von meinem Vater gehört, bis auf ein paar anonyme Anrufe, bei denen ich mir sicher bin, dass er es war.

Er hat sich auch weiterhin genau so verhalten, wie Manipulierer es tun. Er hat zum Beispiel mehrere Beziehungen gleichzeitig geführt und dabei eine Art ›Wechselmodell‹ gepflegt: eine Woche bei der einen Freundin, die nächste bei der anderen. Er hat die Frauen dazu gebracht, das mitzumachen. Manche von ihnen waren durchaus

intelligent, aber alle waren dem Charme dieses Scharlatans verfallen.
Ich will nichts mehr mit ihm zu tun haben. Seit er aus meinem Leben verschwunden ist, geht es mir besser. Ich habe das Gefühl, mich endlich ungehindert entwickeln zu können.
Trotzdem hat er bei mir fraglos seelische Wunden hinterlassen. Ich werde misstrauisch, sobald jemand meine Nähe sucht, und bei Männern bin ich grundsätzlich vorsichtig, weil ja jeder von ihnen ein Manipulierer sein könnte. Wenn es mir gelingt, Vertrauen zu einem Menschen aufzubauen, dann erst nach vielen Jahren.
Ich bin unbeschreiblich glücklich, dass ich es geschafft habe, das alles hinter mir zu lassen. Oft glaubt man ja, es sei zu spät, sich dem Einfluss solcher Menschen zu entziehen. Man denkt, sie hätten einen im Innersten gebrochen. Das stimmt aber nicht. Es ist noch immer möglich, sich zu befreien, und mit jedem Jahr habe ich das Gefühl, freier atmen zu können als noch im Jahr zuvor.«

Wenn ein Kind sich opfert

Der Lebenspartner und die Kinder haben am meisten unter den Machenschaften narzisstischer Persönlichkeiten zu leiden. Wie wir bereits gesehen haben, merken manche Kinder, wenn sich einer ihrer Elternteile ungewöhnlich, widersprüchlich und irrational verhält, ohne jedoch zu ahnen, dass dies Ausdruck eines bestimmten Krankheitsbildes ist. Dennoch reagieren sie manchmal schneller als der andere Elternteil, der die Ausbrüche und das Wüten seines Partners Tag für Tag ertragen muss. Diese Kinder wollen oft schon in jungen Jahren, dass ihre Eltern sich scheiden lassen. Und wenn diese sich dann trennen, weigern die Kinder sich, beim pathologischen Elternteil zu leben. Zumindest ist dies in den meisten Fällen so. Doch es gibt auch Kinder, die sich opfern.

Solchen Kindern fehlt es altersbedingt noch an klarem Urteilsvermögen, sie werden ihren Geschwistern vorgezogen, indem sie durch den manipulativen Elternteil mehr positive Zuwendung erhalten, und fühlen sich oft an allem schuld. Es kommt ihnen vor, als seien sie die Einzigen, die sich für den Elternteil verantwortlich fühlen. Damit er nicht allein ist, wollen sie nach der Trennung der Eltern bei ihm leben und nehmen dafür die Trennung von ihren Geschwistern in Kauf. Der Elternteil, der sich vom Manipulierer trennt, befürchtet, dass ihm eines der Kinder durch den Partner entfremdet wird. Diese Angst ist sehr wohl begründet. Ein junger Mensch, der sich immer um Harmonie und Frieden bemüht, ist besonders anfällig für eine Eltern-Kind-Entfremdung. Mit Konflikten kann er so schwer umgehen, dass er sie um jeden Preis vermeiden will. Der hypernarzisstische Elternteil redet seinem Kind ein, dass es vereinsamen oder auf der Straße landen wird und ihm Verwahrlosung oder gar Tod drohen, wenn es ihn nach der Scheidung jetzt auch noch verlässt.

Das Kind, vielleicht noch keine 15 oder 16 Jahre alt, hat noch eine blühende Fantasie und fühlt sich auf irrationale Weise für das Schicksal der anderen Familienmitglieder verantwortlich. Manche Kinder glauben sogar, sie träfe eine Mitschuld an der Trennung der Eltern. Sie sind noch zu jung, um zu verstehen, dass diese Trennung die Sache zweier erwachsener Menschen ist, die Sache eines Paares, eine Angelegenheit zwischen einem Mann und einer Frau. Der narzisstische Elternteil versucht dabei, das Kind in den Trennungsprozess hineinzuziehen, als wäre es ein Freund oder enger Vertrauter.

Seinem Kind mitzuteilen, dass man sich trennen oder scheiden lassen wird, ist richtig. Doch wenn man ihm entsprechende juristische Dokumente zeigt oder es über jeden Schritt des Verfahrens auf dem Laufenden hält, mutet man ihm zu viel zu für sein junges Alter. Umso mehr, als das Kind keinerlei Einfluss auf das Urteil hat (außer es kann sich vor Gericht Gehör verschaffen). Mit anderen Worten: Wer sein Kind laufend detailliert über den Fortgang der Angelegenheit informiert, bringt es in eine ohnmächtige Position und ruft in ihm diffuse Ängste und Verunsicherung hervor.

Jede familiäre Situation muss mit all ihren Besonderheiten für sich betrachtet werden. Zum einen sind nicht alle Kinder anfällig für Manipulation. Zum anderen kann man manche Kinder überzeugen, dass sie sich für keinen ihrer Elternteile aufopfern müssen. Für einen Narzissten zählt nur der eigene Vorteil, aber Kinder sind sich dessen nicht bewusst. Sie hegen keinen Argwohn und urteilen nicht. Man kann versuchen, ihnen zu erklären, dass Erwachsene viele Entscheidungen treffen, wohingegen Kinder noch nicht selbstständig sind und nicht reif genug, um Entscheidungen von großer Tragweite zu treffen. Kinder können ihre Eltern im wörtlichen Sinn gar nicht »verlassen«. Auch muss man Kindern in einer solchen Situation unbedingt erklären, dass der andere Elternteil über Kräfte verfügt, die nicht immer zu ahnen sind. Voraussetzung für all dies ist, dass der gesunde Elternteil früh genug die Lage erkennt und keine Schuldgefühle entwickelt, weil er seinen kranken Partner verlässt.

Wie schützt man ein Kind am besten vor Manipulation?

Relativ einfach: indem man dem Kind hilft, sein kritisches Denken zu entwickeln.

Schon mit drei oder vier Jahren spürt ein Kind, wenn Erwachsene Unsinn erzählen. Kinder machen sich die Weltsicht zu eigen, die ihnen präsentiert wird. Sie übernehmen die grundlegenden Werte ihrer Eltern, ohne sie zu hinterfragen. Um bei anderen Menschen das kritische Denken zu fördern, kann man ihnen Fragen stellen, die sie mit der eigenen Wirklichkeit konfrontieren, und sie so dazu bringen, Stellung zu beziehen.

Manipulative Eltern erfinden Lügen, die zum Teil höchst abstrus sind. Das Kind wiederholt diese Dinge gegenüber dem anderen Elternteil, den es bei der Vorstellung schaudert, dass sein Kind ernsthaft an solche Absurditäten, Verleumdungen und krasse Unwahrheiten glaubt. Die erste Reaktion besteht zum Beispiel meist darin, sich zu verteidigen und die eigene Unschuld zu beweisen. Das Kind bringt dann Erklärungen vor, ist unsicher und ungestüm. Es rechtfertigt sich dabei nicht überlegt, sondern reflexhaft. Und wenn der zu Unrecht beschuldigte Elternteil ihm heftig Kontra gibt, erstarrt es und bringt keine Gegenargumente mehr vor, weil es sich aggressiv behandelt fühlt. Daher erreicht man mehr, wenn man dem Kind Fragen stellt, als wenn man darlegt, dass der andere Elternteil lügt. Denn dann fängt das Kind zu denken an und es gelingt ihm, Schritt für Schritt durch rationale Überlegungen zu erkennen, dass die Version des anderen Elternteils tatsächlich widersinnig ist.

Bérénice hat diese Technik des Fragenstellens so gut sie konnte angewandt, nachdem ihr achteinhalbjähriger Sohn zu ihr gesagt hatte: »Papa sagt, ich bin ein Egoist.«

Bérénice hat darauf geantwortet:

> »Ach ja? Und was meinst du? Wenn du zum Beispiel, wie neulich, dein Pausenbrot mit Victor teilst, findest du das egoistisch?«
>
> »Nein.«
>
> »Und wenn wir Martin mittwochs zum Rugby abholen und ihr andauernd Quatsch macht, findest du das egoistisch?«

»Nein.«

»Und wenn du Édouard zum Spielen zu dir nach Hause einlädst, findest du das egoistisch?«

»Nein.«

»Und jetzt mal ganz ehrlich, mein Schatz: Hältst du dich für einen Egoisten?«

»Nein.«

Seit Bérénice ihrem Sohn dabei hilft, das eigene Urteilsvermögen zu entwickeln, hat er unter anderem Folgendes gesagt: »Papa hat bestimmt eine schwierige Kindheit gehabt« und »Nur weil sein Vater ihn nicht geliebt hat, muss er doch seinen eigenen Sohn nicht so behandeln, verdammt noch mal«.

Dieses Verfahren ist unter der Bezeichnung »Kognitive Therapie« (nach Aaron Beck) oder »Rational-Emotive Verhaltenstherapie« (nach Albert Ellis) bekannt. Es arbeitet mit neutralen Fragen, die dazu dienen, eine Glaubensüberzeugung oder eine vorgefasste Meinung mit der Wirklichkeit abzugleichen.

Normalerweise hätte Bérénice ihren Sohn nicht so befragt, wie sie es in dem Beispiel getan hat. Wenn Sie selbst bei einem Kind, das abwegige Gedanken äußert, diese Technik anwenden, rate ich Ihnen, die Fragen zunächst *neutraler* zu formulieren, als Bérénice es getan hat. Suggerieren Sie Ihrem Kind keine Tatsachen, sondern geben Sie ihm die Möglichkeit, diese selbst zu erkennen. Bezogen auf das letzte Beispiel könnte eine solche Frage lauten: »Kannst du dich daran erinnern, wann du das letzte Mal großzügig warst?« Nach der ersten Antwort könnten Sie weiterfragen: »Und wann noch?« Dann werden Sie sehen, wie sich der Gesichtsausdruck Ihres Kindes verändert und wie sich bei ihm negative Emotionen in positive Energie verwandeln. Es ändert seine Haltung, sitzt aufrechter, lächelt und spricht in einem anderen Tonfall, wenn es zum Beispiel feststellt, dass alles ganz anders ist, als es geglaubt hat, oder plötzlich erkennt, dass »er selber egoistisch ist« (der Vater). Wenn ein Kind sich in Abwesenheit eines Elternteils beklagt, dass dieser (Vater oder Mutter) es nicht liebt, widerspricht ihm der andere Elternteil normalerweise und stützt so das makellose Bild des anderen, dessen Verhalten und Gefühlswelt aber doch schwer gestört sind.

Was wäre, wenn Sie den anderen Erwachsenen nicht mehr in Schutz nehmen und Ihr Kind in seinen eigenen Wahrnehmungen bestärken? Indem Sie etwa antworten: »So schlimm es ist, aber er (sie) liebt überhaupt niemanden«, trösten Sie Ihr Kind weitaus mehr, als Sie vielleicht glauben. Wenn ein Kind etwas durchschaut hat und einem Erwachsenen davon erzählt, dieser aber seine Wahrnehmung infrage stellt (»Aber nein, natürlich liebt er dich!«; »Das bildest du dir nur ein!«), fühlt sich das Kind alleingelassen und erzählt dem Elternteil, der ihm Schwierigkeiten bereitet, unter Umständen überhaupt nichts mehr von seinen Empfindungen. Auf der anderen Seite ist es für eine Antwort wie »Ja, du hast recht, er liebt dich nicht« noch zu jung. Eine solche Aussage ist viel zu hart und birgt die Gefahr, dass das Kind unabsehbar lange darüber nachdenkt.

Wenn Sie versuchen, abwegigen Gedanken Ihres Kindes mit der beschriebenen Fragetechnik zu begegnen, müssen Sie zwar damit rechnen, dass das länger dauert, als wenn Sie die Tatsachen unvermittelt aussprechen oder Ihre persönlichen Ansichten darlegen. Doch auf diese Weise ermöglichen Sie Ihrem Kind, sein kritisches Denken zu entwickeln, indem es – mithilfe Ihrer Fragen – lernt, Gedankengänge zu Ende zu führen.

Diese Technik hat schon Sokrates angewandt, um seine Schüler in die Enge zu treiben. Daher wird sie bisweilen auch als »sokratischer Dialog« bezeichnet. In meinen bisher erschienenen Büchern habe ich sie mehrfach erwähnt. Sie ermöglicht es, den unterschiedlichsten Manipulationsversuchen mit rationalem Denken entgegenzutreten.

Wenn Flucht dringend geboten ist

Egal, ob die Eltern getrennt sind oder noch zusammenleben: Wenn Kinder mit einem narzisstischen Elternteil unter einem Dach wohnen, leiden sie darunter (und das meistens im Stillen). Trotz der teuren Geschenke oder der Einladungen in gute Restaurants, wie sie der manipulative Elternteil in den ersten Tagen nach einer Scheidung häufig einsetzt, müssen betroffene Kinder äußerst wachsam bleiben. Sie wissen aus Erfahrung, dass solche Unterbrechungen vom grauen Alltag nie länger als drei Tage dauern.

Es ist anstrengend und schmerzhaft, mit einem Manipulierer zusammenzuleben. Viele betroffene Kinder und Jugendliche ziehen sich häufig in ihr Zimmer zurück und weinen. Etliche hegen Selbstmordgedanken, die sie ihrem Tagebuch anvertrauen. Sie sehnen sich nach einem anderen Leben. Und das so schnell wie möglich.

Lucie und ihr Bruder haben sich ihrer Mutter auf zwei unterschiedliche Arten entzogen, eine davon tragisch und unwiderruflich:

> »Um den Grausamkeiten meiner Mutter zu entkommen, habe ich geheiratet, obwohl ich meinen Zukünftigen nicht geliebt habe. Dadurch habe ich meinen dreieinhalb Jahre älteren Bruder allein in der seelischen Gewalt meiner Mutter zurückgelassen, obwohl wir einander in inniger geschwisterlicher Liebe verbunden waren. Mein Bruder hat es nicht ertragen, dass ich weggegangen bin, und

hat sich aus dem Zug gestürzt, als er auf dem Weg in einen zehntägigen Urlaub war. Ich bin überzeugt, dass unsere Mutter mit ihrem krankhaften Verhalten an seinem furchtbaren Tod schuld ist. Sie hat natürlich gleich versucht, mich dafür verantwortlich zu machen.«

Es ist nicht bekannt, wie viele Menschen Suizid begehen, weil sie in einer unerträglichen Beziehung mit jemandem leben, der eine krankhaft gestörte Persönlichkeit hat. Ich vermute allerdings, dass es der Großteil der Betroffenen ist.

Wir Menschen haben zahlreiche seelische Kräfte, die uns helfen, die unterschiedlichsten Gefahrensituationen zu meistern. Die am häufigsten angewandte Strategie ist die Flucht. Sie kann in innerlichem Rückzug bestehen (was auf lange Sicht jedoch nicht zum Ziel führt, da so keine wahrhafte Kommunikation möglich ist) oder ganz konkret darin, dass man einen Ort verlässt. Viele Kinder haben zu ihrer manipulativen Mutter kurzfristig eine Distanz von Hunderten oder Tausenden Kilometer geschaffen. Schlicht, um zu überleben! Aber nicht alle begreifen in diesem Moment, warum sie so weit weggehen.

Françoise hat es erst nach einer Weile verstanden:

»Als ich mit 25 von zu Hause ausgezogen bin, dachte ich, ich würde das aus freien Stücken und nach reiflicher Überlegung tun. Aber als ich neulich noch einmal darüber nachgedacht habe, wie das alles abgelaufen ist, ist mir klar geworden, dass es überhaupt nicht so war. Kurz zuvor hatte ich aufgehört, für meine Eltern das Dienstmädchen zu spielen, also zu putzen, zu bügeln usw. Wenn ich es wagte, sie zu fragen, ob ich meinen Freund besuchen könnte (meistens mittwochs, wenn er von einer Geschäftsreise zurückkam), setzte es sofort ein Donnerwetter. Sie schrien mich an, meine Mutter machte mir Vorhaltungen und mein Vater raste vor Wut und machte mir ebenfalls Vorwürfe. Mein Freund wollte eigentlich von zu Hause ausziehen und allein wohnen, aber zwei Wochen vor dem Umzugstermin habe ich ihm vorgeschlagen, dass wir zusammenziehen. Heute ist mir klar, dass ich mich dadurch dem unerträglichen, zerstörerischen Zugriff meiner Eltern entziehen wollte.«

Kinder einer hypernarzisstischen Mutter können es nach dem Schulabschluss oft kaum erwarten, sich davonzumachen. Viele der Betroffenen berichten, dass sie schon mit 16 oder 17 von zu Hause ausgezogen sind. Unter Einzelkindern scheint diese frühe Flucht dagegen kaum verbreitet zu sein. Erinnern wir uns: Manipulative Mütter, die mehrere Kinder haben, sorgen durch bestimmte Strategien dafür, dass die Kinder schon in sehr jungen Jahren (zwischen 12 und 16) selbstständig werden. Wenn sie dann das Haus verlassen, ist beiden Seiten gedient …

Wie wir gesehen haben, können jüngere Kinder sich im Zuge einer Scheidung für den manipulativen Elternteil opfern. Doch auch im Erwachsenenalter kommt es noch vor, dass eines der Geschwister sich um den Elternteil kümmert, den die anderen »schmachvoll verlassen« haben. Sieht so ein Kind von Anfang an seine Aufgabe darin, den Vertrauten der Mutter oder des Vaters zu geben und ihm beziehungsweise ihr eine Mutter beziehungsweise ein Vater zu sein? Solche Konstellationen lassen sich auch beobachten, wenn die manipulative Mutter in einer Paarbeziehung lebt.

Wenn die Familie sich gegen Sie stellt

Wenn die Machenschaften einer manipulativen Mutter bei ihren erwachsenen Kindern nicht mehr so verfangen, wie sie es will, ist sie mit Strafen schnell bei der Hand. Wie immer, wenn man ihr Kontra gibt, schmollt sie und verweigert die Kommunikation. Doch aus einem Rachebedürfnis heraus geht sie noch weiter, um die Machtverhältnisse wieder nach ihren Vorstellungen zurechtzurücken und die Kontrolle über die Situation zurückzugewinnen.

Wenn sie eine Auseinandersetzung mit Ihnen hatte, die aus dem Ruder gelaufen ist, erzählt sie innerhalb kürzester Zeit den anderen Familienmitgliedern davon. Ihr Bericht ist dabei gezielt unsachlich, sie rückt sich selbst in ein gutes Licht und stellt sich als Opfer dar, damit die anderen glauben, *Sie* hätten sich aggressiv und auf inakzeptable Weise verhalten und seien für die Streitereien verantwortlich. Wenn die anderen kurz danach nicht auch Ihre Fassung der Ereignisse hören, halten sie die erste Version für wahr. Bedenken Sie dabei auch, dass derjenige, dem eine familiäre »Angelegenheit« (auch wenn es meist nur Anekdoten sind) als Erstem mitgeteilt wird, dies als Vertrauensbeweis ansieht. Er fühlt sich geehrt und schlägt sich unter Umständen schnell auf die Seite desjenigen, der sich ihm anvertraut hat.

Um Verleumdungen und Gerüchten hinsichtlich Ihrer Person entgegenzuwirken, ist es sinnvoll, sofort die anderen Familienmitglieder und Menschen in Ihrem Umfeld anzurufen (und nicht erst ein paar Tage später, denn bis dahin ist Ihnen der Manipulierer zuvorgekommen). So können Sie vermeiden, was Françoise passiert ist:

> »Vor drei Jahren hatte ich einen Streit mit meiner Mutter. Es ging darum, wie viel Macht sie über meinen Sohn

hatte, und darum, ob sie ihn als Lügner bezeichnen durfte. Am selben Abend hat sie meinem Vater davon erzählt, der bei uns zum Abendessen zu Gast war, und hat dabei in meiner Gegenwart alles verdreht. Da habe ich ihr zum ersten Mal gesagt, dass ich sie in meinem Haus nicht mehr sehen will. Diese radikale Entscheidung hat zum Bruch mit meiner ganzen Familie geführt.

Später habe ich erfahren, dass sie am selben Abend auch meiner Schwester und meinem Bruder davon erzählt hat und dabei alles übertrieben und verfälscht dargestellt und sogar Sachen erfunden hat. Über ein Jahr lang waren alle möglichen Gerüchte über mich im Umlauf. Meine Mutter hat bei den verschiedensten Leuten (auch bei solchen, mit denen ich kaum etwas zu tun hatte) ein völlig neues Bild von mir gezeichnet. Sie hat auch versucht, mich bei der Familie meines Mannes in ein schlechtes Licht zu rücken, aber zum Glück ohne Erfolg. Im Gegenteil, meine Schwiegereltern haben mir sehr geholfen, diese schwierigen Zeiten unbeschadet zu überstehen. Drei Jahre lang haben mich meine Familie, enge und nahe Verwandte, Nachbarn und Geschäftsinhaber wie eine Aussätzige behandelt (ich wohne seit über 40 Jahren in meiner Heimatstadt). Für die meisten war ich die undankbare Tochter, die ihre Mutter im Stich gelassen hatte, diese ›arme Frau mit ihrer Behinderung‹, die jetzt auch noch Witwe geworden war!«

Das Phänomen, dass jemand von einer Gruppe »kaltgestellt« wird, wurde bislang vor allem in beruflichen Zusammenhängen untersucht. Die Verleumdungen, die Gerüchte, der Ausschluss aus der Gruppe, ohne dass der »Sündenbock« je den wahren Grund dafür erfährt, das Vorenthalten von Informationen, was die Gruppe oder einzelne Mitglieder angeht (wie etwa hinsichtlich einer Besprechung, einer längeren Abwesenheit eines Mitglieds oder einer wichtigen persönlichen Veränderung) – all das sind typische Merkmale des *Mobbing*.

Heinz Leymann hat in seinen Untersuchungen beschrieben, wie Gruppen durch bis zu 45 verschiedene Strategien einzelne Mitglieder an den Rand drängen und ausschließen.[11]

Ich spreche daher von »Familienmobbing«, wenn ein Familienmitglied von den anderen ausgeschlossen wird, ohne dass diese eine persönliche Motivation haben. Auch wenn es paradox erscheint, so geht dieses Gruppenverhalten oft von den Machenschaften aus, denen die Mutter eines ihrer Kinder aussetzt. Wie wir bereits gesehen haben, gründet dies wahrscheinlich in einer übertriebenen Ichbezogenheit sowie in einem Mangel an aufrichtiger Liebe, die der Identitätsstiftung und der Schaffung des inneren Gleichgewichts dient.

Françoise setzt ihren Bericht fort:

> »Seit drei Jahren ist jede Familienfeier (sei es von nahen oder entfernten Verwandten) für mich, meinen Mann und unsere Kinder der reinste Spießrutenlauf. Obwohl wir uns von meiner Familie im Lauf der Zeit immer weiter entfernt haben, kommen in solchen Situationen die Intrigen ans Licht und wir werden unverhohlen ablehnend behandelt oder schlicht ignoriert. Ich leide darunter, dass ich gemobbt und zurückgewiesen werde, vor allem aber, dass dadurch meine Vergangenheit, die mir doch immer glücklich und unbeschwert vorkam, jetzt in einem ganz anderen Licht erscheint. Auf einmal bricht das alles zusammen!«

Familienmobbing hat auch zur Folge, dass Sie nichts mehr über das erfahren, was für Sie seit jeher von großer Bedeutung ist:

was in Ihrem engeren und weiteren Familienkreis passiert. Ihre manipulative Mutter enthält Ihnen sowohl gute wie auch schlechte Nachrichten vor.

Florence, deren Mutter und Schwester beide eine zerstörerische narzisstische Persönlichkeit aufweisen, beschreibt dies sehr anschaulich:

> »Meine ältere Schwester, die ebenso manipulativ wie meine Mutter ist, hat mich zunächst von ihren Töchtern ferngehalten, dann auch immer mehr von meiner Mutter. Weder meine Mutter noch meine Schwester haben mich darüber informiert, was in der Familie passierte, sei es über Familienfeiern wie etwa die Beerdigungen meiner Tanten, über Krankheiten von Familienmitgliedern, über Hochzeiten (davon habe ich immer erst im Nachhinein erfahren) oder über die Beerdigung der Mutter meines Schwagers. Sie haben mich auch von meinen Cousins ferngehalten, indem sie sie angelogen, Gerüchte über mich gestreut oder Dinge schlimmer dargestellt haben, als sie waren, und ihnen meine Kontaktdaten vorenthalten haben, wenn sie wissen wollten, wie es mir geht.«

Françoise kann ein weiteres Beispiel anführen. Die Konstellation ihrer Familie ähnelt der von Florence. Auch bei ihr sind Mutter und Schwester manipulativ.

> »Vom Tod meines Onkels väterlicherseits habe ich auf Facebook erfahren, und zwar von einem Cousin dritten Grades, der in Portugal lebt! Weder meine Schwester noch meine Mutter hatten mich informiert. Mein Bruder dagegen, der in Irland lebt, hat mir, wenn auch erst nach einer Weile, eine SMS geschickt, um es mir mitzuteilen.

Ich weiß nicht, was mich trauriger gestimmt hat: der Tod meines Onkels oder das unverständliche Verhalten meiner Schwester, die für mich doch lange Zeit ›meine kleine Schwester‹ war und es jetzt selbst in einer so schmerzlichen Situation nicht schaffte, ihre Ressentiments zu überwinden. Ja, zu allem Unglück ist auch meine Schwester eine Manipuliererin.«

Beide Beispiele zeigen dieselbe Reaktion bei narzisstischen Frauen: Sie schneiden diejenige, die ausgegrenzt werden soll, von allen Informationen ab. Einmal ist es die Tochter, das andere Mal die Schwester.

Wenn Sie auf diese Weise ausgeschlossen werden, hat das für Sie Nachteile, von denen Sie gar nichts ahnen: Wenn Sie von einem Todesfall, einer Geburt oder einer Hochzeit nichts erfahren, können Sie auch nicht darauf reagieren, weshalb Sie dann als unhöflich, unverschämt, respektlos oder sogar anmaßend gelten. Wie sollen Sie sich für eine Einladung bedanken, die Ihnen Ihre Mutter niemals überbracht hat? Wie sollen Sie rechtzeitig zu einer Trauerfeier kommen? Und dabei kommt niemand auf den Gedanken, dass Ihre Mutter Sie entgegen ihrer Zusicherung vielleicht überhaupt nicht informiert hat …

Denis hat so etwas erlebt:

»Meine Mutter weiß ganz genau, dass mein verstorbener Vater seine Cousine sehr gern gehabt hat. Trotzdem hat sie die Cousine nicht informiert, als er gestorben ist! Ich war entsetzt über dieses Verhalten und habe ihr das auch gesagt. Keine Reaktion …«

Die Cousine ist nicht zum Begräbnis ihres geliebten Cousins gekommen? Wie unhöflich von ihr! Wie respektlos! Was mag wohl Schlimmes zwischen ihnen vorgefallen sein? Es ist nur zu verständlich, wenn die Trauergäste sich über das Ausbleiben der Cousine Gedanken machen. Abgesehen davon wird die Cousine es schwer bedauern, dass sie ihrem geliebten Angehörigen nicht die letzte Ehre erweisen konnte. Und all diese tragischen Verwicklungen sind das Werk eines einzigen Menschen …

Versöhnung mit einem Teil der Familie

Auch Sabrina kennt Familienmobbing:

> »Meine Mutter (eine Manipuliererin mit 27 von 30 Merkmalen) hat es geschafft, dass mein Vater und ich vor dem Rest der Familie als die allein Verantwortlichen für ihre Miseren dastehen. Nachdem wir ein Jahr lang keinen Kontakt hatten und sie umgezogen war, ohne mich darüber zu informieren, hat sie meine Tante gebeten, mich per E-Mail zu kontaktieren. Die Mails waren randvoll mit Anschuldigungen aller Art: Ich sei eine nichtswürdige Tochter und hätte meine kranke Mutter im Stich gelassen. Ich solle mich doch um meine Mutter kümmern, statt ›auf egoistische Weise‹ mein Leben zu leben. Ich habe ihr nur geantwortet, dass alle meine Versuche, meiner Mutter zu helfen, fehlgeschlagen waren und dass sie lernen müsse, allein klarzukommen, wie ich es auch hatte lernen müssen, indem sie nämlich zuerst sich selbst hinterfragt. Daraufhin hat meine Tante mich in den nächsten beiden Mails mit noch mehr Beschimpfungen überschüttet. Ich habe versucht, ihr zu erklären, worin die Schwierigkeiten mit meiner Mutter bestanden, aber schon bald

habe ich erkannt, dass wir aneinander vorbeiredeten, und irgendwann habe ich ihr nicht mehr geantwortet.
Ich bin mir weiterhin treu geblieben, habe gelernt, in Frieden zu leben, mit der Unterstützung von Menschen, die mich so akzeptieren, wie ich bin, und mein Selbstwertgefühl zu stärken. Irgendwann habe ich erfreut festgestellt, dass nicht alle in der Familie mich verteufeln. Eine Cousine hat den Kontakt zu mir gehalten, allerdings nur per Mail, denn wenn wir uns getroffen hätten, hätte sie ein furchtbares Donnerwetter erlebt. In ihrer letzten Mail hat sie erzählt, dass meine Mutter sie dazu gedrängt hat, mir zu sagen, ich würde mir völlig falsche Vorstellungen machen und in meinen Mails nur Lügen verbreiten. Gleichzeitig hat meine Mutter bei der Mutter meiner Cousine, der einzigen meiner Tanten, die sich immer aus allen Familienangelegenheiten heraushält, einen ähnlichen Vorstoß gemacht. Beide haben es abgelehnt, etwas zu unternehmen. Dann hat meine Cousine vorgeschlagen, wir sollten uns treffen, ganz egal, was der Rest der Familie sagt. Für mich ist das ein bedeutendes Zeichen der Anerkennung. Es ist unendlich tröstlich, nicht verurteilt zu werden, sondern einfach so akzeptiert zu werden, wie ich bin, mit all meinen Fehlern und Vorzügen.«

Anders als die meisten Mobbingopfer glauben, unterstützen nicht alle in ihrem Umfeld das Treiben des Manipulierers. Manche halten sich mit Kritik zurück, auch wenn sie das Verhalten eines Mitglieds der Gruppe nicht gutheißen. Die meisten von uns denken: »Schweigen gilt als Zustimmung.« Doch in den hier betrachteten Zusammenhängen ist diese Einschätzung grundfalsch. Eine Konfrontation zu vermeiden, ist eine durchaus kluge Reaktion. So handeln Menschen, die instinktiv wissen, dass eine klare Stellungnahme keinen Sinn hat und nur als Kampfansage verstanden würde. Und die meisten von ihnen sind sicher verwirrt, ratlos, verblüfft und sprachlos, wenn sie dem abnormen Verhalten eines Menschen mit krankhafter Persönlichkeit ausgesetzt sind. Zur Verteidigung solcher Familienmitglieder, die nicht sofort deutlich Position beziehen und ihre Missbilligung zum Ausdruck bringen, sei noch gesagt, dass für sie die Lage häufig nicht auf den ersten Blick zu erkennen ist. Wie sollten sie davon auch wissen, wenn Sie ihnen nicht erzählt haben, dass Sie den entsprechenden Elternteil kritisch betrachten?

Außerdem verwechseln viele Menschen Kritik mit übler Nachrede. Um nicht als verleumderisch dazustehen, äußern sie sich niemals kritisch, obwohl sie so denken.

Lassen Sie sich nicht vom Verhalten der anderen täuschen: *Manche in Ihrer Familie bedauern Sie insgeheim schon seit Langem.*

Françoise hat anlässlich einer Beerdigung wieder den Kontakt gefunden:

> »Ich bin zur Beerdigung meines Onkels väterlicherseits gegangen, obwohl ich nur wenig mit ihm zu tun hatte und er bei der Beerdigung meines Vaters einige Monate zuvor nicht mit mir gesprochen hatte, wie meine anderen Onkel auch. Trotz allem war das eine der besten Entscheidungen, die ich seit Langem getroffen habe. Ich habe mit einigen aus der Familie meines Vaters gesprochen. Dabei habe ich erfahren, dass sie sich über das Verhalten meiner Mutter wundern und meine Entscheidung, weit wegzuziehen, verstehen und respektieren. Dadurch habe ich mich der Familie wieder zugehörig gefühlt. Ich habe Beziehungen wieder aufgenommen, die meine Mutter direkt oder indirekt zerstört hatte.«

Zurückgewiesen zu werden ist für mich eine der bittersten Erfahrungen, die ein Mensch machen kann. Familienmobbing ist somit eine der krankhaftesten Strategien, die narzisstische Personen anwenden. Sie nehmen in Kauf, dass die Familie in verschiedene Gruppen gespalten wird, und wenn ein Mitglied isoliert wird, tun sie alles, damit niemand ihm Schutz gewährt. Selbst wenn es sich um das eigene Kind handelt!

Von wiederholten Trennungen bis zum endgültigen Bruch

Wir haben bereits gesehen, dass die meisten Menschen einem Manipulierer beschwichtigend begegnen (sie lachen über seine Witze, antworten auf seine Äußerungen mit einem höflichen Lächeln, schmeicheln ihm, machen ihm Geschenke usw.). Sie tun das deshalb, um direkte Konfrontationen zu vermeiden, auch wenn die Spannung dabei unerträglich wird. Bei diesen Verhaltensweisen handelt es sich in der Regel um sogenannte Vermeidungsstrategien. Je seltener Sie mit der Person, die Ihnen so viel Unwohlsein verursacht, zusammentreffen oder sich mit ihr unterhalten, desto besser geht es Ihnen. Entweder vermeiden Sie die Begegnung von vornherein oder Sie gehen, wenn sich die Begegnung nicht vermeiden lässt, auf Distanz.

Wenn Sie einen manipulativen Elternteil (oder Großelternteil) zu Besuch haben oder ihn besuchen, können Sie unterschwellig Distanz schaffen, indem Sie

1. den Fernseher anschalten, um Ablenkung zu schaffen;
2. ein Gesellschaftsspiel spielen, das wenig Anlass zu Diskussion und Streit gibt (Scrabble ist hierfür etwa sehr gut geeignet);

3. Fotos ansehen;
4. Neuigkeiten aus Ihrem Leben geschönt darstellen oder verschweigen;
5. eine Unternehmung mit festgelegten Zeiten organisieren, wie etwa eine Stadtrundfahrt oder einen Museumsbesuch (sonst besteht die Gefahr, dass Sie überhaupt nicht aus der Wohnung kommen);
6. interessante Artikel aus Zeitungen oder Zeitschriften mitbringen, um darüber zu sprechen;
7. jemand Drittes einladen (den Sie vorher darüber aufgeklärt haben, dass Ihr Vater oder Ihre Mutter zwar charmant, aber mit Vorsicht zu genießen ist).

Ich rate Ihnen, solche Möglichkeiten, etwas Distanz zu schaffen, sorgfältig und konkret vorzubereiten. Im Idealfall haben Sie mehrere Optionen zur Verfügung, damit Sie den gemeinsam verbrachten Tag mit verschiedenen Unternehmungen gestalten können und so Ärger bei Ihnen oder Streit in der ganzen Familie vermeiden können. Sie sollten solche Maßnahmen bewusst einsetzen, um die Situation so weit wie möglich unter Kontrolle zu behalten: ein gemeinsames Essen, ein Besuch, ein gemeinsam verbrachter Tag oder ein Familienfest, aber auch, wenn Ihre Eltern bei Ihnen übernachten.

Martine erklärt, wie sie es vermeidet, dass ihre Mutter sie auch noch an ihrem Zweitwohnsitz behelligt:

> »Ich bemühe mich, mich zu verstellen und meiner Mutter zum Beispiel nicht zu zeigen, dass ich keine Lust mehr habe, sie in mein Haus auf dem Land mitzunehmen. Deshalb habe ich mir einen Trick einfallen lassen, um mich ihr zu entziehen: Ich fahre jetzt nicht mehr mit dem Auto, sondern nehme erst die Metro, dann den Zug und dann

den Bus. Eine solche Fahrt kann sie in ihrem Alter nicht mehr machen, und somit kann sie mich auch nicht mehr besuchen.«

Solche Strategien zu entwickeln und anzuwenden, erfordert Einfallsreichtum, vor allem aber Kraft. Denn immerhin geht es darum, eine Situation zu meistern, die reichlich Sprengstoff birgt. Sie werden sich dazu einige Stunden lang verbiegen müssen, wobei Sie schon vorher wissen, dass Sie das an den Rand der Erschöpfung treiben wird.

Den Spieß umdrehen

Eben haben wir gesehen, wie Sie dafür sorgen können, dass beim Zusammensein mit einem Narzissten die Stimmung nicht kippt. Sie können jedoch auch den Kontakt zu einem Elternteil, der eine so schädigende und zerstörerische Wirkung auf Sie hat (oder auch zu einem anderen Familienmitglied), gänzlich abbrechen. Unter Umständen werden Sie sich dabei erst von Ihren Schuldgefühlen befreien müssen, um so weit auf Distanz gehen zu können.

Allerdings kann es auch passieren, dass der manipulative Elternteil sich nicht mehr bei Ihnen meldet. Dann ist *er* es, der *Sie* von vornherein meidet. Sie sitzen in der Falle: Schon seit Langem wollen Sie den Kontakt einschränken oder ganz abbrechen, aber wenn auf einmal Funkstille herrscht, ohne dass Sie eine entsprechende Entscheidung getroffen oder sonst etwas unternommen haben, wird Sie das irritieren. Was haben Sie denn so Schlimmes gesagt oder getan? Was haben Sie sich geleistet? Ist er oder sie beleidigt? Sind Sie jetzt am Zug und sollten Sie anrufen?

Der Manipulierer hat diese Falle nicht unbedingt absichtlich gestellt. Sein Vorgehen kann aber durchaus ein Test sein, um Sie auf die Probe zu stellen und zu sehen, ob Sie wieder einmal den ersten Schritt machen, so als müssten Sie um Verzeihung bitten. Ich halte aber auch einen anderen Grund für denkbar: *Sie interessieren ihn einfach nicht mehr!* Weil Sie seinem Ego nicht mehr genug Zuwendung schenken, denkt er einfach nicht mehr daran, sich bei Ihnen zu melden. Beide Erklärungen sind möglich.

Auch die Mutter von Denis geht so vor:

»Schon seit Jahren bin ich es, der sie anruft, etwa einmal in der Woche. Aber wenn ich richtig sauer auf sie bin, etwa nach einem Besuch oder einem Telefonat, rufe ich sie wochen- oder gar monatelang nicht an. Und wenn ich mich sehr lange nicht melde, dauert es ein halbes Jahr, bis sie zum Hörer greift. Je nachdem, wie das Gespräch dann verläuft, kann es auch sein, dass sie einfach auflegt. Ganz selten passiert mir das auch.«

Manche Mütter ändern ihr Leben, wechseln den Beruf, ziehen um, gehen ins Ausland, legen sich eine neue Telefonnummer zu – und erzählen ihren Kindern kein Wort davon (oder nur einigen von ihnen). Manchmal muss man auch damit rechnen, dass sie nach Jahren der Abwesenheit plötzlich wieder in Ihrem Leben auftauchen. Dann spielen sie gerne das von allen verlassene Opfer, das nicht weiß, wie ihm geschieht. Aber vielleicht haben Sie ja in der Zwischenzeit jede Hoffnung auf eine normale Beziehung mit diesem Elternteil aufgegeben.

Als Milena so etwas passiert, merkt sie, dass sie inzwischen große Distanz gewonnen hat:

»Eines Tages rief mich eine Cousine aus Griechenland an. Sie teilte mir mit, dass meine Mutter, von der ich lange nichts gehört hatte, nun auch in Griechenland lebte und arbeitete. Weil meine Mutter offenbar nichts mehr mit mir zu tun haben wollte und mir auch nichts von ihrem Umzug nach Griechenland erzählt hatte, habe ich mir eine neue Handynummer zugelegt, sodass sie mich nicht mehr erreichen konnte.

Viereinhalb Jahre später hat sie dann die Frechheit besessen, bei der Beerdigung meines Vaters aufzutauchen, von dem sie geschieden war. Sie ist auf mich zugekommen und hat mich mit Fragen überhäuft, allerdings durch und durch höflich, ja in geradezu süßlichem Ton: ›Warum rufst du mich nicht an? Warum hast du mich all die Jahre nicht angerufen? Warum willst du mich nicht sehen? Warum willst du nichts mehr mit mir zu tun haben? Ist es wegen des Hauses?‹ (Sie glaubte, ich hätte die Nähe zu meinem Vater gesucht, um an ihr tolles Haus heranzukommen!) ›Ich habe jetzt ein eigenes Haus. Sehen wir uns wieder einmal?‹ Erst habe ich gesagt, ich wüsste nicht, ob wir uns wiedersehen würden, aber weil sie nicht lockergelassen hat, habe ich gesagt, ich würde darüber nachdenken. Sie hat mir ihre Nummer gegeben, aber natürlich habe ich sie nicht angerufen. Sie bei der Beerdigung zu sehen, hat mich völlig kaltgelassen. Für mich existiert sie nicht mehr, und sie gehört auch nicht mehr zu meinem Leben. Was für eine Unverschämtheit, mir vorzuwerfen, ich hätte mich nicht gemeldet, wo doch *sie* einfach aus meinem Leben verschwunden ist! Aber ich kenne sie ja sehr gut und habe beschlossen, mich nicht mehr aus der Ruhe bringen zu lassen.

Später habe ich von anderer Seite erfahren, dass sie Griechenland verlassen hat und erst zurück nach Bulgarien gegangen ist, um ihre Rente zu regeln, und dann mit ihrem Mann nach Deutschland gezogen ist. Meine Familie

hat mir erzählt, sie wolle mir ›mit dem Haus helfen‹, das ich (als Alleinerbin) von meinem Vater geerbt habe. Ich weiß, dass die Wohnung, in der sie mit ihrem Mann lebt, viel zu klein ist und sie sich dort nicht wohlfühlt. Sie hat immer gern in einem großen Haus mit Garten gewohnt. Also ist das eine einmalige Gelegenheit für sie.
Dem Himmel sei Dank, dass ich das erfahren habe. Kurz darauf hat sich bestätigt, was ich geahnt hatte: Sie sucht wieder Kontakt zu mir und nimmt dabei das Haus als Vorwand. Am Ende zieht sie dort noch ein! Sie will mich benutzen, und wenn ich wieder regelmäßigen Kontakt zulasse, werde ich mich um sie kümmern müssen, wenn sie krank ist usw. Das kann ein Fass ohne Boden werden. Ich habe schon viel zu viel für sie getan. Sie ist zwar meine Mutter, und manchmal tut es mir weh, dass ausgerechnet sie eine solche Persönlichkeitsstörung hat. Aber es ist besser für mich, zu ihr auf Distanz zu bleiben, großen Abstand zu halten und zu vergessen, dass es sie gibt. Ich setze alles daran, dass meine Mutter nichts über mich und mein Leben erfährt. Dass ich über 3000 Kilometer von ihr entfernt lebe, kommt mir dabei sehr entgegen.«

Um auf lange Sicht zurechtzukommen, müssen Sie jede Aussicht auf eine erfüllte Beziehung abschreiben. Tun Sie das nicht, werden Sie sich weiter Hoffnungen machen und weiter leiden.

Vergeben ist schwierig, Vergessen unmöglich

Häufig hört man die Devise: »Ich kann vergeben, aber nicht vergessen.« Andere Betroffene sagen: »Ich vergesse nichts, und vergeben kann ich auch nicht.« Da kann dann wohl nur Gott vergeben … Oft scheint es auch, als würden wir nur denen vergeben, die um Vergebung bitten.

Vergebung hat weniger mit Psychologie zu tun, sondern fällt vor allem in den Bereich des Religiösen und Spirituellen. Indem manche Betroffene auf ihre eigene Weise »an sich arbeiten«, können sie ihren narzisstischen Eltern früher oder später vergeben. Ich will Ihnen in dieser Hinsicht keinen Rat erteilen, aber denen zu vergeben, die uns geschadet haben, kann die Seele spürbar erleichtern.

Die meisten Betroffenen unternehmen seit ihrer Kindheit alles in ihrer Macht Stehende, um das Verhalten ihrer Eltern zu ändern. Sie versuchen zu beschwichtigen, führen mündliche oder schriftliche Auseinandersetzungen, brechen in Tränen aus, flehen die Eltern an, schreien sie an, versuchen sich das Leben zu nehmen, sagen sich von den Eltern los, drohen ihnen, warnen sie, ziehen sich zurück oder brechen den Kontakt ganz ab – doch nichts von alldem führt zum Ziel, nämlich die Eltern dazu zu bewegen, ihr zerstörerisches Verhalten aufzugeben. *Nichts wird einen Manipulierer im Grunde seines Wesens ändern!*

Haben auch Sie Ihrem manipulativen Elternteil eine zweite, dritte und vierte Chance gegeben, nachdem die Beziehung jedes Mal für Monate oder Jahre unterbrochen war? Warum wollen Sie das zerschlagene Porzellan immer wieder zusammenkleben?

Dafür gibt es folgende, allgemein anerkannte Erklärung: Solange die Betroffenen nicht wissen, dass sie es mit einer krankhaften Persönlichkeit zu tun haben, und deren Verhaltensweisen nicht benennen können, glauben sie, dass diese Menschen, wie alle anderen auch, fähig sind, sich selbst zu hinterfragen und zum Besseren zu ändern. Im Kapitel »Woran erkennt man manipulative Eltern?« haben wir bereits weitere Gründe für diesen Irrglauben kennengelernt: das zu weiten Teilen durchaus normale Verhalten des Manipulierers, seine Vorzüge, die Überzeugungen der Betroffenen, ihre Schuldgefühle, fehlendes kritisches Urteilsvermögen usw. Alles zusammen lässt auf lange Sicht eine entfremdete und schädliche Beziehung zum manipulativen Elternteil entstehen.

Doch was führt dazu, dass die Betroffenen irgendwann sagen: »Jetzt reicht's!«? Aufklärende Hinweise von Dritten können hilfreich sein (etwa durch Bücher wie dieses, einen Therapeuten, ein Familienmitglied, einen Freund, die Medien oder einen Vortrag). Entscheidend ist jedoch die Erkenntnis, *dass bestimmte Verhaltensweisen immer wiederkehren*.

Françoise erzählt, wie bei ihr und ihrem Mann der Groschen gefallen ist:

> »Im letzten Streit mit meiner Mutter ging es um eine ihrer zahllosen Lügen, und zwar um Geld, das sie uns angeblich geliehen hatte. Ihre Behauptungen waren lächerlich und absurd: Sie hatte mir kein Geld geliehen. Aber sie beharrte darauf: ›Doch, doch, du bist mir etwas schuldig. Als ihr das Parkett verlegt habt, hat dein Vater deinem Mann einen Scheck über 1000 Euro ausgestellt, für die Arbeiten im Haus.‹ Im ersten Moment habe ich mich gewundert und war enttäuscht, dass mein Mann mir nichts gesagt hatte. Ich konnte mich an nichts Derartiges erinnern. Aber ich habe mir gesagt, dass einen die Erinnerung nach sieben oder acht Jahren auch mal trügen kann. Aber auch nachdem ich bei der Bank nachgefragt

und mein Mann meine Mutter zur Rede gestellt hatte, blieb sie bei ihrer Version. Das hat ihn total wütend gemacht (obwohl er eigentlich ein besonnener und respektvoller Mensch ist). Er ist völlig ausgerastet und wäre vielleicht sogar auf sie losgegangen, wenn ich sie nicht vor die Tür gesetzt hätte. Angesichts ihrer andauernden krankhaften Bemerkungen wusste ich mir nicht anders zu helfen.

Nach zwei Jahren voller Zurückweisungen, Streitereien und familiärer Zerwürfnisse und schließlich einem kompletten Rückzug meinerseits folgte auf das Begräbnis meines Vaters eine kurze Pause von vier Monaten, in der ich meine halbseitig gelähmte Mutter jede zweite Woche zu mir genommen habe. Aber zu welchem Preis! Schon bald habe ich herausgefunden, dass sie weiterhin schlecht über mich sprach. Alles, was bei uns im Haus passierte oder gesagt wurde, erzählte sie meinem Bruder, meiner Schwester oder anderen Leuten.«

Wenn Ihre Strategien der Vermeidung und der Beschwichtigung scheinbar Erfolg haben und Sie glauben, eine Änderung im Verhalten Ihres Elternteils zu erkennen, werden Sie nach zwei oder höchstens vier Monaten miterleben müssen, wie das Kartenhaus in sich zusammenfällt. Was Ihnen wie eine Verhaltensänderung erschienen ist, war nur eine kurze Unterbrechung, um Sie einzulullen und Ihre Wachsamkeit sinken zu lassen. Danach verhält er sich genauso destruktiv wie zuvor. Er legt seine schädliche Haltung niemals ab, sondern schiebt nur hin und wieder Friedenszeiten von einigen Wochen oder Monaten ein. Dass sich diese Phasen in einem immer wiederkehrenden Kreislauf abwechseln, während Sie sich bemühen, eine ausgeglichene, harmonische Beziehung herzustellen, empfinden

Sie wie einen Schlag ins Gesicht, und es wird Ihnen schwerfallen, Vergebung zu üben. Denn wir können normalerweise nur solchen Menschen vergeben, die früher zwar etwas Schlechtes getan haben, uns heute aber nicht mehr schaden.

Außerdem ist es fast unmöglich, das Leiden zu »vergessen«, das sich nach drei oder vier Stunden des Zusammenseins (bei manchen Betroffenen sogar schon nach wenigen Minuten) wieder einstellt, weil wir weiterhin denselben Angriffen ausgesetzt sind.

Sabrina musste diese leidvolle Erfahrung machen:

»Als ich nach der Trennung von meinem Freund eine Wohnung gesucht habe, hat meine Mutter mir vorgeschlagen, wieder zu ihr zu ziehen. Ich wohnte noch bei meinem Freund, weil wir uns noch immer gut verstanden, aber meine Mutter drang darauf, ich solle zu ihr ziehen, weil die Situation für mich doch ›unerträglich‹ sei. Ich wusste aber, dass sie einfach nur nicht allein sein wollte. Sie hatte sich auch gerade von ihrem Freund getrennt, mit dem sie sieben Jahre zusammengelebt hatte. Aus Mitgefühl bin ich auf den Vorschlag meiner Mutter eingegangen.
Während ich den Umzug vorbereitet habe, habe ich zufällig mit einem Exfreund telefoniert, mit dem ich weiterhin in freundschaftlichem Kontakt stand. Als ich ihm von meinem Vorhaben erzählte, hat er sich skeptisch geäußert und mich gefragt, ob ich wirklich glaubte, dass meine Mutter sich geändert hätte. In dem Moment hätte mir klar werden müssen, dass ich mir etwas vormachte. Stattdessen war ich überzeugt, dass ich nach all den Jahren nichts mehr von ihr zu befürchten hatte.
Das war ein schlimmer Irrtum: Kaum war ich bei ihr eingezogen, zeigte sich wieder ihr früherer Charakter. Kurz

zuvor hatte sie sich das Handgelenk gebrochen und konnte nicht mehr Auto fahren. Also habe ich sie nach der Arbeit in ihrem Geschäft abgeholt und nach Hause gebracht. Dabei hat sie nicht nur andauernd über ihre Verletzung gejammert, sondern auch meinen Fahrstil kritisiert und mich wegen Kleinigkeiten angeschrien. Sie hat auch verlangt, dass ich jedes Wochenende das ganze Haus putze, ohne Rücksicht darauf, dass auch ich mich hin und wieder einmal ausruhen wollte. Bei jeder Gelegenheit, etwa wenn sie auf der Straße eine Bekannte traf, hat sie über ihr schlimmes Schicksal geklagt, sodass sie alle bemitleidet haben, auch unsere ganze Familie.
In dieser Zeit bin ich nach und nach in eine Depression abgerutscht, ohne es zu bemerken. Sie hat sich hauptsächlich in Erschöpfungszuständen ausgedrückt, die ich zunehmend schlechter in den Griff bekommen habe. Ein einziges Mal habe ich versucht, meiner Mutter darzulegen, dass ich mich wirklich völlig kraftlos fühlte. Aber sie hat nur entgegnet, das wäre gelogen, und *sie* hätte wirklich Grund, erschöpft zu sein, weil sie in ihrem Zustand arbeiten müsse.
Als ich wieder jemanden kennengelernt hatte, habe ich meiner Mutter davon erzählt. Mit diesem Mann verband mich eine außergewöhnlich große Nähe. Meine Mutter sagte nur: ›Ach ja?‹, und das in eiskaltem Ton. Was danach kam, war die Hölle. Sie redete schlecht über meinen Freund, ohne ihn je gesehen zu haben! Wenn ich ihn getroffen habe, hat sie mich mit SMS bombardiert und wollte wissen, wann ich nach Hause käme. Das führte so weit, dass bei mir, wenn ich ausgegangen war, schon der Gedanke an die Rückkehr nach Hause Angstzustände auslöste. Als ich meine Mutter darauf angesprochen

habe, hat sie mich zum zweiten Mal als Hure beschimpft, und das nur, weil ich mich mit einem Mann traf. Damit war das Maß voll. Ich bin ausgezogen und habe jeden Kontakt zu meiner Mutter abgebrochen.«

Aber auch Menschen, die schon seit Jahren den endgültigen Bruch mit den Eltern anstreben, können nicht einfach so vergessen. Jede Möglichkeit des Aufeinandertreffens, etwa bei einer Familienfeier, stellt eine Bedrohung dar. Die Betroffenen bilden sich aber nichts ein. Sie wissen aus Erfahrung, wie der Manipulierer vorgeht. Sie schätzen die Situation im Vorfeld ein und können sehr gut voraussagen, wann er welches Verhalten zeigen wird. Die Verhaltensmuster sind so unveränderlich und schon so häufig aufgetreten, dass die Betroffenen auch die Menschen in ihrem Umfeld warnen können. Sie haben somit eine gute Entscheidungsgrundlage, ob sie das Risiko einer Begegnung eingehen wollen oder nicht.

Die meisten Betroffenen vergessen nicht. Dafür spricht, dass in den schriftlichen Berichten, die mir vorliegen, zahlreiche Details aus Gesprächen erwähnt werden, die sich vor vielen Jahren zugetragen haben. Überrascht hat mich dabei, dass in diesen Berichten die Betroffenen fünfmal so häufig über manipulative Mütter erzählen wie über andere Familienmitglieder.

Befreiung von eingefahrenen Mustern

Es ist nicht leicht, ein eingefahrenes Denkmuster kurzfristig zu löschen, wie etwa: *Ein Erwachsener muss unter allen Umständen geliebt, anerkannt, geschätzt und geachtet werden, und zwar von allen (oder fast allen) Menschen in seinem Umfeld, egal, welchen Ranges.*

Dieses Denkmuster schafft das uneingeschränkte Bedürfnis, den anderen zu gefallen und, mehr noch, bei ihnen kein Missfallen zu erregen und sie auch nicht zu belästigen. Dieses Bedürfnis wiederum verhindert auf ganzer Linie, dass wir gegenüber anderen selbstsicher auftreten.

Bei Opfern von Manipulierern bildet sich häufig noch ein zweites Denkmuster aus: *Nur wer über weitreichende Kenntnisse und Fähigkeiten verfügt und fähig ist, seine Ziele in vollem Umfang zu erreichen, kann für sich in Anspruch nehmen, etwas zu gelten.*

Die Erkenntnis, von so einem irrational geprägten Muster bestimmt zu sein, genügt aber noch nicht, um es zu neutralisieren. Die Erfahrung zeigt, dass hierbei eine Kombination aus kognitiver Therapie und Verhaltenstherapie sehr hilfreich sein kann. In den Gruppen, die ich leite, arbeiten die Teilnehmer an ihrer Selbstachtung und ihrem Selbstwertgefühl, indem sie sich unter anderem mit folgenden Themen auseinandersetzen: die Angst, zu missfallen, die Angst, zurückgewiesen zu werden, wenn man selbstbewusst auftritt, sowie die Stärkung der positiven Selbstwahrnehmung mit dem Ziel, sich nicht mehr selbst herabzusetzen. Nach vier Monaten intensiver Arbeit (in denen der Therapeut täglich Aufgaben stellt, deren Erfüllung überprüft wird), schaffen es die meisten Teilnehmer, sich vom ersten Muster (dem Zwang, bei allen beliebt zu sein) zu befreien. Um das zweite Muster (Perfektionismus) zu überwinden, brauchen die meisten Teilnehmer, vor allem perfektionistisch ausgerichtete Personen, länger als vier Monate. Sie arbeiten daran, werden aber noch lange von der Vorstellung geleitet, sie würden in die Mittelmäßigkeit abrutschen, sobald sie ihren Perfektionismus aufgeben.

Dieses polare Denkschema ist typisch für Perfektionisten: alles oder nichts, einzigartig oder bedeutungslos, Spitzenklasse oder gewöhnliches Mittelmaß. Hier muss zunächst kognitive Arbeit geleistet werden. Die wichtigsten Fragen sind dabei unter anderem: »Wenn ich nur ein bisschen weniger leiste oder weniger gut bin als sonst, bringe ich dann nur Mittelmaß hervor oder bin ich sogar eine Niete?«; »Wenn ich den Ansprüchen, die ich normalerweise an mich stelle, nicht genüge, ist das wirklich indiskutabel? Oder unverantwortlich? Respektlos? Unerträglich?«; »Sind andere Menschen, die in meinen Augen nicht perfekt sind, wirklich nichts wert? Sind sie deshalb nicht achtenswert?«.

Diese Art von Fragen muss man sich über Monate hinweg immer wieder stellen. Der konkrete Wortlaut kann dem jeweiligen Kontext angepasst werden, in dem das Denkmuster auftaucht.

Und denken Sie immer daran: Ein Manipulierer macht sich instinktiv Ihre Überzeugungen, Prinzipien und persönlichen Wertvorstellungen zunutze. Die beiden erwähnten Denkmuster sind daher ein fruchtbarer Boden für emotionale Manipulation.

Entkommen und wieder zu sich selbst finden

Wenn Sie die Wunden heilen wollen, die Ihnen ein Manipulierer zugefügt hat, dann ist dies das Mittel der Wahl: Entziehen Sie sich ihm, und zwar so schnell wie möglich!

Wir haben schon mehrfach von Vermeidung gesprochen, sowohl von absoluter Vermeidung als auch von unterschwelliger Distanzierung. Diese Strategie ist daher in meinen Augen die erfolgversprechendste.

Wenn Sie dem Manipulierer nicht gänzlich aus dem Weg gehen können oder wollen, ein endgültiger Bruch also keine Option ist (falls nicht er schon diesen Bruch herbeigeführt hat), können Sie eine andere Strategie anwenden: die Gegenmanipulation.

Gegenmanipulation

Die Gegenmanipulation ist eine Form der Kommunikation, die zum Ziel hat, *nicht* zu kommunizieren. In meinen ersten beiden Büchern über Manipulierer habe ich eine Auswahl manipulativer und provokanter Aussagen zusammengestellt. Die Leser konnten sie als Vorlage für eine schriftliche Übung verwenden, um passende Antworten zu finden. Aber in der Wirklichkeit ist die Gegenmanipulation fast immer Gegenstand der mündlichen Auseinandersetzung. Dazu braucht es Schlagfertigkeit – und diese lässt sich erlernen, wobei sich der Erfolg schneller einstellt, als Sie vielleicht glauben. *Gegenmanipulation bedeutet, auf unangenehme Äußerungen emotional distanziert zu reagieren.*

Je nachdem, wie Ihre Persönlichkeit und die Ihres manipulativen Elternteils beschaffen sind, gibt es dabei vier Varianten:

1. Neutralität (zum Beispiel: »Ja, vielleicht.«)
2. Humor (je nach Kontext)
3. Selbstironie (»Wart's ab, es kommt noch besser!«)
4. Ironie (»Der Apfel fällt nicht weit vom Stamm.«)

Vergessen Sie dabei nie: *Alle Ihre Gefühlsregungen sind Material für den Manipulierer* (außer Freude). Je weniger Sie also emotional in eine Auseinandersetzung involviert sind und je weniger Sie sich über die Aussagen des Manipulierers aufregen, desto weniger Interesse hat er daran, mit Ihnen zu kommunizieren. Und genau das wollen Sie doch erreichen, oder?

Im Folgenden finden Sie Sätze, die von manipulativen Vätern und Müttern geäußert wurden, sowie jeweils eine mögliche Antwort. Wenn Sie sich an diesen Beispielen orientieren, sollten Sie den Ton Ihrer Antwort anpassen, je nachdem, wie Ihre Beziehung mit dem jeweiligen Elternteil beschaffen ist und welche Art von Humor Sie pflegen.

AUSSAGE: Hast du ein neues Auto? Du nimmst dir ja einiges heraus!
ANTWORT: *Was* genau nehme ich mir *wo* heraus?

AUSSAGE: Mit deinem roten Mantel fällst du ganz schön auf!
ANTWORT: Genau dazu ist er da!

AUSSAGE: Wie unnachgiebig du manchmal bist!
ANTWORT: Ich weiß schon: Wenn ich gut organisiert bin und mir Sachen aufschreibe, dann regt dich das auf.

AUSSAGE: Mit dir kann man einfach nicht reden!
ANTWORT: Das beruht auf Gegenseitigkeit.

AUSSAGE: Immer willst du recht haben.
ANTWORT: Na ja, man kann ja nicht immer unrecht haben …

AUSSAGE: Du hast wirklich eine komische Art.
ANTWORT: Immerhin habe ich überhaupt eine Art.

AUSSAGE: Du hast überhaupt keinen Humor.
ANTWORT: Wo deiner wohnt, weiß ich auch noch nicht.

AUSSAGE: Ich wünsche dir alles Glück auf Erden!
ANTWORT: Wenn du das doch nur ernst meinen würdest …

AUSSAGE: Hör auf mich, es ist nur zu deinem Besten.
ANTWORT: Daran habe ich nicht den geringsten Zweifel.

AUSSAGE: Du tust immer nur, was du willst!
ANTWORT: Immerhin weiß ich, was ich will.

AUSSAGE: Ich bin nur wegen euch mit eurem Vater zusammengeblieben.
ANTWORT: Aha … weiß Papa das auch?

AUSSAGE: Du bist viel zu streng mit deinen Kindern.
ANTWORT: Manchmal muss das eben sein.

AUSSAGE: Du erlaubst deinen Kindern viel zu viel.
ANTWORT: Manchmal muss das eben sein.

AUSSAGE: Du bist immer so aggressiv!
ANTWORT: Dafür wird es schon einen Grund geben. Meistens bin ich so, wenn du da bist.

AUSSAGE: Du denkst immer nur an dich!
ANTWORT: Wenn du das so siehst – von mir aus. Aber meine Freunde kennen mich besser.

AUSSAGE: Nie kann ich mich auf dich verlassen!
ANTWORT: Gut, dass du das sagst. Wenn das so ist, brauche ich dir meine Hilfe ja nicht mehr anzubieten.

AUSSAGE: Glaub mir, ich weiß das aus Erfahrung.
ANTWORT: Bemüh dich nicht.

AUSSAGE: Dein Mann findet ja immer »gute Gründe«, um keine Zeit mit dir und den Kindern zu verbringen.
ANTWORT: Findest du? Fehlt er dir etwa?

AUSSAGE: Wo Rauch ist, ist auch Feuer.

ANTWORT: Kommt immer darauf an, wer das Streichholz anzündet …

AUSSAGE: Ich habe mich mein Leben lang für euch aufgeopfert!

ANTWORT: Na, dann wär's doch mal an der Zeit, damit aufzuhören!

AUSSAGE: Willst du nichts mehr zu essen? Schmeckt es dir nicht?

ANTWORT: Ich habe mir schon zweimal genommen. Ich warte lieber auf die Nachspeise.

AUSSAGE: Ihr seid einfach nur undankbar!

ANTWORT: Kannst du mal eine neue Platte auflegen?

AUSSAGE: Typisch, ganz wie dein Vater!

ANTWORT: Du musst es ja wissen, du hast ihn dir ausgesucht.

AUSSAGE: Du bringst mich noch ins Grab!

ANTWORT: So wie du klingst, bist du noch weit davon entfernt.

AUSSAGE: Willst du wirklich so weit wegziehen? Was wird denn dann aus uns?

ANTWORT: Ihr werdet es überleben, du wirst schon sehen.

AUSSAGE: Ein Brunch ist viel zu teuer. Außerdem ist das völlig aus der Mode.

ANTWORT: Um Gottes willen, das ist aus der Mode? Das hättest du mir früher sagen müssen, dann hätte ich alle wieder ausgeladen!

AUSSAGE: Du hast einfach keinen Geschmack!
ANTWORT: Jedenfalls nicht deinen.

AUSSAGE: Ich wünsche dir, dass deine Tochter einmal nicht so wird wie du.
ANTWORT: Und ich wünsche mir, dass ich keine solche Mutter werde wie du.

AUSSAGE: Du bist immer so empfindlich!
ANTWORT: Du hast recht! Ich rege mich wirklich über jede Kleinigkeit auf!

Je nach Gesprächssituation, Ihrer aktuellen Stimmung und Ihrer Beziehung zu Ihrem Gegenüber sowie abhängig davon, was auf dem Spiel steht, kann es auch andere passende Antworten geben. Natürlich reagieren Sie meist sehr emotional, wenn der andere Sie als unfähig, dumm, egoistisch oder als schlechte Tochter beziehungsweise schlechten Sohn hinstellt. Wenn Sie ein aufbrausendes Gemüt haben, wollen Sie sofort Ihre Würde verteidigen. Sie rechtfertigen sich, gehen zum Gegenangriff über und wollen um jeden Preis der Wahrheit wieder zu ihrem Recht verhelfen. Aber dieser Weg ist nicht der klügste. Zum einen kostet Sie das unnötig Energie. Zum anderen tappen Sie damit in die Falle, die der Manipulierer aus purer Lust an der Provokation allen Menschen stellt. Die Wahrheit ist ihm völlig egal, und Ihre Antwort interessiert ihn auch nicht. Er wirft Ihnen grundlos Fehler vor, die Sie nicht haben, und Verhaltensweisen, die Sie nie zeigen. Dabei projiziert er meist sein eigenes Tun und Denken auf Sie! Da ihm die Wahrheit grundsätzlich nichts bedeutet, widerspricht er sich laufend. Heute sagt er zu seiner Tochter, sie sei zu streng mit ihren Kindern, und morgen wirft er ihr vor, sie würde ihnen zu viel erlauben. Was ist nun seine wahre Ansicht? Er hat keine! Er will die anderen einfach nur stören und bei ihnen eine Reaktion provozieren, um so seine Macht zu genießen, auch wenn er dabei Einzelne irritiert oder das ganze Familiengefüge ins Wanken bringt.

Ein stützender Satz

Allein schon der Kontakt mit dem Manipulierer löst bei den Betroffenen Stress aus, begleitet von negativen Emotionen wie Wut, Frustration, Beklommenheit oder Angst. Die Intensität dieser Gefühle beziffern die Betroffenen dabei auf einer Skala von 0 bis 10 mit Werten zwischen 8 und 10. Emotionen dieser Stärke beeinträchtigen die Tätigkeit des präfrontalen Kortex, also der Hirnregion, in der das bewusste und überlegte Handeln gesteuert wird. Daher finden viele Menschen in solchen Situationen oft nicht die passende Antwort auf verletzende Äußerungen.

Allerdings gibt es eine Methode, mit der Sie in solchen Fällen dem Stress entgegenwirken können. Legen Sie sich einen Satz zurecht, den Sie den arglistigen, vergiftenden, unhaltbaren und krankhaften Aussagen des Manipulierers entgegenhalten, ob er sie nun mündlich äußert oder schriftlich. Fügen Sie dann noch eine Ermahnung an sich selbst hinzu, um die Konzentration und die innere Stabilität nicht zu verlieren. Hier einige Beispielsätze:

1. Ich weiß, wer du bist, aber du weißt nicht, dass ich es weiß.
2. Ich kenne deine Tricks. Mich legst du nicht mehr rein!
3. Ich habe dein Spiel durchschaut. Damit kommst du nicht mehr durch!
4. Ich weiß, woran ich mit dir bin. Du machst mir keine Angst mehr.
5. Ich habe erkannt, wer du bist. Ich habe kein Mitleid mehr mit dir!

Finden Sie den Satz, der Ihnen am meisten hilft. Denken Sie ihn in einer konkreten Situation und überprüfen Sie, wie er Ihre Gefühle beeinflusst. Wenn diese von Anfang an unter einem Wert von 8 bleiben, dann hat der Satz seine Wirkung getan. Allerdings dürfen Sie nicht erwarten, dass Sie alle negativen Emotionen neutralisieren und immer einen Wert von 0 erreichen können. In jedem Fall sollten Sie bei für Sie schädlichen Menschen immer eine gewisse Vorsicht walten lassen, auch wenn es sich um Ihren Vater oder Ihre Mutter handelt. Aufrichtigkeit und Spontanität sollten Sie im Umgang mit ihnen ab sofort unterdrücken.

Ihren stützenden Satz sollten Sie niemals laut aussprechen, und schon gar nicht gegenüber dem Manipulierer. Dieser Satz ist so etwas wie Ihre Geheimwaffe.

Notieren Sie Ihre Vorsätze

Je nach konkretem Fall kann es auch andere Lösungswege geben. So hat etwa Martine nach zwei therapeutischen Maßnahmen (einer Gruppentherapie mit 14 Sitzungen zum Thema »Selbstachtung und Selbstwertgefühl« sowie einem Seminar zum Thema »Manipulierern Einhalt gebieten«) ganz konkrete Strategien angewandt:

> »Ich erzähle immer weniger von dem, was in meinem Leben passiert.
>
> Als wir den Sommer in unserem Ferienhaus verbracht haben, habe ich für meine Mutter eine Betreuerin eingestellt, wodurch ich selbst mehr Freiheiten hatte.
>
> Ich konnte ihr in aller Deutlichkeit sagen, was ich von der Art hielt, wie sie mit meiner Schwester und ihrer Betreuerin umging.
>
> Ich vermeide zunehmend den Kontakt mit ihr. So lehne

ich etwa inzwischen die Erdbeeren ab, die sie mir mitten im Winter kauft, ohne mich zu fragen, ob ich welche will. Ich überlege mir sehr genau, worüber ich mit ihr sprechen will. Das ist jedes Mal eine Gratwanderung und ich muss aufpassen, dass ich sie nicht unglücklich mache, denn das will ich ja auch nicht.

Seit Kurzem verwende ich folgenden Gedanken, um meine Gefühle zu steuern: ›Meine Mutter war zwar ihr ganzes Leben lang launisch, aber vielleicht ist sie ja in Zukunft weniger launisch.‹ Diesen Satz hat mir meine Schwester Sophie vorgeschlagen (die auch in diesem Buch von ihren Erfahrungen berichtet; Anm. d. Autorin), und er tut seine Wirkung, weil er der Manipulation und den Schuldzuweisungen ihre Kraft nimmt. Manchmal sage ich mir auch: ›Sie ist zwar schon 87, aber sie kann sich doch ein bisschen zusammenreißen. Im Kopf und in den Beinen ist sie noch fit, wenn sie also wirklich will …‹

Ich habe mir wieder einmal vorgenommen, umzuziehen und mich so auch räumlich von ihr und unserem Haus zu entfernen (wir wohnen zwei Stockwerke auseinander). Das ist nicht das erste Mal, dass ich das plane, aber diesmal werde ich es schaffen, auch wenn es nicht leicht wird.«

Finden Sie wieder zu sich selbst

Manipulative Eltern sorgen nicht dafür, dass ihre Kinder ein gesundes Selbstwertgefühl entwickeln (außer manchmal bei Einzelkindern). Natürlich machen auch Eltern, die keine narzisstische Persönlichkeit haben, in dieser Hinsicht nicht alles perfekt. Kinder von Manipulierern sehen sich jedoch in ihrem späteren Leben verstärkt mit seelischen und emotionalen Problemen konfrontiert. Häufig ist im Erwachsenenalter ihr Selbstwertgefühl schwer gestört. Dies ist bei Kindern manipulativer Väter stärker ausgeprägt als bei Kindern manipulativer Mütter. Das Selbstwertgefühl wird von Selbstliebe, Selbstwahrnehmung, Selbstvertrauen und Selbstbild bestimmt. Die ersten drei Eigenschaften sind die Pfeiler, auf denen das Ich ruht; sie bilden sich während der Kindheit heraus. Zum Selbstbild gehören unter anderem die Wahrnehmung des eigenen Körpers sowie die Akzeptanz des Körpers, wie er ist, aber auch das Bild, das man nach außen abgibt.

Selbstliebe bedeutet die bedingungslose Achtung der eigenen Person: Ich bin auf dieser Welt, also bin ich genauso viel wert wie alle anderen und habe es verdient, glücklich zu sein und respektiert zu werden. Wenn ich ernsthaft auf meine Unversehrtheit bedacht bin, bringe ich mir selbst Respekt entgegen und lasse nicht zu, dass irgendjemand, auch nicht meine Eltern oder mein Lebenspartner, mich an Seele oder Körper verletzt. Ich sorge mich um mein Wohlergehen in körperlicher, psychischer und emotionaler Hinsicht und achte auch darauf, dass meine Umgebung mir guttut.

Selbstwahrnehmung bedeutet die Wahrnehmung der eigenen Fähigkeiten, Begabungen und Talente sowie der eigenen Fehler und Mängel. Anders gesagt: Ich weiß genau, wo meine Stärken und meine Schwächen liegen. Wenn ich über eine gesunde Selbstwahrnehmung verfüge, rede ich weder meine Stärken klein noch betone ich gleichzeitig meine Schwächen und Fehler über Gebühr. Ich beschreibe mich eher mit positiven als mit negativen Formulierungen. Ich dichte mir keine Vorzüge an, wie Manipulierer es tun. Weil ich mir meiner Stärken bewusst bin, kann ich sie in den Dienst der Allgemeinheit stellen, ohne dabei sinnlose Komplexe pflegen zu müssen. Eine gesunde Selbstwahrnehmung sorgt dafür, dass ich nicht aus fehlgeleitetem Perfektionismus in Scham versinke, wenn ich Kritik erfahre oder – paradoxerweise – wenn ich gelobt werde. Ich kann sachlich und ohne zu prahlen über mich sprechen, auch und vor allem bei Vorstellungsgesprächen.

Selbstvertrauen bedeutet das Bewusstsein der eigenen Fähigkeit, zu handeln, zu lernen und unbekannte Situationen zu meistern, auch ohne perfekt vorbereitet zu sein. Anders gesagt: Wenn ich etwas noch nicht kann, versuche ich mich dennoch daran (gestützt auf mein Selbstvertrauen) und sammle auf diese Weise Erfahrung. Ich lasse mich darauf ein, alle Schritte des Lernprozesses zu durchlaufen. Selbstvertrauen gewinnt man hauptsächlich durch die konkreten Erfahrungen, die man gemacht hat. Es gründet also auch immer auf den Geschehnissen der Vergangenheit. Wenn meine Eltern mir bestimmte Erfahrungen, die ich hätte machen können, vorenthalten haben, ist mein Selbstvertrauen entsprechend schwach ausgebildet. Mithilfe der Menschen, die ich später kennenlerne, und der neuartigen Erfahrungen, die ich in der Jugendzeit mache, lässt sich dieser Mangel jedoch beheben. Wenn ich allerdings im Erwachsenenalter noch immer kein ausgeprägtes Selbstvertrauen besitze, werde ich auch weiterhin in unbekannten Situationen nicht zurechtkommen. Im Gegenteil, ich werde erstarren und die anderen vorschicken. Und auch 50 Jahre später werde ich – außer vielleicht im Beruf – noch immer kaum etwas bewerkstelligen, und in Sachen Selbstvertrauen wird sich bei mir nichts geändert haben.

Wenn Sie dieser Sackgasse entkommen und endlich durchstarten wollen, müssen Sie sich dazu zwingen, allein die Initiative zu ergreifen und sich mit neuen Situationen auseinanderzusetzen, auch wenn Ihr Herz klopft und Sie unsicher sind. Wenn Sie vor einer neuen Aufgabe stehen, lesen Sie die Gebrauchsanweisungen, fragen Sie um Rat und sehen Sie zu, dass Ihnen jemand zur Seite steht (ohne dass dieser Ihren Platz einnimmt). Anders gesagt: »Probieren Sie sich aus«, indem Sie sich im Alltagsleben den praktischen Herausforderungen und im

Umgang mit neuen Bekannten den zwischenmenschlichen Herausforderungen stellen. Machen Sie dort in Ihrer Entwicklung weiter, wo Sie in der Kindheit oder Jugend stehen geblieben sind, auch wenn Sie Angst haben zu scheitern.

Manipulative Eltern unterdrücken bei ihren Kindern eine oder mehrere Komponenten des Selbstwertgefühls, manchmal auch alle. In solchen Fällen kann Ihnen die Arbeit mit einem auf Selbstwertgefühl spezialisierten Therapeuten eine große Hilfe sein.[12] Dies ist einer der besten Wege, die Seele zu heilen und wieder auf die Beine zu kommen.

Anne hat sich vorgenommen, sich von den Folgen ihrer schlimmen Erlebnisse zu befreien. Und sie hat es geschafft:

> »Als ich erkannt habe, dass meine Eltern an einer Persönlichkeitsstörung leiden, konnte ich endlich die Schuldgefühle ablegen, die mich bis dahin geplagt hatten. In Wahrheit war ich für überhaupt nichts verantwortlich! Ich war auch nicht mehr wütend auf meine Eltern. Sie konnten nicht anders und waren sich ihres Tuns nicht im Geringsten bewusst. All das habe ich mittlerweile hinter mir gelassen. Ich habe immer auf meine Fähigkeiten vertraut. Heute kümmere ich mich um die Schwächen in meiner Selbstwahrnehmung und meiner Selbstliebe. Und das Leben ist schön!«

Wenn Sie endlich leben und Sie selbst sein wollen, ohne sich vom Einfluss schädlicher Menschen bedroht zu fühlen, rate ich Ihnen, gleichzeitig mehrere Schritte zu unternehmen. Lassen Sie sich eine Zeit lang von einem aktiven und erfahrenen Therapeuten begleiten, damit Ihre Schuldgefühle Sie nicht ersticken und in Ihrer Entwicklung blockieren.

Und vor allem: *Befreien Sie sich von schädlichen Beziehungen!*

Schlussbetrachtung

Unsere Überzeugungen sind für die Saat der Manipulierer ein fruchtbarer Boden. Manipulative Eltern geben sich den Anschein, als hegten und pflegten sie die Pflänzchen ihrer Nachkommenschaft, damit diese wachsen und gedeihen, doch in Wirklichkeit breiten sie ihr Gift über ihnen aus. Doch nicht jedes Gift ist tödlich. Manche Böden sind von Natur aus resistent und manche Lebewesen verteidigen sich gegen schädliche Substanzen aller Art. Freilich werden auch solche Wesen geschwächt und sind eine Zeit lang krank, doch dann finden sie plötzlich zu ungekannter Stärke und setzen sich gegen die Schädlinge zur Wehr. So reagiert auch jedes Kind auf seine Weise, je nach seinem Wesen, seinem Temperament, seiner Wahrnehmung, seinem Lebensdrang und seinen persönlichen Wertvorstellungen.

Wenn wir einmal entschieden haben, uns von dem zu befreien, was uns lähmt, ist die Zeit, die wir noch leiden müssen, absehbar. Jeder Mensch verfügt über die erforderlichen Ressourcen, um die Fesseln endgültig abzustreifen und ein neues, gesundes Leben anzufangen. Allerdings müssen hierfür unter Umständen zunächst Denkmuster überwunden werden, die nicht weniger schädlich sind und die jeder Veränderung im Weg stehen, wie etwa dieses: *Unsere Vergangenheit hat weitreichende Auswirkungen, und was uns in jungen Jahren im Innersten prägt, beeinflusst uns unweigerlich während des gesamten restlichen Le-*

bens. Dieses Muster hat der amerikanische Psychologe Albert Ellis als Erster beschrieben. Es spricht bloßen Einflüssen den Charakter eines unausweichlichen Schicksals zu. Und genau darin liegt der Fehler.

Nach allgemeinem Dafürhalten machen die Folgen seelischen Missbrauchs durch die Eltern ein glückliches und erfülltes Leben unmöglich. Wenn wir daran festhalten, berauben wir uns der Möglichkeit, das eigene Leben zu entdecken. Unsere manipulativen Eltern haben sich von unserer Geburt an herausgenommen, uns nach ihren eigenen (bewussten oder unbewussten) Vorstellungen und Bedürfnissen zu formen. Wenn wir nun im genannten Denkmuster verharren, belügen wir uns selbst und versäumen es, uns zu prüfen und zu erkennen, dass wir ganz und gar nicht so sind, wie der Prophet es vorhergesagt hat.

Nun liegt es an Ihnen, zu entscheiden, dass Sie Ihren manipulativen Eltern ab sofort nicht mehr zu Diensten sind. Sie wissen jetzt, dass ihr Verhalten pathologisch ist und niemals etwas mit dem zu tun hatte, was Sie im Innersten ausmacht.

Oft finden sich narzisstische Persönlichkeiten gehäuft in einzelnen Familien. Ob Narzissmus genetisch bedingt beziehungsweise erblich ist, konnte bislang noch nicht geklärt werden. Derzeit stehen der Forschung keine ausreichenden Mittel für entsprechende Langzeitstudien zur Verfügung. Daran wird sich wohl so bald auch nichts ändern. Die fehlende wissenschaftliche Begründung ändert jedoch nichts an der Tatsache, dass sich dieses pathologische Persönlichkeitsprofil in manchen Familien über mehrere Generationen findet. Daher überrascht es nicht, wenn Betroffene davon berichten, dass es in ihrer Familie mehrere Manipulierer gibt (die mindestens 14 der 30 genannten Merkmale aufweisen).

Manche Menschen, die unter einem manipulativen Elternteil leiden, fragen sich, ob die Gefahr besteht, dass auch ihre Kinder eine solche Persönlichkeit entwickeln. Leider lässt sich das nicht ausschließen. Die ebenfalls häufig geäußerte Besorgnis, man könne selbst manipulativ werden, ist dagegen unbegründet. Niemand will so werden wie derjenige, der einen so verletzt und in seinem Umfeld so viel Schaden angerichtet hat. Keiner der Betroffenen, die in diesem Buch von ihren Erlebnissen berichtet haben, seien sie im jüngeren oder fortgeschrittenen Alter, ähnelt in irgendeiner Weise seinem hypernarzisstischen Elternteil.

Oft äußern Betroffene auch die Sorge, sie könnten eine Beziehung mit einem Mann oder einer Frau eingehen, der beziehungsweise die ein ähnliches Persönlichkeitsprofil wie der eigene manipulative Elternteil besitzt. Die Psychologie (genauer gesagt die Psychoanalyse) hat hier lange Zeit das Prinzip von Ursache und Wirkung am Werk gesehen. Wer einen pathologischen Elternteil hat, so die Vermutung, »repariert« diesen Makel unbewusst, indem er einen Partner wählt, der ebenfalls pathologisch ist. Gemäß dieser Interpretation lebt man also mit einem Manipulierer zusammen, weil man bei ihm altbekannte Verhaltensmuster wiederfindet.

Unter meinen Patienten konnte ich das allerdings nicht beobachten. Zahlreiche Kinder manipulativer Eltern haben Männer oder Frauen geheiratet (oder lange mit ihnen zusammengelebt), die weder krankhaftes noch zerstörerisches Verhalten zeigten. Es gibt auch keine statistischen Erhebungen zu dieser Theorie, die ich persönlich als nicht stichhaltig ansehe. Allerdings stelle ich fest, dass etwa 60 Prozent der Betroffenen, von denen mir Berichte vorliegen und die eine längere Beziehung mit einem manipulativen Partner hatten, tatsächlich ebenfalls einen manipulativen Elternteil haben. Der genaue Anteil müsste noch überprüft werden, indem man jeden Betroffenen zu den Umständen seiner Partnerschaft befragt. Nach Jahrzehnten des Sammelns verfüge ich über viele Berichte, aber ich konnte noch keine Methode der systematischen Auswertung entwickeln, die meine Vermutungen aus der Arbeit mit den Patienten bestätigen oder entkräften würde. Und rein theoretische Modelle bringen uns bei diesem Thema nicht weiter.

Zum Schluss möchte ich noch mit einem Irrglauben aufräumen: *Was man nicht selbst erhalten hat, kann man nicht weitergeben.* Ein netter Sinnspruch, nur leider vollkommen falsch! Hunderttausende Kinder manipulativer oder sogar charakterlich gestörter Eltern sind voller Mitgefühl für andere, zeigen sich großzügig und erweisen sich selbst als liebevolle Eltern, die ihren Kindern Respekt und aufrichtige Zuneigung entgegenbringen, und das ganz selbstverständlich, denn ein solches Verhalten ist für sie völlig normal und natürlich. Auch wenn man selbst keine Liebe erfahren hat, kann man im Übermaß Liebe schenken. Wenn das doch nur endlich alle begreifen würden …

Danksagung

Mein besonderer Dank gilt den Teilnehmern meiner Seminare, meinen Patienten und den Lesern meiner bisher erschienenen Bücher. Viele von ihnen waren bereit, ihre Erlebnisse mit einem manipulativen Familienmitglied zu schildern. Im vorliegenden Buch stütze ich mich auf die umfangreichen Berichte über manipulative Mütter und Väter. Gleichwohl sind die anderen Berichte ebenso wertvoll, und ich bitte diejenigen, die sie vorgelegt haben, um Nachsicht, wenn ich sie in diesem Buch nicht verwendet habe. Mein ausdrücklicher Dank gilt allen, die sich die Mühe gemacht haben, mir in Briefen von ihren schmerzhaften Erfahrungen zu berichten.

Dieses Buch ist das Ergebnis von zweieinhalb Jahren Arbeit. Ich danke meinem Verleger Erwan Leseul und seinem Nachfolger Pierre Bourdon für ihre nicht nachlassende Unterstützung während dieser Zeit.

Die Mitarbeiter von Éditions de l'Homme in Montréal haben mit ihrem Engagement für einen reibungslosen Ablauf gesorgt. Ich danke insbesondere Liette Mercier und Pascale Mongeon für ihre aufmerksame Betreuung und ihre Vorschläge hinsichtlich der Gliederung des Buches, Brigitte Lépine für Durchsicht und Korrektur des Manuskripts sowie Fabienne Boucher für die Projektkoordination.

Mein Dank geht auch an die Fotografin Julia Marois, die sich auf mein Bitten hin bereit erklärt hat, die Porträtaufnahmen draußen zu machen, obwohl es ein ziemlich kühler Tag war.

Ich danke meinen Presseagentinnen Sylvie Archambault (in Kanada) und Cécilia Castagné (in Paris), die schon vor Erscheinen des Buches hervorragende Arbeit geleistet haben.

Mein Dank geht ebenso an Roxane Vaillant, Joëlle Sévigny, Laurence Hurtel und viele andere Kollegen bei den Éditions de l'Homme, die im Hintergrund gewirkt haben.

Auf französischer Seite danke ich Hélène Murphy-Aubry, Marie Bisso und Anna Da Cunha-Guillebault für ihre Unterstützung, ihre Liebenswürdigkeit und den Beistand, den sie mir seit Jahren bei meinen Projekten bereitwillig leisten. Vielen Dank für eure klugen Hinweise!

Zu guter Letzt geht ein riesiges Dankeschön an meine Assistentin Anny-Paule Benaïm, die sich in meinem Büro in Paris um alle Anfragen und Aufgaben kümmert und mir damit ganz besonders während der Arbeit an diesem Buch eine große Hilfe war!

Anhang

Anmerkungen

1 In der französischen Originalausgabe dieses Buches wird wiederholt von »pervers de caractère« gesprochen. Eine wörtliche Übersetzung »charakterlich pervers« beziehungsweise »charakterlich Perverse« wie an dieser Stelle ist missverständlich, da Perversion im Deutschen meist mit Sexualität in Verbindung gebracht wird, was im Original so aber nicht gemeint ist. Im Folgenden wird dieser Begriff deshalb entsprechend zum Inhalt mit »charakterlich gestört« oder kontextabhängig mit anderen passenden Wörtern übersetzt. Anm. d. Verlags.

2 Diese Zusammenstellung findet sich bereits in meinem Buch *Les manipulateurs sont parmi nous*, Montréal: Éditions de l'Homme, 3. Aufl. 2013. Sie stützt sich zum einen auf die knappe Beschreibung manipulativen Verhaltens unter 13 Gesichtspunkten aus dem Buch *S'affirmer et communiquer* von J.-M. Boisvert und M. Beaudry (Montréal 1995), zum anderen auf die zahlreichen Erfahrungsberichte mit ihren detaillierten Fallschilderungen, die ich im Lauf meiner klinischen Lehrtätigkeit sammeln konnte, aber auch bei meiner Arbeit in Unternehmen und öffentlichen Einrichtungen sowie mit eigenen Patienten.

3 Im deutschsprachigen Raum stellt sich die Situation etwas anders dar: Persönlichkeitsstörungen sind Teil der medizinischen Ausbildung, meist wird dabei über Borderline und Narzissmus gelehrt.

4 Lucien Auger: *S'aider soi-même*, Montréal: Éditions de l'Homme 1974

5 Vgl. mein Buch *Manipulation in der Liebe. Wie Sie sie erkennen und sich vor ihr schützen*, Landsberg/München: mvg 2002

6 Im Dezember 2012 gab die American Psychiatric Association bekannt, dass das Syndrom nicht im DSM-5 verzeichnet sein wird. Seit den 1980er-Jahren wird in der Medizin eine Auseinandersetzung um dieses Syndrom geführt. Gardner wird vorgeworfen, die anderen Faktoren, die dazu führen können, dass ein Kind einem Elternteil entfremdet wird, nicht ausreichend erforscht zu haben. Er entgegnet, dass das Hauptmerkmal des Syndroms eine gezielte Beeinflussung ist. Liegt diese nicht vor, handelt es sich nicht um das Syndrom der Eltern-Kind-Entfremdung.

7 Vgl. Jeanne Siaud-Facchin: *Zu intelligent, um glücklich zu sein? Was es heißt, hochbegabt zu sein,* München: Goldmann 2017

8 Jean Bergeret: *La personnalité normale et pathologique,* Paris: Dunod, 3. Aufl. 1996, S. 282

9 *Les manipulateurs sont parmi nous,* Montréal: Éditions de l'Homme, 3. Aufl. 2013, und *Manipulation in der Liebe. Wie Sie sie erkennen und sich vor ihr schützen,* Landsberg/München: mvg 2002

10 Die deutsche Ausgabe ist unter dem Titel *Manipulation in der Liebe. Wie Sie sie erkennen und sich vor ihr schützen* erschienen (Landsberg/München: mvg 2002).

11 Heinz Leymann: *Mobbing. Psychoterror am Arbeitsplatz und wie man sich dagegen wehren kann,* Reinbek: Rowohlt 1993

12 Darüber hinaus empfehle ich Ihnen die Lektüre meines Buches *Approcher les autres, est-ce si difficile?,* Montréal: Éditions de l'Homme 2004.

Weitere Bücher von Isabelle Nazare-Aga

Manipulation in der Liebe. Wie Sie sie erkennen und sich vor ihr schützen, Landsberg/München: mvg 2002
Les manipulateurs sont parmi nous, Montréal: Éditions de l'Homme, 3. Aufl. 2013
Je suis comme je suis, Montréal: Éditions de l'Homme 2008
Approcher les autres, est-ce si difficile?, Montréal: Éditions de l'Homme 2004